LA COMMUNE

VÉCUE

PAR

GASTON DA COSTA

CONDAMNÉ A MORT PAR LES CONSEILS DE GUERRE VERSAILLAIS

Je consacre ces récits à la mémoire de ceux qui sont morts pour la défense des libertés communales et de la République sociale.

(18 mars — 28 mai 1871)

TOME DEUXIÈME

PARIS

Ancienne Maison Quantin

LIBRAIRIES-IMPRIMERIES RÉUNIES

MOTTEROZ, MARTINET

7, rue Saint-Benoît, 7

1904

CRITIQUE DU TOME PREMIER

~~~~~~~~~~~

Mes éditeurs m'ont demandé de faire précéder ce second volume de quelques-unes des critiques que la lecture du tome Ier a suggérées aux écrivains des partis les plus divers. J'y ai consenti, cette insertion constituant aussi, dans son genre, un document : elle établira jusqu'à l'évidence que personne n'a contesté la vérité des faits suivants que j'avais plus spécialement mis en lumière :

1° Exécution des généraux Lecomte et Clément Thomas par leurs propres soldats. Iniquité du jugement militaire consécutif;

2° Usurpation de l'Assemblée dite Nationale ; illégalité des opérations électorales ;

3° Responsabilité de Thiers dans l'avénement de la guerre civile et dans l'exécution des otages.

Ces faits essentiels sont désormais dans l'histoire; ils n'en sortiront plus.

<div align="right">GASTON DA COSTA.</div>

Février 1904.
~~~~~~~~~~~

Nous allons posséder enfin une histoire de la Commune
de 1871 . . . .

J'ai en ce moment sous les yeux les bonnes feuilles du
premier volume d'un livre intitulé : *la Commune vécue* et
qui paraîtra prochainement sous la signature de Gaston Da
Costa, qui fut secrétaire de Raoul Rigault à la Préfecture de
police, puis condamné à mort par les conseils de guerre versaillais — peine finalement commuée en travaux forcés à
perpétuité, dont il ne fut exonéré que par l'amnistie de 1880.

Il a conséquemment, plus que personne, roulé dans cette
effrayante tempête, au milieu de laquelle il a gardé tout son
sang-froid arrivant ainsi à se documenter sur tous les drames
dont le souvenir est resté ineffaçable dans les familles de ceux
qui les ont vus de près ou y ont pris une part quelconque.

L'œuvre si étudiée de Gaston Da Costa se distingue par une
impartialité absolue de toutes celles qu'a inspirées ce sujet
passionnant. Il fait avec la plus rigoureuse exactitude la part
de chacun. J'ajouterai que, de peur sans doute d'être accusé
de plaider *pro domo*, il s'y montre plutôt indulgent pour les
provocateurs, comme le général Lecomte, abandonné en
plein péril par le lâche Vinoy qui, au lieu de voler au secours
de son subordonné, détala à la première alerte.

Da Costa rend hommage à l'attitude du général Lecomte
devant la mort, bien que plusieurs déportés qui avaient
assisté au massacre m'aient, en prison et en Nouvelle-Calédonie, affirmé qu'il avait imploré les fusilleurs, leur répétant,
les larmes aux yeux, qu'il était père de famille, tandis que
Clément Thomas, son compagnon de supplice, n'avait cessé
de braver et d'insulter ses exécuteurs.

Trois hommes, qui tous trois avaient tenté au péril de leur
vie d'arracher les deux généraux à la foule affolée, n'en furent
pas moins condamnés à mort et passés par les armes à Satory,
comme auteurs de ce double meurtre, qu'ils avaient tout
fait pour empêcher. L'auteur de *la Commune vécue* nous
dévoile le secret de cette monstrueuse iniquité : Lecomte a

été fusillé par ses soldats ; et le gouvernement de Thiers aima mieux *tuer* trois innocents, sans compter sept ou huit autres qui partirent pour le bagne, que d'avouer à quel point l'indignation causée chez les troupiers par les capitulations successives des officiers bonapartistes devant les Prussiens avait jeté hors de leurs gonds les soldats qu'on avait forcés à rendre leurs armes.

Le premier volume de *la Commune vécue* qui, je crois, en aura deux, est plein de révélations de ce genre. Ce sera de l'histoire — et définitive cette fois.

HENRI ROCHEFORT (*l'Intransigeant*).

Pour un condamné à mort, M. Gaston Da Costa ne se porte pas trop mal. Carré d'épaules, bien assis sur ses jambes avec un embonpoint qui n'est que la marque d'une charpente solide ; la figure jeune, épanouie et sereine, il n'éveille pas l'idée d'un monsieur qui fut destiné à tomber il y a trente ans devant un peloton d'exécution. Comment ce doux, de mœurs si simple, de gestes si cordiaux, se confinant dans une tâche discrète éloignée de la cohue des ambitieux, a-t-il pu sembler si redoutable aux hommes de Versailles qu'ils avaient décidé de lui loger, à jour fixe, une douzaine de balles dans le corps ? Il était à peu près convaincu qu'il n'y échapperait pas ; il en avait pris son parti sans jactance en beau joueur qui a perdu et qui paie.

Son cas était mauvais : il avait été le second de Raoul Rigault, il lui eût été difficile de se choisir un patron moins sympathique. Ses vingt ans turbulents admiraient la froide et cynique cruauté du proconsul et, jusqu'à aujourd'hui, il est resté fidèle à cette mémoire exécrée. Sur toutes choses, en dépit de ses tendances personnelles, il porte un jugement d'ordinaire équitable et profond, et de ses adversaires même il parle en toute justice. Pour Raoul Rigault sa sévérité se nuance d'une sympathie rétrospective qui peut n'être que l'effet du contraste. Il l'oppose à tel ou tel et, par comparaison, il en arrive à se démontrer que l'implacable délégué à la Préfecture de police, aux heures terribles de l'insurrection, dans sa logique révolutionnaire, rigoureuse en ses moyens, fut seul conscient des responsabilités.

Il a neigé sur le front de M. Da Costa, il n'a pas perdu toutes ses belles illusions, mais quelques-unes, tout de même, et les années lui ont enseigné cette philosophie qui incline à l'indulgence en admettant qu'il en ait jamais manqué. On conte de lui qu'il fut très accessible au côté de son terrible maître; qu'il trouvait toujours de bonnes raisons pour faciliter le départ de Paris à ceux qui, en y restant, s'y fussent compromis. Le lieu d'où, à l'âge ou l'on voit les choses avec un relief singulier, il assista aux événements, n'a pas été sans lui permettre d'en avoir une vue d'ensemble qui ne saurait pécher par l'inexactitude. Si la Commune eut des secrets, il aboutirent dans le cabinet de Raoul Rigault, contigu au sien. Cependant, longtemps après son retour du bagne, M. Da Costa se tut, — grammairien et mathématicien, il résolut des équations et se fit le régent du langage. Dans la tour d'ivoire du lettré, il s'était réfugié à l'abri de toutes les tentations politiques, et seuls des intimes savaient qu'il revivait volontiers ses souvenirs de la Commune dans la société des compagnons d'alors. C'est de ce commerce qu'il créa un livre, *la Commune vécue*, dont on parle peu et qui est fort curieux pourtant. Elle est saisissante cette histoire dans la simplicité de son rendu et dans sa vérité. Elle est ardente, combative, tendancieuse. L'ancien partisan n'a pas abdiqué ses convictions, mais il fait la part de chacun avec une loyauté indiscutable.

Je tiens de lui comment il a retrouvé la base de cette documentation, et cela encore n'est pas banal. Alors que le Conseil de guerre venait de le vouer au peloton d'exécution et qu'il croyait bien venue sa dernière heure, il s'ingénia à tuer le temps dans sa cellule hantée d'idées funèbres. On permettait aux condamnés d'écrire sans contrôle, pourvu que leurs

écrits ne sortissent point de la prison. Aussi, se sachant surveillés, ne laissaient-ils courir leur plume que prudemment.
Rossel entremêlait d'algèbre des arabesques. M. Da Costa, de
connivence avec son avocat qui remportait dans sa serviette les
pages qu'il avait tracées, se laissait aller à toute l'abondance
de sa verve, et jetait, pour la postérité, un peu au hasard,
les souvenirs de ce qu'il avait vu. Il ne voulait pas mourir
sans dire tous ses secrets et fixer son opinion sur les acteurs
de la tragédie qu'il venait de jouer. Il fut grâcié par l'intervention de Thiers, il alla à la Nouvelle ; il en revint ; à la mort
de son père, il retrouva ses pages de souvenir qui avaient la
fraîcheur de la vie et son intensité ; corroborées par des en-
quêtes modernes, scientifiquement menées, elles sont devenues
les premiers matériaux de son œuvre. Cette œuvre est toujours
passionnante, elle est aussi passionnée. L'historien a des
haines qu'il ne prend pas la peine de dissimuler. Il a, par
exemple, l'horreur de Thiers, qui pourtant lui a fait grâce de
la vie. A ce moment-là, savait-il que Da Costa était le démo-
lisseur de sa maison, que c'était lui qui avait été chargé avec
Protot d'y porter les premiers coups ?

M. Da Costa m'a raconté en souriant un peu de son ardeur
naïve d'antan, comment les ouvriers restant sourds à ses ré-
quisitions, l'obligèrent à grimper lui-même sur le toit où glis-
sant et maladroit, avec des mouvements que leur gaucherie
rendait comiques, insulté par le voisinage, il frappa de la
pioche les cheminées qui lui résistaient. « Je crois bien
tout de même que si Thiers avait su que c'était moi qui avais
fait ce beau coup, je n'aurais pas évité Satory. »

Il ne s'acharne plus de la même façon et s'il démolit la réputation du fameux homme d'État, c'est qu'il fut au centre
de l'une des plus tragiques négociations.

La Commune avait décrété de faire des otages, elle avait
arrêté l'archevêque Darboy, l'abbé Deguerry et d'autres. Son
projet était d'obtenir qu'on les échangeât contre les prisonniers qu'avait faits Versailles. Or, ce fut M. Gaston Da Costa
qui fut chargé d'envisager, avec l'archevêque et le curé de la
Madeleine, les moyens de cette négociation. Il obtint d'eux

a.

les lettres que l'on connaît et qui, portées à Versailles et soumises au chef du pouvoir exécutif, reçurent la réponse négative que l'on sait.

Sur une intervention de Protot, un compagnon de Blanqui, l'archevêque écrivit à Thiers une seconde lettre que M. Da Costa déclare très digne et très sage et nullement inspirée par la peur. « Rien dans l'attitude du prêtre prisonnier, écrit-il, et c'est en témoin oculaire que je l'affirme, ne révélait le souci bien humain pourtant d'échapper à la fusillade. » L'archevêque lui disait : « La mise en liberté de Blanqui sera suivie de la mienne, de celle de l'abbé Deguerry, de Bonjean. » Thiers, cette fois, ne répondit pas. Plus tard, Jules Simon a soutenu que la réponse fut rédigée, mais non expédiée, que Thiers disait être sans droit et sans pouvoir pour opérer l'échange proposé. Explication tardive et qui masque ce que M. Da Costa appelle « une scélératesse », car il n'est pas douteux que si les otages ont été fusillés, c'est que Thiers l'a bien voulu. M. Da Costa s'en indigne et c'est la preuve que ses sentiments répugnaient à la violence. Aujourd'hui encore, il ne pardonne pas à l'adversaire d'alors de n'avoir pas fait le geste attendu par Raoul Rigault, non sans scepticisme : « Tu verras, lui disait Raoul Rigault, qu'il va nous rouler ! » Da Costa fait *retomber sur le chef du Gouvernement le sang des prisonniers de la Roquette.*

On ne peut plus douter, après avoir écouté celui qui a été un truchement dans ces pourparlers, que tel fut le rôle de Thiers, rôle implacable, mais par où peut-être il égala aux plus grands.

Que lui demande l'archevêque ? Sa délivrance et celle de ses co-détenus. Quel en sera le prix ? Blanqui libre va prendre la tête d'un mouvement insurrectionnel qui n'a pas de chef, le diriger et lui donner une cohésion qui le rendra peut-être invincible. Il faut à Thiers ou risquer de ne pas écraser l'insurrection ou laisser tuer l'archevêque, il n'hésite pas. Délibérément, il sacrifice les otages et atteint doublement son but, il décapite la Commune qui n'a pas Blanqui et profite de l'horreur des otages massacrés pour exagérer la violence de la répression. C'est une politique cruelle, mais c'est une politique d'homme d'État. M. Da Costa en nous révélant ces faits ou plutôt en les précisant n'a pas rendu sympathique le vainqueur de la Commune, mais il l'a plus grandi que diminué.

L'histoire de ces temps trop près de nous ne fait que commencer avec des témoignages comme ceux de M. Da Costa qui a vu au premier plan et qui, désormais dépose devant la postérité, non tout à fait sans haine, mais du moins sans crainte, selon la noblé formule que la justice a donnée au serment.

GEORGES MONTORGUEIL.

Nous ne pouvons que signaler la publication de cet ouvrage, dont le tome I est seul paru. L'auteur annonce pour 1904 l'apparition du tome II, qui complétera l'histoire de ces deux mois tragiques. — Il est impossible de porter d'ores et déjà un jugement d'ensemble sur cet ouvrage, à raison de l'ordre de matières adopté par l'auteur. Et cependant, il doit, pour des motifs que j'indiquerai plus loin, retenir l'attention de ceux qui s'intéressent aux tendances et au groupement des divers partis révolutionnaires qui coopérèrent au mouvement politique et social de 1871.

Un mot, d'abord, de l'ordre des matières :

M. Da Costa débute, sans autres préliminaires, par un récit critique et minutieux des incidents de tout ordre qui marquèrent la matinée du 18 mars à Montmartre et provoquèrent la double exécution du général Lecomte et de Clément Thomas. Le rôle particulier de chacun des principaux acteurs qui, de près ou de loin, prirent part au drame de la rue des Rosiers, est remarquablement mis en lumière. Les plus coupables et les premiers responsables du malheur survenu furent assurément le gouvernement qui donna l'ordre d'enlever les canons parqués au sommet de la butte Montmartre et puis quelques-uns des chefs militaires chargés de l'exécution de cet ordre.

Entre tous ceux-ci, l'histoire impartiale doit relever l'inertie étrange, pour ne pas dire plus, dont se rendit coupable le général Paturel, chargé de coopérer avec le général Lecomte à l'enlèvement des canons; le retard mis par l'autorité militaire qui siégeait place Vendôme à envoyer les attelages qui devaient emmener les canons; enfin, surtout, quand les régiments que commandait le général Lecomte ayant fraternisé avec la garde nationale, celui-ci eut été fait prisonnier et enfermé au Château-Rouge, la retraite précipitée du général Vinoy, commandant en chef, lequel se trouvait avec des forces considérables sur le boulevard Rochechouart et n'ayant qu'un mouvement à faire pour délivrer son brigadier, une centaine de mètres à parcourir, l'abandonna. Si les attelages fussent arrivés à l'heure, et que le général Paturel eut exécuté les opérations prescrites, les canons auraient pu être ramenés sans doute. En tout cas, le général Vinoy devait tenter de délivrer le général Lecomte. Il ne le fit pas...

M. Da Costa raconte ensuite les incidents tumultueux qui se produisirent, la fièvre croissante de la foule et surtout des soldats qui s'exaspèrent, les efforts faits pour sauver la vie de Lecomte et de Clément Thomas par ceux-là mêmes qu'un conseil de guerre siégeant à Versailles devait, quelques mois après, condamner à mort, comme les auteurs de la fusillade des deux généraux. A signaler, dans ce récit très pittoresque, où les informations de détail abondent, le rôle très bien reconstitué de M. Clémenceau, alors maire du XVIIIe arrondissement, dont l'attitude et la politique sont bien mises en lumière dans cette première partie et les suivantes.

Les mêmes tentatives d'occupation et de désarmement sur les points stratégiques de Paris ayant échoué, partout la garde nationale inutilement provoquée ayant pris l'offensive, le gouvernement, dès la première nouvelle de ces événements, décide tout à coup d'évacuer Paris, malgré Jules Favre et surtout malgré Jules Ferry qui tient à l'Hôtel de Ville jusqu'à 9 heures du soir. L'attitude de Jules Ferry fut remarquable, et l'auteur nous semble avoir très heureusement caractérisé l'obstination froide, le courage tranquille et opiniâtre de cet

homme d'État, le plus clairvoyant de tous, qui sentait que
l'abandon de Paris était plus qu'une lâcheté, une faute irréparable, un crime contre la République. Car en livrant Paris
à lui-même, en même temps qu'on donnait aux incidents de
la journée le caractère d'une victoire remportée par la garde
nationale parisienne sur l'armée du gouvernement en fuite,
ces incidents devaient aboutir fatalement à la guerre civile.

Dans la deuxième partie, Da Costa retrace l'état, tout
ensemble de joie et de stupeur, de surprise et de confiance,
d'espérances et d'appréhensions, que fit naître dans Paris
l'événement de la veille. Il montre que la prétendue dictature
du fameux Comité central, dont on a voulu faire l'ordonnateur
du 18 mars, fut toute fortuite; que les hommes du Comité
central n'avaient, en réalité, rien prévu, qu'ils furent débordés
par les événements et que l'autorité dont on les a investis
après coup fut un pur fantôme. Les élections municipales,
qui auraient pu être faites sans donner lieu à la guerre civile
qui suivit, n'eurent le caractère d'une sorte de mouvement
insurrectionnel et d'affranchissement de Paris contre l'autorité
de l'Assemblée de Versailles, que par suite du trouble et de
la confusion jetés dans les esprits par l'abandon de Paris, les
manifestations d'hostilités de la majorité versaillaise à l'égard
de la capitale. En réalité, le mouvement du 18 mars ne fut
pas une insurrection, car s'il eût été tel, Paris insurgé mar-
chant sur Versailles se serait emparé du gouvernement sans
coup férir, et c'est ce que M. Da Costa déplore qu'on n'ait pas
fait. Mais M. Thiers voulait l'ouverture d'hostilités qui lui
permettraient de soumettre une population suspecte de tendances contraires à sa politique, et de fortifier sa situation
parlementaire, en apparaissant devant la droite comme le
sauveur seul capable de préserver la France d'une révolution
sociale. De là les dix jours de pourparlers dans lesquels s'exas-
pérèrent les esprits, et qui lui laissèrent le temps d'organiser
l'armée de la répression et de fortifier son pouvoir sur
l'Assemblée.

La Commune à peine élue, en effet, il est clair que Versailles
s'apprête à soumettre Paris par les armes. La guerre civile

est devenue imminente. C'est alors que Duval, Eudes et Flourens s'avisent de prendre les devants. Trop tard, car la marche sur Versailles échoue; dès lors, Paris est enfermé dans un cercle de fer et de feu, où il doit succomber.

Dès les premiers jours, la répression voulue par M. Thiers s'annonce comme devant être impitoyable. Les prisonniers faits par l'armée versaillaise sont décimés, fusillés sans jugement, au hasard des choix faits par des officiers de l'armée régulière. Alors germe dans l'âme indignée de quelques défenseurs de la Commune l'idée des représailles, d'otages à s'assurer. La tragédie des otages à laquelle Da Costa prit part en qualité de substitut de la Commune forme la matière de la quatrième et dernière partie de ce volume.

Les sujets qui seront traités dans le second volume sont les suivants : « Suite de la Tragédie des otages », « Le gouvernement de la Commune », « Les combats de la Commune », « La semaine sanglante », « La répression au lendemain de la semaine de mai », enfin : « Origines, causes et conséquences du mouvement de 1871 ».

La composition du livre a, comme on le voit, le défaut grave de ne pas être un tout coordonné, un récit suivant l'ordre chonologique des faits. Dans ce volume, il s'ouvre par une sorte de mouvement spontané de Paris, par la brusque agression de l'armée régulière sur la garde nationale, et sur la scène historique dépouillée de tout accessoire, nue et froide, des personnages agissent, se meuvent, sans que nous sachions rien de leur passé, de leur sentiments, ni même du milieu où ils évoluent, des circonstances antérieures qui les ont mis aux prises, ni de celles qui ont créé le milieu où ils se meuvent. Puis le récit saute, brusquement, des premiers jours de la Commune à la tragédie des otages. Il y là une solution de continuité qui ne doit être comblée que plus tard... Attendons d'avoir, pour nous prononcer, le tableau d'ensemble dont le premier volume ne présente que des fragments épars.

Mais, d'ores et déjà, nous nous intéressons à ces fragments, voici pourquoi : L'auteur appartient à cette jeunesse de fanatiques révolutionnaires (il n'y a là rien de blessant pour M. Da

Costa, qui se qualifie lui-même de fanatique dans un passage
de son livre), recrutée à la fin de l'Empire par Blanqui. Le
parti blanquiste joua un rôle considérable sous la Commune.
C'était la seule organisation socialiste solidement disciplinée,
comme nous dirions aujourd'hui, alors existante. Depuis, ce
parti s'est dispersé, émietté et, bien que nombreux soient ses
survivants, qui se réclament du « vieux », le blanquisme n'est
plus qu'un souvenir. Nul, encore, n'a sérieusement étudié ses
tendances, son état d'esprit, ses mœurs, si je puis ainsi dire,
qui eurent pourtant ultérieurement une influence considérable
sur le mouvement socialiste français. Le récit de M. Da Costa,
qui fut de la secte, est plein de traits révélateurs sur ses anciens compagnons d'armes et d'espérances sociales. A ce titre,
le livre sur la Commune, qui fut l'apogée de cette organisation révolutionnaire, présente un intérêt particulier sur lequel
nous reviendrons, quand aura paru le dernier volume de la
publication.

Un mot encore cependant sur ce fragment : M. Da Costa en
deux endroits fait allusion à l'affaire Dreyfus. A propos de l'arrestation de Chanzy par la Commune et sans aucun lien, l'au_
teur parle de la « violente colère antimilitariste soulevée par
quelques politiciens, quelques universitaires et quelques pas-
teurs au profit de ce qu'on appelle le dreyfusisme. On connaît
cette campagne. Nous n'avons pas pris la mission écœurante
de la raconter ». Et M. Da Costa de s'élever contre les auteurs
de cette « campagne injuste, inepte, profondément hypocrite »,
parce qu'au lendemain de la semaine sanglante, « personne ne
bougea » parmi eux. Ceux qui prirent part à la campagne qui
indigne si fort M. Da Costa pourraient lui répondre comme le
loup de la fable : « Comment l'aurais-je fait si je n'étais pas
né ». — Mais si je note ce passage, c'est que, sous la plume
d'un ancien blanquiste, la réhabilitation du général Mercier,
de l'honneur et de la justice militaires, gravement compromis
par « la malsaine agitation née de l'affaire », ne manque pas
de saveur. C'est un trait de plus à l'actif des anciens blanquistes...

GUSTAVE ROUANET (*Revue socialiste*).

M. Da Costa, substitut du procureur de la Commune de
Paris en 1871, et alors âgé de vingt ans, fut condamné à mort
par les conseils de guerre versaillais, mais il obtint la com-
mutation de sa peine. Sa grâce nous a valu divers ouvrages,
et des mémoires sur la Commune, qu'il donne aujourd'hui au
public. Nous ne signalons que le premier volume, le second
devant paraître seulement en février 1904.

Trente-deux ans après les événements, la mémoire de
M. Da Costa aurait pu être infidèle. Les documents et livres
écrits sur la Commune ont été utilisés par lui, de façon à lui
fournir pour ainsi dire le moule où il a versé ses souvenirs.
De plus, employant une méthode possible pour des événements
proches encore de nous, et qu'on devrait tâcher de généra-
liser à une époque où les auteurs de mémoires deviennent
rares, l'investigation personnelle auprès des témoins survivants, il a reçu des « communards » marquants qui existent
encore des communications orales ou écrites intéressantes.

C'est un des points par où ce livre a quelque importance
pour l'histoire de la Commune. Il est très mal composé, avec
des redites et des reprises, assez mal écrit, avec une terminologie vulgaire souvent; encore n'insistons-nous pas trop
sur ce dernier point, car, en somme, la passion est permise
à qui faillit payer de la vie ses opinions, et cette vulgarité
même parvient à rendre mieux qu'un style « historique »
l'âpreté brutale des phrases d'un Rigault. Mais, sur tous les
faits, même les plus menus, sur les légendes même les mieux
assises, il apporte des vues critiques qui, pour l'historien
impartial et définitif de la Commune, ne seront pas à dé-
daigner. Elles le sont d'autant moins que l'enthousiaste de
1871 est le moins du monde imbu de ce qu'on pourrait appeler
le préjugé communaliste. Il juge sévèrement le Comité central et la Commune. Si Thiers est à ses yeux capable et
prévenu de tous les forfaits, il accorde des circonstances
atténuantes aux modérés et aux radicaux. Lui-même considère
son propre rôle en 1871 avec une condescendance un peu

méprisante qui semble un peu jouée (1). N'empêche qu'il reste « communard », et qu'il reproche surtout à la Commune de n'avoir pas osé aller jusqu'au bout de sa tâche, d'avoir noyé les velléités belliqueuses de la foule sous la phraséologie des politiciens.

Une des parties les plus neuves est celle qui concerne l'affaire des otages. Comme auteur du transfert de ceux-ci de Mazas à la Roquette, M. Da Costa a pris dans le drame une responsabilité qu'il accepte en l'expliquant. Mais surtout il a été à même de voir comment dans l'esprit des membres de la Commune est entrée, après le 2 avril, « la théorie des otages ». Dans son explication interviennent une femme hystérique, son amant et un mouchard, et par là, elle prend une allure romanesque (2). Mais le romanesque n'est pas toujours faux ; au reste, dans l'affaire en question, la vérité sera toujours difficilement atteinte ; en tout cas, le témoignage de M. Da Costa, au point de vue sinon des intentions des protagonistes, du moins des événements mêmes, garde son importance.

Mais l'œuvre de M. Da Costa le dépasse, et c'est cela surtout peut-être qui fait d'elle un document utile pour l'histoire de la Commune. A trente-deux ans de distance, l'homme est resté à peu près ce qu'il était, encore qu'une sorte de scepticisme général lui fasse comme une philosophie. Il n'est pas membre de l'Internationale ; il semble n'avoir adopté aucune des théories socialistes alors existantes, il dédaigne profondément les « intellectuels », et apprécie surtout l'homme de guerre chez Flourens. Mais il a vingt ans, il est blanquiste, bien que ce qui constitue la pensée même du « vieux » lui soit étranger (3). Il est en proie à la fièvre obsidionale, patriotique, militariste même, plus encore à un accès brûlant d'amour-propre, et il pense jouir, à la faveur de la révolution inaugurée, d'une part d'autorité. Ce n'est pas le révolution-

(1) V. p. 413 sqq.
(2) P. 402 sqq.
(3) V. Geoffroy, *L'Enfermé*.

naire d'alors qui sur la légitimité discutable de l'Assemblée de Versailles donne des aperçus à discuter (1), qui, avec tous, explique le passage du Comité central, puis de la Commune, de l'autorité municipale au pouvoir gouvernemental. Il l'avoue lui-même, il comprenait mal le mouvement où il entrait (2). Dans tout le livre, on peut recueillir les éléments d'une psychologie du *révolutionnaire pour la révolution*, bien différente de celle des hommes qui, dans un brusque changement d'état de choses, voient le moyen le plus commode pour la réalisation de leurs plans sociaux. Nous ne savons pas si M. Da Costa, en examinant dans son second volume, les causes de la Commune, sera de notre avis. Mais le nôtre est tel, que beaucoup de « communards », parmi les influents, ou dans la foule des fédérés, ont été taillés sur son patron. A d'autres à dire si de ce fait résulte pour une part l'insuccès de la Commune. Mais parmi les raisons si étrangement complexes de cette révolution, il est, à nos yeux, de première importance.

GEORGES BOURGIN (*Revue d'Histoire moderne*).

Livre impartial et vivant, œuvre personnelle entraînante et forte, cette histoire, c'est bien, comme le dit son auteur, la Commune vécue.

Son auteur est M. Gaston Da Costa qui fut le secrétaire de Raoul Rigault, et par là connut tout ce qu'il y eut de secrets tragiques dans ce mouvement insurrectionnel. Condamné à mort, puis gracié, il fut envoyé au bagne; son esprit cultivé s'y élargit : il évoqua ses souvenirs sur les hommes et les choses; dans la maturité de l'âge, il les fixe.

Pour la première fois, nous pénétrons réellement dans les

(1) P. 258 sqq.
(2) P. 297.

coulisses de la Commune, nous sommes initiés à tous les ressorts de son action exaspérée. Ce livre n'est ni une apologie, ni un pamphlet, ni non plus le classique livre d'histoire qui affecte la sérénité : telles pages reflètent encore la colère d'un partisan et d'un vaincu. Mais l'écrivain est assez maître de son observation pour peindre avec une expression de vérité saisissante les tableaux qu'il a vus et les scènes qu'il a jouées.

Dans ce tome Ier, le 18 mars est enfin raconté ; nous avons maintenant les détails vrais du drame de la rue des Rosiers. Par ailleurs, nous connaissons la part des responsabilités du Comité central ; nous assistons aux premières opérations militaires, si incohérentes, mais surtout nous revivons la première partie de la tragédie des otages. Ce fut M. Gaston Da Costa qui présida à leur transfert, ainsi qu'aux négociations qui eussent abouti à la délivrance de l'archevêque et de ses compagnons si Thiers, par tactique d'État, n'avait laissé la tragédie s'accomplir jusqu'au bout.

Nous ne pouvons que signaler cette œuvre de bonne foi malgré ses tendances. Elle est la première qui nous fasse entrer de plain-pied dans l'histoire des événements de 1871.

(*Intermédiaire des Chercheurs et Curieux.*)

Avoir été spectateur et même acteur dans les événements de l'année terrible, et condamné à mort par les conseils de guerre versaillais, voilà bien une raison suffisante pour vouloir trente ans après revivre la Commune. Quand ces événements sanglants se déroulèrent, le citoyen Da Costa avait vingt ans. Il avait l'âme enthousiaste d'un étudiant et d'un jeune républicain nourri dans l'opposition implacable au régime impérial. Toute sa vie, ces souvenirs de jeunesse durent l'attirer violemment. Ayant vécu dans la foule et au parquet révolutionnaire, où il travailla avec Rigault, les événements

de Paris soulevé, il a eu la curiosité de compléter ces souvenir
par la lecture des journaux, de la *Gazette des Tribunaux*, par
la fréquentation des acteurs du drame, et il nous donne *la
Commune vécue*, dans le recul de trente années, avec l'expérience des événements postérieurs.

Mais à transcrire ces notes, son enthousiasme juvénile le
reprend. Il ne se contente point de conter ce qu'il a vu et
comme il l'a vu, il veut faire œuvre d'historien et exposer les
faits et les documents. Mais expliquer les idées politiques de
sa jeunesse, c'est toujours une défense ou une apologie. Quant
au style, il conserve la saveur des assemblées révolutionnaires,
c'est celui dont ont hérité les journaux de toutes les avant-
gardes, entraînés par la verve inépuisable du fondateur de la
Lanterne. Pour notre histoire, Thiers ne sera jamais que
Foutriquet, et le régime du troisième empire, le Badingue-
tisme.

Ce genre d'histoire a un intérêt pour ainsi dire psychologique. Chaque fait amène son commentaire; il vit comme
dans son milieu passé. Ceux qui, par leurs violences et leurs
conséquences, ont été sévèrement jugés par l'histoire, sont
aussi mieux compris par la part de fatalité qui les a rendus
possibles. Et il est curieux d'entrevoir comment on peut
devenir un communard, vers la vingtième année.

Les faits eux-mêmes, ainsi exposés, deviennent plus vivants;
ils n'ont pas leur importance future, mais leur importance
immédiate, et s'ils ne sont pas coordonnés par la logique, ils
sont du moins animés par la passion. Cette passion est sincère, aveugle, mais évidente et voulue. Après une exécution
d'otages, qu'il approuve, l'auteur ajoute : « Que mes lecteurs
apprécient cet aveu selon leurs tempéraments. J'ai agi en 1871,
et j'écris aujourd'hui, selon le mien. »

Après cela, nous avons toute liberté, et le droit d'en user.
C'est déjà quelque chose.

Donc des faits, des affiches, des proclamations, des échanges
de lettres, des comptes rendus de procès postérieurs, et des
séances des Comités ou de l'Assemblée nationale, beaucoup
de noms. Puis un commentaire, une diatribe, une mise au

point, la défense de tel acte, la condamnation d'un autre, des
portraits, des injures et de l'enthousiasme, voilà la méthode.

Il est incontestable que cela fait bien revivre la Commune.

Le premier volume de *la Commune vécue* s'arrête avant le
massacre des otages. Dans le second volume, M. Da Costa nous
exposera ces événements auxquels il fut mêlé de très près,
l'œuvre de gouvernement de la Commune, et la lutte tragique
des Versaillais pour reprendre Paris.

La Commune manquait de souffle; elle manquait aussi de
chef. Elle devait succomber comme une tentative prématu-
rée d'une ville contre le reste de la France, les ruraux, comme
on qualifiait à Paris les soutiens de l'Assemblée nationale.
Et l'Assemblée nationale avait un chef : Thiers; un autre en
perspective, qui ne voulait point pactiser avec la Commune :
Gambetta. Leur sagesse et leur prévoyance surent fonder la
troisième République contre la Commune. Il est à croire que,
historiquement du moins, ce n'est pas la même chose.

P. C. (*La Chronique des Livrés*, 10 sept. 1903.)

La Commune de 1871 est-elle sortie de ce qu'on peut
appeler la phase passionnelle, celle du réquisitoire et des
anathèmes? L'heure de la maturité, je veux dire de l'impartialité historique, celle de son incorporation pure et simple
dans l'histoire de France proprement dite, qui en a vu bien
d'autr s, après tout, est-elle venue pour elle? Va-t-on la
considérer, la considérera-t-on jamais autrement que comme
un geste de fureur? Continuera-t-on d'y voir seulement un
cas de fièvre obsidionale, pour rappeler un mot célèbre,
quelque chose comme une gigantesque conception de cerveaux
nationalistes première manière, ou bien réussira-t-on à y
discerner les linéaments ou la semence d'une idée, d'une
doctrine nouvel e, un germe d'espérance, un atome de semence
éventuelle possible jetée à travers les devenirs, toujours si

prodigieusement complexes et problématiques de la durée?

Voici, en tout cas, que se produit un effort très remarquable et dûment qualifié pour « mettre la Commune dans l'histoire », dans cette histoire de France qui connaît très bien la Jacquerie, la querelle des Armagnacs et des Bourguignons, la Fronde, mais qui ne semble pas connaître un mot de ce qui s'est passé à Paris, dans le beau printemps d'il y a trente-deux ans. Cet effort, cette tentative résulte de la publication d'un livre peu banal, qui porte ce titre : *La Commune vécue*, et cette signature : GASTON DA COSTA, « condamné à mort par les conseils de guerre versaillais ».

En 1871, M. Gaston Da Costa avait vingt ans. Ami intime de Raoul Rigault, procureur de la Commune, il fut du nombre de ses quatre substituts. C'est assez dire que, malgré son extrême jeunesse, l'auteur de *la Commune vécue* fut placé au premier rang pour voir et agir. Or, dans son livre, il ne dissimule rien de ce qu'il a vu, ni de ce qu'il a fait. Ne cherchant à convaincre personne, ne voulant tromper personne, il dit tout avec une sincérité peu commune, et c'est par là qu'il intéresse puissamment.

On lit, à chaque instant, avec plaisir, des Mémoires de la Révolution ou du premier Empire, bien qu'ils évoquent souvent des événements tragiques. Il faut lire le livre de M. Da Costa, comme on lit un livre de mémoires ou de souvenirs.

En parcourant *la Commune vécue*, ceux qui ont connu les hommes et les choses de cette époque éprouvent une sensation de rajeunissement qui tient à l'exactitude et aussi à l'allure du livre; j'imagine que ces choses, souvent dramatiques, toujours pittoresques et toujours vivement, simplement présentées, produiront un effet considérable sur les lecteurs non au courant de nos derniers troubles révolutionnaires.

Je ne saurais trop conseiller à tous de lire, avec la plus grande attention, cette histoire de la Commune, qui, malgré ce que le récit peut avoir de personnel, est bien une histoire au sens élevé, sérieux du mot, la première qui ait été écrite sur la Commune. Et j'aime à croire que ma recommandation sera efficace. La Commune est tout à la fois encore trop près

de nous et trop peu connue, pour qu'on n'éprouve pas le
besoin de profiter d'une si bonne occasion d'apprendre, en ce
qui la concerne.

De quelque façon qu'on apprécie cet ouvrage, il fera certainement beaucoup penser, beaucoup discuter et donnera à
tous les esprits curieux l'envie de lire le second, qui va
paraître prochainement et ne sera pas moins documenté, pas
moins révélateur, pas moins instructif.

(Le Français, 13 septembre 1903.)

<hr>

La Commune vécue, par Gaston Da Costa, dont la première édition a été épuisée en quelques jours, est un livre
curieux, impressionnant entre tous. Œuvre d'un « Communard » très en vue, condamné à mort en 1871 pour le rôle
qu'il joua dans la grande insurrection parisienne, ce livre
n'est ni une apologie, ni une rétractation, mais un récit très
documenté, bourré de faits, écrit avec autant de franchise
que de simplicité.

La prétention de M. Da Costa est de mettre la « Commune
dans l'histoire », dans la grande histoire où elle n'a pas encore
pénétré, à proprement parler. Le succès de son livre, dont
un second tirage a lieu en ce moment, prouve qu'il a tout au
moins réussi à rendre l'histoire de la Commune, d'ailleurs
si dramatique, très intéressante et très attachante. Il est
même permis d'ajouter que la lecture de la Commune vécue
est des plus suggestives pour les hommes de toutes les
opinions.

P. L.

(Les Annales politiques et littéraires, 28 sept. 1903.)

L'ancienne librairie Quantin vient de publier le 1er volum
de *la Commune vécue*, par Gaston Da Costa, ancien substitu
du procureur de la Commune de Paris, en 1871. Cet ouvrag
paraît être le premier qui fasse connaître l'entière vérité su
les tristes et tragiques événements de notre dernière guerr
civile. L'auteur raconte les événements, non sans passion
mais avec la plus grande sincérité; son œuvre, fort habile
ment documentee, est bourrée d'anecdotes inédit·s et de ré
cits émouvants qui pallient très heureusement la sécheress
inévitable du document historique. On peut prévoir que c
livre va soulever d'ardentes polémiques, mais il n'en cons
titue pas moins un des monuments les plus curieux de notre
histoire contemporaine.

(*Revue du Cercle militaire*, 28 novembre 1903.)

La Commune! Quel mot et que de souvenirs y sont atta·
chés. Ne le prononce-t-on pas encore pour effrayer les esprits
craintifs? N'est-il pas resté comme l'expression synthétique
des plus effroyables guerres civiles? Mais ce mot résume
aussi une époque de notre vie nationale qui n'eut guère jusqu'ici pour historien que des enlumineurs de légendes! Est-il
trop tôt pour rechercher *sans haine et sans crainte*, la vérité,
toute la vérité, sur ces événements? Il semble bien que non,
l'apaisement étant aujourd'hui définitif. Par contre, il serait
trop tard demain, acteurs et témoins de ce drame devenant
chaque jour moins nombreux. Voilà pourquoi l'un d'eux,
M. Gaston Da Costa, qui fut secrétaire de Raoul Rigault,
délégué à la Police (on ne disait plus alors Préfet de police),
a entrepris cette tâche de reconstitution historique. M. G. Da
Costa, qui fut condamné à mort par les Conseils de guerre
versaillais, vit sa peine commuée en celle des travaux forcés.
A son retour de la Nouvelle-Calédonie, il s'est principalement

occupé des questions d'enseignement. Ses ouvrages classiques, sa Grammaire, notamment, que le Conseil municipal de Paris adopta à la suite d'un concours, l'ont placé en bon rang parmi les pédagogues de notre temps. Absorbé par l'étude, M. Da Costa n'a pu ou voulu prendre qu'une faible part au mouvement politique de ces vingt dernières années. Ainsi pourrait être expliqué le secret de son impartialité dans *la Commune vecue*, dont Montaigne eût pu dire : « Ceci est un livre de bonne foi ». L'auteur, qu'il parle de ses amis révolutionnaires ou de leurs ennemis politiques, s'exprime avec une égale franchise. S'il proclame et prouve par des faits « le grand courage » de Jules Ferry au 18 mars, il juge sévèrement, de la même plume, l'attitude du fameux Comité de Vigilance du XVIII° arrondissement, qu'il rend responsable, pour une large part, du meurtre des généraux Clément Thomas et Lecomte. La fureur de la foule ne lui échappe pas, il salue d'un mot l'attitude ferme des prêtres arrêtés par la Commune. Et, s'il est en cause, il ne cache ni la méchanceté de ses propos, ni son insouciance — celle de l'extrême jeunesse (1), à la pensée que les détenus prêtres, dont il assurait le transfert de Mazas à la Roquette, pouvaient être massacrés d'un instant à l'autre...

Ce livre, qui honore grandement son auteur, est un hommage à la Vérité. Il s'en échappe le plus beau cri de protestation qui ait été poussé depuis longtemps contre le fanatisme révolutionnaire, la férocité réactionnaire et la lâcheté des politiciens.

A. M. (Revue Municipale.)

Sous ce titre : *La Commune vécue*, M. Gaston Da Costa, qui a pris part aux événements de 1871 comme partisan de la Commune, et fut condamné à mort pour cela, a écrit un livre

------

(1) M. Gaston Da Costa n'avait pas vingt ans lors de ces événements.

où il essaie, dit-il, « de déposer sans haine et sans crainte sur
des événements qu'il a vécus ». Il est sûr qu'il a fait un grand
effort d'impartialité, rendant parfois justice même aux adversaires les plus ardents de la Commune (par exemple à Jules
Ferry). Malheureusement, cet effort ne se voit pas à première
vue, le style est souvent celui d'un pamphlétaire, et, si
l'auteur n'a pas de « haine ». il a des colères furieuses, qui,
chose étonnante! se tournent beaucoup moins contre les institutions militaires victorieuses de la Commune en 1871 que contre
ceux qui veulent aujourd'hui républicaniser ces institutions,
c'est-à-dire contre les antimilitaristes. M. Da Costa se montre
nationaliste et antidreyfusard. C'est son affaire. La nôtre est
de dire que son livre, en sa forme passionnée, est intéressant,
plein de faits nouveaux, et qu'il sera utile aux futurs histo-
riens de la guerre civile de 1871. Plus utile encore eût été ce
livre, si l'auteur avait pris soin de nous dire toujours quels
sont, parmi les événements qu'il raconte, ceux dont il a été
témoin oculaire. Je dois même dire qu'à mon avis M. Da Costa
aurait rendu un plus grand service aux études historiques, si,
au lieu d'un livre il avait écrit ses mémoires. Heureusement
qu'il est encore temps de le faire.

A. AULARD. (*Revue de la Révolution française.*)

TABLE DES MATIÈRES

(TOME II)

QUATRIÈME PARTIE

LA TRAGÉDIE DES OTAGES (*suite*)

CHAPITRE VI

EXÉCUTION DE SIX OTAGES A LA ROQUETTE

CHAPITRE VII

FERRÉ DEVANT SES JUGES VERSAILLAIS

CHAPITRE VIII

LES MENSONGES DE MAXIME DUCAMP

CHAPITRE IX

LE PROCÈS DE L'AFFAIRE DITE DE LA ROQUETTE

CHAPITRE X

L'AFFAIRE CHAUDEY

CHAPITRE XI

FERRÉ ET RAOUL RIGAULT, LES « DEUX GAMINS SINISTRES » DE MAXIME DUCAMP

CINQUIÈME PARTIE

LA COMMUNE COMBAT

CHAPITRE PREMIER

CLUSERET ET SON ADMINISTRATION

CHAPITRE II

ROSSEL ET SON ADMINISTRATION

I.   c

CHAPITRE III

FIN DE LA LUTTE EXTRA MUROS

SIXIÈME PARTIE

LA COMMUNE GOUVERNE

CHAPITRE PREMIER

POLICE ET JUSTICE SOUS LA COMMUNE

CHAPITRE II

NOS RECHERCHES DANS LES ARCHIVES DE LA POLICE POLITIQUE IMPÉRIALE

(*A suivre.*)

LA COMMUNE VÉCUE

QUATRIÈME PARTIE

LA TRAGÉDIE DES OTAGES
(SUITE)

CHAPITRE VI

EXÉCUTION DE SIX OTAGES A LA ROQUETTE

SOMMAIRE. — Aspect de la place Voltaire, le 24 mai 1871. — La foule réclame l'exécution des otages. — Genton et Fortin délégués auprès de Ferré. — Les fusilleurs se dirigent sur la Roquette. — Rencontre de Sicard. — Intervention de la femme Lachaise. — Résistance du directeur François. — Mission de Fortin. — Préliminaires du meurtre. — L'exécution. — Un mot féroce. — Procès-verbal. — État d'àme de Fortin. — Physionomie de Genton. — Réflexions.

Pour avoir la psychologie vraie du drame qui va suivre, il est nécessaire d'en reconstituer l'impressionnante mise en scène et de vivre un instant dans le milieu où il se déroulait, avec l'impitoyable logique de l'enchaînement des faits révolutionnaires.

L'insurrection, irrévocablement vaincue maintenant,

agonise, étranglée par le cercle de fer de l'armée versaillaise.

A l'heure où nous sommes, la place Voltaire est le centre de ce cercle qui va se resserrant de plus en plus. Une foule d'hommes armés, mais désorganisés et sans chefs, y circule, dans l'attente bruyante du choc suprême.

D'ailleurs aucune marque d'abattement chez ces désespérés, sauf chez quelques parlementaires communalistes descendus de la tribune aux harangues sur la place publique et, si l'on en excepte Ferré et Vermorel, fort dépaysés sur ce champ de bataille.

Les fédérés, eux, vont et viennent, exaspérés, furieux. Des clameurs vengeresses s'élèvent quand passent les brancards chargés de blessés tombés aux barricades avoisinantes. On se bat place de la Bastille. On se bat place du Château-d'Eau (aujourd'hui place de la République). On se bat au pont d'Austerlitz et à Bercy. Cependant, de la hauteur du Père-Lachaise, où une batterie de pièces de sept vomit sur le centre de Paris une pluie de projectiles, on peut voir le drapeau tricolore flottant à la place du drapeau rouge sur les Buttes Montmartre et au sommet du Panthéon. Charonne, Ménilmontant et Belleville restent encore au pouvoir des derniers défenseurs de la Commune. Sur ces hauteurs on pourra lutter encore quelques jours ; mais, et pas un combattant qui ne le comprenne, c'est bien le commencement de la fin.

Depuis le meurtre du matin, la boutique où siège l'état-major du 66e est devenue le centre d'organisation de cette résistance suprême, dirigée par Ferré, qui vient de s'adjoindre Genton et Fortin comme inspecteurs des barricades. Ce centre de combat est momentanément aussi un foyer de vengeance. Il n'est que trop vrai : dans ces heures sombres, le sang appelle le sang : le matin, les désespérés qui sont là ont pris de Beaufort et l'ont tué, convaincus qu'ils fusillaient un traître. Puis leur colère s'est tournée contre la Commune, qui a rendu le décret des otages et qui n'est même plus là pour donner à l'insurrection acculée cette joie suprême d'une application vengeresse de sa dangereuse décision.

Ils savent, ces combattants de la dernière heure, ces hommes maintenant voués à une mort fatale, ils savent que des otages ont été transférés de Mazas à la Grande-Roquette. L'heure est venue ; il faut qu'on les leur livre. .

« Il nous faut les otages! clament-ils. Nous voulons qu'on exécute le décret! »

Ces cris de vengeance partis du 66ᵉ bataillon ont leur écho dans la foule. Bientôt Genton et Fortin sont mis en demeure de porter à Ferré les volontés de ces derniers défenseurs de la Commune. Les deux lieutenants de Ferré ont perdu le sang-froid du matin ; eux aussi sont pris de la fièvre du meurtre ; ils ne résistent plus à la foule, ils en font partie, ils vivent tout son désespoir, et sans hésitation, avec la pensée qu'ils font acte de justice, les voilà portant à Ferré les exigences de leurs compagnons d'armes.

Ferré n'est d'ailleurs pas homme à se dérober à pareille heure. Ceux qui luttent encore veulent les otages. Il les leur donnera.

⁎
⁎ ⁎

Mais, pour bien comprendre ce qui va se passer, il est nécessaire de suivre minute par minute les péripéties du drame, entre l'instant où Ferré fut mis en demeure de donner l'ordre fatal et celui de l'exécution.

Ici, deux phases bien distinctes : dans la première, Fortin et Genton, porteurs d'un premier ordre, se rendront à la Roquette, où le directeur François refusera tout d'abord de livrer des prisonniers insuffisamment indiqués ; dans la seconde phase, Fortin expédié par Genton à la mairie, obtiendra de Ferré un ordre plus précis qui, cette fois, entraînera l'exécution de six otages.

*
* *

Voyons les détails de la première phase.

Ferré ignore quels sont au juste les otages enfermés à la Roquette. A la hâte il écrit à peu près ceci : « Ordre au citoyen directeur de la Roquette de faire exécuter six otages ».

Fortin et Genton, *laissant Ferré à la mairie,* descendent rapidement sur la place et suivis d'un détachement de fédérés, ils gagnent la rue de la Roquette. Sur la place même, Mégy et Johannin les ont rejoints et les accompagnent.

Depuis deux jours Genton a repris son uniforme de porte-drapeau, qu'il avait abandonné pour prendre momentanément les fonctions de juge d'instruction dans le procès dit des agents secrets. Fortin portait un costume assez bizarre, débris de son uniforme de sergent de garde mobile dans l'armée de la Loire, 21ᵉ corps, commandé par l'amiral Jaurès. Il y avait joint une ceinture rouge et un sabre donné par Ferré l'avant-veille.

Chemin faisant, le groupe se heurte à un officier d'état-major. C'est Sicard, ancien officier de Duval, ca-

pitaine d'état-major de Chardon, commandant militaire
de l'ex-préfecture de police.

« — Où allez-vous? leur dit Sicard.

— Fusiller les otages! répond Fortin en montrant
l'ordre de Ferré. Viens avec nous. Il nous faut un officier pour commander le feu.

— Mais, observe Sicard, je n'ai pas mon sabre.

— Je te prêterai le mien, » réplique Fortin.

Le détachement a bientôt gagné la prison.

Arrivé devant la Roquette, nouvel incident, occasionné
par une nouvelle crise de larmes de la cantinière Lachaise.

« Nous en avons déjà tué un ce matin. Assez de sang
comme cela. Allez-vous en ! »

On la repousse. Elle insiste et réussit à détourner
bonne partie des hommes du 66ᵉ.

Sicard, Genton, Fortin, Mégy, Johannin et les autres
pénétrèrent alors dans la prison de la Grande-Roquette.

Le directeur François reçut tout ce monde au greffe.
C'était un homme d'assez piètre mine et de petit caractère. L'arrivée des otages à la Roquette avait tout
d'abord flatté sa vanité, puis l'avait effrayé. Acculé à
l'exécution d'un ordre, il ne s'y opposa pas avec la volonté d'un homme résolu à sauvegarder ses prisonniers,
mais avec l'état d'âme d'un fonctionnaire désireux surtout d'échapper aux responsabilités. Il savait d'ailleurs
que Mégy, Genton et Fortin étaient gens à accomplir
jusqu'au bout la mission qu'ils avaient prise; ce qu'il
voulait, c'était, autant que possible, se dégager. Aussi
bien, lorsqu'il vit que l'ordre d'exécuter six otages,

pour formel qu'il fût, ne désignait personne nominativement, il fit des objections.

De là d'assez longs pourparlers. Genton, Mégy et
Fortin insistent pour qu'on leur livre l'archevêque, le
président Bonjean et quatre prêtres. François résiste.
De guerre lasse, Genton décide d'expédier Fortin à la
mairie pour demander à Ferré de désigner par écrit
l'archevêque de Paris.

Voilà donc de nouveau Fortin auprès de Ferré.

« — On veut l'archevêque! Il nous faut l'archevêque!
François exige pour celui-là un ordre écrit.

— C'est bien, répond Ferré impassible, ils veulent
l'archevêque; ils l'auront. »

Il reprend son premier ordre, et, en travers, très
lisiblement il écrit : « *Et notamment l'archevêque* ».

Fortin, redescendu place Voltaire, réfléchit que la
femme Lachaise a détourné pas mal d'hommes du
66ᵉ bataillon. Il monte sur un banc; il réclame des
hommes de bonne volonté pour fusiller l'archevêque.
Une vingtaine d'insurgés se présentent, notamment un
pompier en tenue qui s'écrie : « Moi! Je veux venger
mon frère! » et le tout jeune fédéré Lolive, fusillé
depuis à Satory.

Fortin, ainsi escorté, se porte rapidement à la Grande-
Roquette et présente impérativement l'ordre au directeur François, qui n'ose plus résister.

D'accord sans doute avec Genton et Mégy, il dresse alors lui-même la liste suivante :

Archevêque Darboy,

Deguerry,

Bonjean,

Clerc,

Allard,

Ducoudray.

Ordre est ensuite donné au brigadier Ramain d'aller quérir les prisonniers pour les conduire dans le chemin de ronde.

*
* *

Le peloton, qui était resté devant la grille d'entrée, se mit en marche pour rejoindre les otages au haut du petit escalier de secours, qu'on descendit.

« Le cortège, otages et hommes armés, dit exactement cette fois Maxime Vuillaume, s'engagea dans une galerie longeant le côté droit de la cour. Il s'arrêta devant une porte solidement verrouillée. La porte s'ouvrit. Une grille aux lourds barreaux, étroite — j'ai compté sept barreaux — tourna sur ses gonds. L'ouverture ne donnait guère place qu'à deux personnes de front. Il faut descendre encore cinq marches de pierre avant de poser le pied sur le pavé du premier chemin de ronde (1)...

« Sicard, qui était là, avec Genton et Fortin, donne l'ordre d'encadrer les prisonniers.

---

(1) Nous verrons que Vuillaume, en apparence si soucieux de la vérité minutieuse, lorsqu'il s'agit des choses, est repris tout entier par son tempérament de journaliste fantaisiste, lorsqu'il s'agit des personnes.

« Lentement, sans une parole, on se mit en marche. Le cortège tourne à droite, pour, au bout de quelques pas, s'engager dans le long couloir, bordé d'un côté par le haut mur de pierres meulières du chemin de ronde, de l'autre par l'aile ouest de la prison.

« Quatre hommes du peloton marchent en tête, le fusil sur l'épaule.

« Derrière, un groupe confus, une trentaine de fédérés. »

Puis une invention du journaliste qui, pour dramatiser son tableau, ajoute :

« Deux lanternes, que tiennent haut les porteurs, jettent sur cette scène des lueurs vacillantes. »

Or, il est à peine six heures et demie, et nous sommes au 24 mai !

Puis revenant à la vérité, qu'il tient du seul survivant, Émile Fortin, il ajoute ceci, qui est vrai :

« Pas une parole ne fut prononcée au cours de cette traversée lugubre du chemin de ronde. Bien des phrases ont été placées, au cours des divers récits qui ont paru, dans la bouche de l'archevêque. Le prélat, à la vérité, parla une seule fois. »

A partir de ce point, le récit de Vuillaume est aussi inexact que les autres.

Voici la vérité, écrite par Fortin lui-même :

« Au bas des marches, devant la grille, l'archevêque se tournant vers nous, dit d'une voix faible :

« — Et cependant, j'ai écrit à M. Thiers.

— Nous le savons bien, répondit Fortin. C'est sa faute si vous êtes là. »

On franchit la grille donnant accès au deuxième chemin de ronde, dont le mur longeait alors la rue de la Vacquerie. On le suivit jusqu'au mur du fond. Le peloton s'arrêta. Sur un signe de Sicard, les six victimes allèrent se placer au bas de la muraille, face au peloton.

Sicard se place d'abord sur la gauche et demande à Fortin son sabre. Le peloton se dispose alors sur deux rangs. Un troisième groupe, composé de Mégy, Johannin, Lolive et du pompier, s'isole, un peu à gauche des autres hommes.

Le capitaine Sicard constate qu'à l'endroit où il est, il ne pourra même pas manœuvrer son sabre. Il vient alors se placer derrière les exécuteurs, un peu en avant de Genton et Fortin, restés en arrière.

Les six otages étaient silencieux et inertes. Un seul, le père Allard, dégrafa sa soutane et montra sa poitrine.

« Feu! » commanda Sicard.

A la première décharge, cinq otages tombèrent.

L'archevêque Darboy resta debout.

« — Nom de Dieu, il est donc blindé celui-là ! » dit Lolive.

Puis une seconde décharge partit du groupe de gauche, et l'archevêque tomba foudroyé.

Alors Sicard commanda des gardes pour donner aux victimes encore vivantes le coup de grâce.

Les exécuteurs se retirèrent ensuite, silencieux, et quittèrent la prison.

Fortin, de retour à la mairie, raconta le drame à Ferré, en présence de Alphonse Humbert et de Lissagaray, survenus. Puis, à la demande de Ferré, il rédigea à la hâte ce procès-verbal :

« Aujourd'hui, 24 mai 1871, à 7 heures du soir, en exécution du décret rendu par la Commune de Paris, le 5 avril, concernant les otages, les nommés :

« Darboy, ci-devant archevêque de Paris ;

« Deguerry, ci-devant curé de la Madeleine ;

1.

« Bonjean, ci-devant vice-président du Sénat de l'Empire;

« Clerc, Allard et Ducoudray, ci-devant Pères Jésuites, ont été passés par les armes, à la prison de la Roquette.

« *Le délégué de la Commune,*
« ÉMILE FORTIN. »

Ensuite Fortin, ayant rejoint Genton, se rendit aux barricades, où il combattit jusqu'aux derniers jours.

Dans une lettre, adressée le 24 juin 1888 au comte d'Hérisson, Émile Fortin, après avoir retracé les grandes lignes de cette tragédie, disait :

« En 1871, j'étais jeune et enthousiaste; j'ai agi avec la conviction que je servais la bonne cause, et aujourd'hui, après dix-sept années, dont neuf passées en prison et au bagne, ma conviction n'a pas changé.

« ...Ces hommes étaient parfaitement dans leur droit, dit-il encore dans la même lettre. L'armée de Versailles fusillait tout sans merci; il fallait bien faire un exemple: il fallait frapper un grand coup. »

Ce que Fortin pensait en 1871, ce qu'il écrivait en 1888, il le pense encore aujourd'hui. Et pourtant, ce n'est pas un haineux, tant s'en faut, c'est même un doux, dans toute la force du terme. Mais c'est en même temps un homme d'action. Et quand des événements comme ceux que nous rapportons surgissent, ils font subitement de ces doux énergiques les plus intrépides soldats de la Révolution et ses plus implacables justiciers.

D'ailleurs, dans ces jours sombres, Émile Fortin, tout jeune homme, subissait la très grande influence de Ferré, dont il admirait l'intrépide fanatisme, et de Genton, l'ardent révolutionnaire faubourien, qui l'avait fiancé à sa fille.

« Ce Genton était un ancien menuisier ayant un peu sculpté sur bois... C'était un lourd garçon, ordinairement paresseux, de taille petite, épais, gros, à face brutale et obtuse, avec les yeux saillants, la lèvre inférieure proéminante comme celles des ivrognes de profession, portant toute la barbe et une chevelure grisonnante. »

Tel est le portrait que nous fait de Genton l'Académicien mouchard. Remarquez tout de suite que le scribe n'avait jamais vu l'homme qu'il portraicturait de sa plume alerte et cruelle. N'importe, on sait que, sous l'Empire, un œil était gravé sur le fond des cartes d'identité des agents de police ; Ducamp voyait avec l'œil de la police imprimé au fond de sa carte de membre de l'Académie française, comme au fond d'un pot de chambre.

Nous, qui avons connu Genton, nous allons tâcher de donner l'impression vraie que pouvait laisser ce faubourien révolutionnaire.

Qu'était-ce donc que ce fusilleur d'archevêque ? Quelque sinistre ou répugnant souvenir d'enfance lui avait-il mis au cœur la haine du prêtre, de l'homme enjuponné ? Poursuivait-il une vengeance personnelle ? Avait-il été victime avant de se faire justicier ?

Rien de tout cela.

Genton était un révolutionnaire blanquiste : insurgé discipliné par conséquent, il connaissait l'histoire du décret des otages; insurgé acculé aux actes de désespoir, alors que l'armée versaillaise faisait depuis trois jours couler des flots de sang dans Paris, il vint réclamer de Ferré le droit et l'ordre d'exécuter le fameux décret de la Commune, abandonné ainsi que son drapeau par la plupart des parlementaires communalistes.

Habile ouvrier sculpteur sur bois, cet homme que Maxime Ducamp nous représente comme une sorte de Coupeau du faubourg, était un excellent père de famille, adorant sa fille, aimant sa femme et ne désertant le logis que pour se donner, avec passion d'ailleurs, à la lutte politique contre l'Empire.

Blessé en juin 1848, il avait été, malgré tout, du petit nombre de ceux qui vinrent défendre autour de Baudin, contre les décembriseurs, les droits et l'indépendance des représentants du peuple, leurs massacreurs de la veille.

Les hommes de la trempe de Genton ont de ces inconséquences, si c'en est une de considérer à de certaines heures le salut de la République comme la loi suprême, alors même que ceux qui la gouvernent ne songent qu'à l'organiser pour une exploitation plus douce et plus hypocrite de la masse de ceux qui peinent.

Sous l'Empire, il ne désarma point, ainsi qu'avaient fait tant d'autres indignés, découragés, désillusionnés!

Sa rare énergie, sa cordialité toute faubourienne qui n'allait pas sans une certaine rudesse d'allure et de langage, ni sans une défiance acquise des révolutionnaires issus de la bourgeoisie, lui avaient conquis par cela même la sympathie très vive des étudiants blanquistes. Dans les groupes de conspiration il déployait une activité calme et entraînante; moins romanesque que Duval, il nous gagnait peut-être davantage.

Viennent nos désastres et le siège de Paris par les
Prussiens, Genton est élu porte-drapeau par ses camarades du 66ᵉ bataillon de marche. Las de promener inutilement son étendard sur les remparts, sans contact avec
l'ennemi, il s'insurge à nouveau et conduit le 31 octobre
et le 22 janvier son bataillon à l'Hôtel de Ville.

Au lendemain de ces journées de vaine insurrection
patriotique, on le trouve face à l'ennemi commandé dès
lors par le décembriseur Vinoy, devenu chef de l'armée
thiériste. La guerre civile éclate. Genton ne garde plus
au haut de sa hampe que la bande écarlate de son drapeau tricolore. Puis, quand le 66ᵉ bataillon fédéré décimé
se débande, Genton jette l'emblème, saisit un chassepot,
garde son uniforme de sous-lieutenant et s'en va faire la
guerre des rues. Il est un des braves qui, le 25 mai,
arrêtent le mouvement des Versaillais sur la place de la
Bastille et obligent l'ennemi à renoncer sur ce point à
toute attaque de front.

Quelques heures plus tard, retranché avec quelques
amis dans les maisons de la rue Sedaine, il défend les
abords de la mairie, et, en fin de lutte, par le Père-
Lachaise et Ménilmontant, il gagne Belleville, dernier
champ d'une bataille de huit journées.

Mais le voilà traqué, pris, torturé par l'instruction.
Le vieux faubourien est traduit devant le 6ᵉ conseil de
guerre, comme principal accusé dans le procès des otages.

Il faut le dire, parce que ces faits sont autant de signes
de ces temps lamentables, les soldats-magistrats des-
cendirent ici aux plus vils procédés pour diminuer ce
caractère. Ils y furent aidés, chose abominable, par
l'avocat même de Genton, un sieur Constant qui, publi-
quement et cyniquement, renonça à sa défense avec un
langage qui, dans sa bouche, devenait le plus infâme
des réquisitoires.

Il eût fallu remonter bien loin dans l'histoire du barreau pour retrouver pareille ignominie. Le fait, même en semblable période d'affolement des âmes, parut à ce point scandaleux que le Conseil de l'ordre dut suspendre le Constant pour une période de trois mois. Qu'a pu devenir ce scélérat? On ne l'a pas vu monter au mât de cocagne de la politique contemporaine. C'est singulier. Il paraissait de taille à y faire bonne figure !

Autre fait qui n'est pas non plus pour entretenir le prestige de la profession : à la dernière heure, pendant la délibération suprême du conseil, le colonel Delaporte, infamie suprême de juge militaire, détacha auprès de Genton un autre avocat avec mission de lui offrir la vie au prix d'une dénonciation.

Le robin choisi pour cette équipée fut Mᵉ Maisonnade, rédacteur complaisant de la *Gazette des Tribunaux*, le collaborateur de cet autre avocat, Forny, qui d'ami intime de Rigault devint, après la défaite, son plus féroce calomniateur.

Cette indigne démarche eut, l'on pense bien, l'insuccès qu'elle méritait; mais cette fois, la coupe était pleine, et Genton, perdant une minute son admirable sang-froid, chassa l'immonde messager en le menaçant d'un soufflet.

Genton fut condamné à mort.

Comme révolutionnaire, comme insurgé et comme accusé, il avait mérité sa peine.

Avant de mourir, il avait écrit à Thiers pour lui demander la grâce du jeune Fortin, fiancé à sa fille, et dont la complicité, très réelle d'ailleurs, n'avait pu être établie au cours des débats.

Notre pauvre ami se faisait d'étranges illusions sur l'état d'âme du féroce petit homme, tout entier à la joie égoïste de son triomphe sanglant.

Fortin fut envoyé au bagne. Il y resta sept années et fut mon meilleur compagnon.

Quant à Genton, conduit à Satory, il souffleta ses vainqueurs devenus ses bourreaux d'un formidable cri de « Vive la Commune! » et il tomba.

La Révolution perdait en lui un soldat superbe, nous un de nos meilleurs compagnons d'armes.

Nous saluons sa mémoire et nous l'inscrivons au livre d'or de nos morts, à côté des plus glorieux.

Quelques années plus tard, après le 16 mai, un soir d'hiver, une pauvre femme se présenta chez le directeur de l'Assistance publique, qui était alors le vieux journaliste Quentin.

Elle dit simplement : « Je suis Mme veuve Genton. Je suis trop vieille. Je ne puis plus travailler. Je suis sans ressources, mais je ne voudrais pas mendier. »

Quentin, qui était du moins un très brave homme, se leva, respectueux et ému, donna un secours provisoire à la pauvre vieille et la fit admettre peu après dans un de nos hospices parisiens.

Paris devait bien cela à la veuve de son défenseur!

Nous avons relaté dans toute son âpre vérité ce fatal événement de l'année terrible.

Alors même que nous n'y aurions joué aucun rôle, nous ne voudrions pas nous dérober dans le simple récit des faits. En face de pareils actes, l'historien ne saurait,

sans faiblesse, se borner à la seule mission de narrateur
consciencieux.

Du puits obscur des légendes nous avons fait surgir
la vérité. Cela ne nous paraît pas suffisant. Nous avons
le devoir aussi d'apprécier et de nous prononcer.

Il y eut ce jour-là six victimes. Il y eut des meurtriers. Pourquoi ces victimes? Pourquoi ces meurtriers?
Quelle est notre impression à trente années de distance,
alors qu'assagi, revenu de bien des illusions, nous
n'avons d'autre souci que de donner à l'histoire d'événements vécus des documents sincèrement recueillis?
Autant de questions auxquelles nous voulons répondre
dès maintenant, sans attendre qu'elles naissent de la
polémique probable.

Et d'abord, pourquoi les victimes? Parce que la théorie
des otages s'était affirmée et que le gouvernement insurrectionnel lui avait donné la terrible sanction du décret
du 5 avril, rappelé, comme on l'a vu, le 17 mai.

Cette théorie avait été la conséquence, nous l'avons
également démontré, de premières exécutions sommaires
faites par les Versaillais dans les journés des 3, 4, 5 et
6 avril. Un membre de la Commune, poussé par un
agent de Thiers, avait fait voter le décret fameux qui
donnait momentanément satisfaction à l'indignation de
Paris soulevé. Plus tard, des fonctionnaires de l'Insurrection, des blanquistes, qu'on retrouve d'ailleurs jusqu'à la fin dans toutes les péripéties du drame, tentèrent
avec insistance d'obtenir l'échange des otages, de tous
les otages, contre le seul Blanqui et de donner ainsi à
la théorie cruelle la seule application humanitaire qu'elle
comportât.

Un homme, un scélérat, maître absolu dans le camp réactionnaire, repoussa tous ces louables efforts.

Bien plus, par l'insolence de ses réponses, par les provocations perfides de ses agents secrets, dans l'intention atrocement vaniteuse d'asseoir sa réputation de sauveur suprême de l'édifice social menacé, il défie la colère insurrectionnelle et pousse la Commune à revenir sur l'exécution d'un décret que, volontairement, elle oubliait.

Enfin, la fatalité ayant ouvert aux troupes thiéristes les portes de Paris, le massacre systématique commença. Dans chaque arrondissement tombé au pouvoir de l'ennemi, les fédérés pris sur les barricades sont immédiatement passés par les armes. Ce n'est pas tout : on sollicite les dénonciateurs; sur les indications des sycophantes de toutes sortes, de toutes vilenies, on fouille les maisons, on saisit tout citoyen dénoncé, qu'il ait ou non servi la Commune; on l'entraîne et on le fusille au premier carrefour. On fusille la femme implorant pour son époux. On fusille l'enfant s'accrochant à sa mère. Le 24 mai, des milliers de Parisiens jonchaient déjà toutes les rues des trois quarts de la grande cité.

Qui avait prescrit ce massacre en règle? Un politicien, Thiers. Qui y présidait? Un maréchal de France bonapartiste, Mac-Mahon!

Et vous vous étonnez qu'aux derniers jours, quand ce qui restait à l'Insurrection de combattants désespérés, voués à une mort certaine, surent ce que faisaient les vainqueurs, ils aient eu, eux aussi, soif de vengeance!...

Si les choses se fussent, par miracle, passées autrement, contrairement à la psychologie de toutes les guerres civiles; si cette foule de compagnons du désespoir eût été prise tout à coup d'une pitié suprême pour cet archevêque et pour ces ecclésiastiques, d'ailleurs détestés en tant que prêtres, Thiers en eût été pénible-

ment surpris. Dès lors, ses machinations odieuses s'effon-
draient; il n'avait plus, pour se justifier auprès des naïfs
d'un massacre longtemps caressé, réalisé enfin, les derniers éclats du juste courroux révolutionnaire.

Hélas! le politicien cynique avait bien prévu l'enchaînement fatal des choses; cet homme avait bien le génie
du maniement des passions mauvaises : il avait tout
arrangé pour que la dangereuse théorie des otages reçût
la seule application tragique qu'il eût laissée à l'insurrection vaincue.

* * *

Quant aux hommes qui prirent part à cette tragédie et
dont la légende réactionnaire fit de vulgaires assassins,
peut-on en citer un seul qui ait obéi alors à un sentiment de vengeance ou de haine personnelle? On n'a
même pas tenté de le laisser entrevoir.

Tous, tous sans exception aucune, ont agi sous le coup de
l'exaspération bien explicable du moment, et avec la conviction profonde qu'ils exerçaient de justes représailles.

L'histoire ne verra en eux que des vaincus désespérés,
non pas des bourreaux. Le bourreau, ce fut Thiers.

Coupables, ils ne le furent pas plus que les malheureux
soldats de France auxquels, dans l'autre camp, on commanda pendant huit journées un massacre sans précédent.

Des acteurs du drame, il n'en est pas un seul qui, mis
au même âge, dans le même milieu de guerre civile implacable, et dans les mêmes circonstances, agît autrement qu'il ne fit alors.

L'âge venu, le souvenir de ces événements terribles
nous laisse sans une forfanterie, qui serait odieuse, mais
aussi sans remords.

CHAPITRE VII

FERRÉ DEVANT SES JUGES VERSAILLAIS

Le meurtre est accompli. La Commune n'en est pas moins vaincue. La Réaction triomphante, non satisfaite d'un massacre de huit journées, a opéré des milliers d'arrestations. Les prisons de Paris, celles de Versailles, celles improvisées dans les casernes et sur les pontons regorgent. Force est bien de créer en hâte des dizaines de conseils de guerre pour juger tout ce monde. L'iniquité de la justice militaire va battre son plein. Pendant plusieurs années, les prisons se peuplent de vaincus condamnés, l'île Nou reçoit un demi-millier de forçats politiques. L'île des Pins et la presqu'île Ducos parquent cinq mille déportés. Cependant, de temps à autre, le plateau de Satory, dès l'aube rayonnante, retentit du bruit sec de la fusillade des condamnés à mort, dont la culpabilité a été garantie par une commission parlementaire, qualifiée par un parlementaire même de « Commission d'assassins ».

La vengeance désespérée du peuple avait duré trois jours et fait une soixantaine de victimes. La vengeance réactionnaire, plus raffinée, dura huit années et voulut la vie de trente mille Parisiens, pour s'en tenir aux chiffres les plus proches de la vérité.

Notamment, l'affaire dite de la Roquette donna lieu à quatre procès devant les conseils de guerre versaillais :

1° Procès des membres de la Commune, en ce qui concernait Urbain et Ferré ;

2° Procès dit de l'Affaire de la Roquette ;

3° Procès Lolive ;

4° Procès Da Costa, en ce qui concerne les otages fusillés à la Grande Roquette.

Nous allons voir comment se comporta la juridiction militaire dans la recherche des responsabilités, sans contester pour le moment à ces vainqueurs le droit que Thiers leur avait donné de juger les vaincus.

Nous avons dit quel fut le rôle, le rôle prépondérant de Théophile Ferré dans la tragédie du 24 mai. Dans la matinée du 24 il s'était rendu à la mairie de la place Voltaire. C'est à lui, à lui seul que Fortin et Genton, porte-parole de la foule exaspérée, s'étaient adressés exigeant l'application immédiate du décret du 5 avril. Il avait signé l'ordre de passer par les armes *six* des otages, et, tout d'abord, il n'avait désigné personne nominativement. Puis, à Fortin qui lui rapportait les hésitations de François, directeur de la Roquette, il avait repris son premier ordre pour y écrire en travers, de sa nette écriture : « *et notamment l'archevêque* ».

La responsabilité de Ferré n'est donc pas douteuse : à la foule désemparée, acculée aux pires exaspérations il céda. Cela, froidement, sans hésitation d'aucune sorte, avec la toute vaillance du courage fanatique, sans penser une minute à se dérober derrière un laisser-faire, aisé en somme. Il donna sa magistrale signature. Le fait vrai, tel que nous l'avons rapporté, appartient à l'histoire, qui jugera.

Mais nous voici devant les juges versaillais. Il s'agit d'examiner si, sur ce point essentiel, la culpabilité de Ferré fut établie au cours des débats.

Voyons d'abord ce que disait le juge d'instruction militaire :

« Le 24 mai, jour des assassinats et incendies déjà cités, le témoin Valtier, *détenu* à la Roquette *pour vol*, dépose que Ferré, en bourgeois, avec une écharpe rouge, se présenta à la Roquette avec une centaine de gardes du 195ᵉ bataillon et du 206ᵉ; il dit à ses hommes :

« Citoyens, vous savez combien il en manque des nôtres.

« On nous en a pris six, nous en avons six à fusiller. »

Et c'est tout : le dire, d'ailleurs mensonger, d'un détenu pour vol.

L'acte d'accusation rédigé par l'extraordinaire Gaveau
(mort fou) n'est guère plus documenté sur ce point.

Lisez :

« Le même jour (24 mai) le délégué à la police se
rendit à la Roquette pour ordonner le massacre de
Mgr Darboy et des autres prisonniers, M. le président
Bonjean, l'abbé Allard, les pères Ducoudray et Clerc, et
l'abbé Deguerry. »

Aucun fait à l'appui ne paraît nécessaire à ce reître,
et en manière de conclusion il dit :

« En conséquence, notre avis est que le nommé Ferré
doit être traduit devant un conseil de guerre, pour
avoir :

. . . .

« 3° Provoqué et ordonné comme complice l'assassinat des otages. »

Cela enregistré, abordons les débats.

Quatre sortes de témoins furent entendus, au cours
du long procès des membres de la Commune, sur ce
fait particulier :

1° Des détenus de droit commun,

2° Des gardiens de la prison,

3° Des otages survivants,

4° Des témoins divers.

Imaginons que nous sommes devant la Cour d'assises
et que le jury ait à se prononcer sur les dépositions qui

vont suivre, le prévenu étant accusé d'un assassinat quelconque.

Lisez, lecteurs, mettez-vous au lieu et place des jurés, et prononcez.

Déposition des détenus de droit commun.

« JOSEPH VALTIER, 39 ans, plombier, détenu à la Grande-Roquette. — Le témoin porte le costume de prisonnier. Le président, *après lui avoir fait prêter serment* (1), décide que, « vu sa position », il ne sera entendu qu'à titre de renseignement.

« D. — Pourquoi êtes-vous détenu?

« R. — J'ai été condamné à dix-huit mois d'emprisonnement, le 10 janvier 1871, pour avoir volé un cheval.

« D. — Dites ce que vous savez.

« R. — Le 24 mai dernier, j'étais dans la cuisine de la Roquette, dans le premier corps de bâtiment. Vers sept heures et demie du soir, quarante ou cinquante fédérés appartenant aux 195ᵉ, 206ᵉ, 66ᵉ et 180ᵉ bataillons (2) sont arrivés avec quelques *Vengeurs de la République.*

« A leur tête il y avait un individu à cheveux blonds, d'une taille ordinaire, la moustache en brosse. Il avait à la main une liste. Quand je l'ai vu, il était tourné vers le peloton d'exécution et disait : « Citoyens, vous savez « combien il en manque des nôtres? Six! Eh bien, nous « en avons six à fusiller. »

____

(1) Il n'en avait pas le droit.

(2) Voyez-vous ce détenu déjà préoccupé, le 24 mai, de regarder le numéro des bataillons! D'ailleurs, à l'instruction, il n'avait cité que les 195ᵉ et 206ᵉ; à l'audience il ajoute le 66ᵉ et le 180ᵉ, sans compter les *Vengeurs de la République,* qui n'ont jamais existé dans les cadres de la Commune. Éternel chapitre des témoins!

« Quelques instants après on m'a fait éclairer le corridor qui conduisait à l'escalier de secours. Comme j'étais là, j'ai vu passer dans l'ordre suivant : l'archevêque de Paris, M. Bonjean, l'abbé Deguerry, l'abbé Allard, l'abbé Ducoudray et l'abbé Clerc (1).

« Les fédérés ont chargé leurs armes sous les arcades de l'infirmerie; puis ils sont entrés dans le mur de ronde, en précédant les otages. De là ils sont passés dans le second *mur* (2) de ronde, où on les a fusillés.

« D. — Avez-vous reconnu Ferré parmi ces hommes armés?

« R. — *Non*. L'homme que j'ai vu n'est pas Ferré, mais il est parmi les accusés; je l'ai reconnu l'autre jour en venant à l'audience. (*Mouvement.*)

« D. — Où est-il?

« Le témoin désigne Charles Lullier.

« D. — Ce monsieur blond, en paletot marron?

« Charles Lullier se lève et regarde le témoin en haussant les épaules. « — Évidemment, dit-il, il y a « erreur. »

« *Le témoin.* — Il y a beaucoup de ressemblance. »

Voilà ce que fut ce premier témoignage bourré d'erreurs volontaires ou non et sur lequel le juge rapporteur avait basé son accusation contre Ferré, en ce qui concernait l'affaire du 24.

Quoi qu'il en soit, et pour ce qui nous occupe présentement, retenez que ce témoin est du moins très affirmatif lorsqu'il déclare que Ferré n'était point là.

----

(1) Le fait est vrai, mais comment peut-on admettre que ce détenu connût ainsi chaque victime? Il dit ce qu'on lui a dit de dire. Éternelle comédie de l'instruction judiciaire.

(2) Il veut dire *chemin*.

* *
*

« Jean-Paul Ziehkowski, 19 ans, détenu à la Roquette
(ne prête pas serment). — J'étais malade à l'infirmerie.
J'entendis du bruit dans la cour. Je me mis à la fenêtre
et je vis un peloton en train d'armer ses chassepots. J'ai
deviné qu'il allait se passer quelque chose de tragique
et qu'on allait réaliser la menace de fusiller les otages.
Il y avait là des fédérés, des *Vengeurs* et deux membres
de la Commune avec des écharpes rouges. L'un était
vêtu d'un paletot marron et d'un chapeau tyrolien, et
avait une moustache en brosse. *Ce n'était pas Ferré*.

« J'ai vu bientôt arriver les otages ; on les insulta. .
on reprochait à l'archevêque de n'avoir rien fait pour la
Commune (1). Il a répondu : « J'ai écrit à Versailles ; ce
« n'est pas ma faute si on ne m'a pas répondu. » Il a
ajouté que, s'il devait mourir, il mourrait comme un
honnête homme. On a recommencé à l'insulter. Alors
un garde national, vêtu d'une blouse, s'est écrié qu'il
n'y avait que les lâches capables d'insulter des gens qui
allaient mourir, et qu'on devait les laisser tranquilles.
Les injures ont cessé ; puis le groupe a passé dans le
second *mur* de ronde (2), et j'ai entendu un feu de peloton déchiré, tellement déchiré que je n'ai pas pu distinguer entre les coups de grâce et les autres. ,

« Ferré. — Je constate que le témoin a dit que je
n'étais pas là.

---

(1) Suprême niaiserie qui passa d'ailleurs inaperçue !
(2) Singulière identité dans l'erreur de terminologie. Toujours
la déposition dictée et apprise par cœur.

« R. — Je n'ai pu voir qu'un des membres de la Commune. Il y en avait deux (1).

« LE PRÉSIDENT. — Vous êtes condamné?

« R.. — J'ai été condamné à treize mois de prison pour escroquerie. »

Donc, second témoignage, erroné sur bien des points, mais duquel il résulte nettement que Ferré n'était point là.

« COSTA, détenu à la Roquette (d'où il sortira gracié peu après).

« LE PRÉSIDENT. — Vous êtes détenu ?

« R. — Oui.

« D. — Vous étiez prisonnier à la Roquette pendant les journées de Mai?

« R. — Oui, monsieur le président.

« D. — Pourquoi étiez-vous détenu ?

« R. — Pour un faux en écriture. J'avais eu la complaisance de signer un effet pour faire plaisir à un ami, et alors (2)...

« D. — C'est bien. La Commune vous a fait mettre en liberté ?

« R. — Pas tout de suite, monsieur le président. On

_____

(1) Voyez-vous comme il se repent déjà d'avoir dit la vérité. Coup d'œil de président.

(2) Ce fait ne constitue pas un faux. Ce témoin, dont la police, la justice militaire et Maxime Ducamp à la suite ont fait grand cas, était bien en réalité un escroc et un faussaire. Il fut gracié, puis très probablement embrigadé dans la police. Il est aujourd'hui *notable* commerçant dans un quartier excentrique; nous en reparlerons.

a commencé par m'exempter de la réclusion, pour m'employer comme comptable dans la prison.

« D. — Vos occupations vous appelaient souvent au greffe. Y étiez-vous le 24 mai ?

« R. — Oui, monsieur le président.

« D. — Y avez-vous vu Ferré ?

« R. — *Oui, deux fois :* la première fois, entre trois et quatre heures de l'après-midi. Il amenait un peloton de fédérés, qui furent plus tard chargés de l'exécution des otages. Il était accompagné d'un autre membre de la Commune, Ranvier. Ferré entra dans le greffe avec Ranvier, vers sept heures du soir.

« D. — Avez-vous remarqué la façon dont Ferré était vêtu ?

« R. — Il avait un paletot dont je ne puis me rappeler la couleur, mais qui était d'une nuance claire. Le paletot portait un collet de velours. C'est tout ce que je puis me rappeler.

« D. — Ils ont causé dans le greffe ?

« R. — Oui, mais je n'ai pas entendu un mot de leur conversation. Ils parlaient à voix basse. »

L'interrogatoire continue sur la journée du 27 mai, qui n'intéresse pas la partie du débat qui nous occupe.

« D. — Que savez-vous relativement à l'assassinat des otages ?

« R. — J'y ai assisté. (*Mouvement d'attention prolongé.*)

« D. — Racontez au conseil ce que vous avez vu.

« R. — Le 24 mai, à sept heures et demie, le peloton

d'exécution entra dans le premier chemin de ronde. En tête marchait un membre de la Commune; c'était Ranvier. L'on m'a dit plus tard que c'était lui qui avait signé l'ordre d'exécution, mais je ne l'ai pas vu.

« Cependant, cela ne m'étonnerait pas, car Ranvier paraissait avoir sur tous ces hommes un air d'autorité. J'étais alors placé à une fenêtre du rez-de-chaussée. A ce moment j'entendis dans la prison un bruit inusité. On y demandait à grands cris Henrion, le porte-clefs, qu'on ne parvenait pas à trouver. Les gardes nationaux suivaient des employés de la prison en leur disant : « Si « nous n'avons pas les clefs dans cinq minutes, nous vous « casserons la gueule. »

« Enfin ces clefs furent découvertes dans un coin où elles avaient été jetées ou déposées. Un homme portant les insignes d'officier de la garde nationale ordonna alors de faire descendre dans le chemin de ronde les prisonniers dont les noms étaient sur une liste qu'il remit à des fédérés. Je vis un instant après ces prisonniers. C'étaient Mgr Darboy, M. Bonjean, M. Deguerry et deux autres dont je ne sais pas le nom. Ils passèrent sous les arcades et rentrèrent dans le chemin de ronde. En passant devant le peloton, M. Bonjean se pressa contre l'archevêque et mit sa main sur son bras. Là on les arrêta et les fédérés les accablèrent d'injures, criant tous à la fois : « Bandits, canailles, espions de Versailles! » Cela dura quelques minutes, au bout desquelles Ranvier dit avec emportement : « Voyons, il faut en finir, « faites-les passer dans le deuxième chemin de ronde. »

« Je me glissai alors contre une porte, et m'effaçant avec précaution, je pus voir les six malheureux faire quelques pas dans le deuxième chemin de ronde. On les aligna contre le mur; un officier tira son sabre, l'abaissa rapidement en criant : « Feu! » Et les victimes tombèrent aussitôt, pêle-mêle, l'une sous l'autre, par terre. (*Mouvement.*)

« Je songeai alors à m'en aller. Je longeai le mur et rentrai dans le couloir. Je rencontrai François, le directeur, qui, dès qu'il me vit, porta la main à son revolver en me disant d'un ton féroce :

« — Où allez-vous?

« — Je vais, lui répondis-je, à l'infirmerie chercher de la tisane.

« — C'est bien, dit-il; mais que je ne vous retrouve plus à rôder dans ces couloirs, ou je vous brûle la cervelle. »

Le témoin passe ensuite à des faits ultérieurs; mais le Président le ramène à la présence affirmée de Ferré le 24 mai.

« D. — Vous n'avez pas entendu parler Ferré le 24 mai!

« R. — Il causait avec Ranvier, mais je n'ai pas entendu un mot (1).

« FERRÉ. — Je demande la permission de dire un mot. C'est pour faire remarquer au Conseil que ce témoin est le seul qui m'ait vu à la Roquette *avant le 27 mai*. Il déclare m'y avoir vu le 24. J'atteste que c'est faux. Je suis allé pour la première fois à la Roquette le 27.

« LE PRÉSIDENT (au témoin). — Reconnaissez-vous bien l'accusé Ferré?

« R. — *Oui*, monsieur le Président, c'est bien lui, mais il portait alors la barbe et les cheveux plus longs.

(1) Parbleu! ni Ferré ni Ranvier n'étaient là!

« D. — Vous êtes bien sûr de le reconnaître pour le membre de la Commune qui, avec Ranvier, a introduit le peloton d'exécution à la Roquette, et que vous avez vu au greffe de la prison les 24, 26 et 27 mai?

« R. — Oui, *je le jure !* »

*
**

Nous retrouverons ce témoin au procès dit de l'« Affaire de la Roquette ». Ici, devant les juges des membres de la Commune, il ment effrontément, par deux fois : 1° en dénonçant Ranvier qui ne parut jamais à la Roquette pendant toutes ces journées ; 2° en déclarant que Ferré vint à la Roquette le 24 mai, alors que, ce jour-là, le délégué à la Police ne quitta pas la mairie du XIe arrondissement.

Déposition des gardiens de la Roquette.

« PIERRE CABOT, surveillant à la Roquette. — Le 22, j'étais présent, dit-il, à l'arrivée des otages. Ceux-ci étaient conduits par un officier fédéré qui disait : « Nous « allons les fusiller immédiatement. »

Cabot dépose ensuite qu'indigné il répondit à cet officier : « Vous ne ferez pas ça, on ne fusille pas les gens sans jugement. »

Quelques instants après, il aurait été auprès d'un délégué qu'il ne connaissait pas et qui lui aurait manifesté sa colère en le menaçant de lui brûler la cervelle (1).

---

(1) Toute cette première partie de la déposition du surveillant Cabot est de pure imagination. Il suffit pour s'en convaincre de se reporter au chap. V du tome I de cette histoire.

Il déclare ensuite que, le 24 mai, il était là lorsqu'arriva le détachement qui devait fusiller les otages. Il les aurait suivis, dit-il, jusqu'à la cour. Ils étaient commandés par un membre de la Commune. C'était un jeune homme, petit, très brun, portant toute sa barbe.

« Le Président. — Pouvez-vous le reconnaître ?

« R. — Peut-être, *mais je ne l'ai pas vu.*

« Le Président. — (*A Ferré*) Levez-vous. — (*Au témoin*) Est-ce l'accusé ?

« R. — Je ne sais pas trop ; l'autre m'a semblé plus fort et il portait toute sa barbe.

« Le Commissaire du Gouvernement. — Vous avez cependant déclaré devant M. le juge d'instruction que vous reconnaissiez Ferré.

« R. — Mes souvenirs étaient peut-être plus présents. »

En somme, le témoin ne peut pas se résoudre à mentir jusqu'au bout et l'insensé commandant Gaveau n'en revient pas.

« Langevin, gardien de la Roquette. — Le 24 mai j'étais chargé de surveiller le corridor des otages. Seulement je quittai mon service à 6 heures. En passant sous la voûte, je rencontrai Jarreau, le commis-greffier, qui me dit : « On va fusiller les otages ». Je lui répondis : « C'est malheureux ! » Vers 8 heures, j'ai entendu la détonation ; j'ai bien pensé que c'était fini. Le lendemain j'ai repris mon service et, en descendant vers la prison, j'ai remarqué que les *pavés de la rue* étaient couverts de sang et de débris de cervelles (1).

« LE PRÉSIDENT. — Avez-vous entendu parler des 50 francs donnés à chacun des hommes qui ont assassiné les otages?

« R. — Non. Je ne sais rien à ce sujet; mais on m'a dit que c'était Ferré qui avait apporté l'ordre d'exécution.

« FERRÉ. — Qui ça? on? Que le témoin précise puisqu'il est si bien renseigné.

« R. — C'est Piquon, mon collègue. »

Témoignage stupide au cours duquel le témoin déclare avoir trouvé *dans la rue* des débris de cervelles de gens fusillés à l'extrémité du second chemin de ronde, *dans l'intérieur de la prison.* Cela suffisait pourtant à la conscience facile des juges! Remarquez en outre que Langevin n'ose pas reconnaître notre pauvre Ferré! Mais voici venir Piquon.

« PIQUON (Jean), brigadier à la Roquette.

« LE PRÉSIDENT. — Étiez-vous là le 24 mai?

« R. — Oui, j'étais au guichet du greffe lorsque le brigadier a reçu du directeur François la liste des otages.

« D. — Qui avait donné cette liste au directeur? N'était-ce pas un membre de la Commune?

« R. — *Je n'ai vu aucun membre de la Commune ce jour-là.*

(1) Les otages avaient été fusillés dans le chemin de ronde!

« D. — Avez-vous entendu dire que l'accusé Ferré fût
avec les gardes nationaux le 21 mai?

« *Non.* »

***

En voilà donc un qui n'a pas voulu mentir, malgré les
scandaleux efforts du colonel président. Oiseau rare.

***

« PRESTAUT, gardien à la Roquette. — J'étais de service, le 24 mai 1871, à la Roquette. Vers 6 heures et
demie, un brigadier vint me dire de faire venir les
otages et les gendarmes, et il y avait un peloton d'exécution dans la cour. Je me trouvais à côté du peloton. Il y
avait une porte à ouvrir dont on ne trouvait pas la clef,
d'abord; les otages furent conduits le long du mur de
ronde. J'en avais assez. Je me retirai. J'entendis peu
après la fusillade, un seul coup à la fois. Il était
8 heures moins 5. J'ai reconnu le capitaine Verig dans
le peloton. A la suite de ces faits, j'ai été arrêté trois
jours. Je ne puis dire si c'est par ordre de Ferré. »

***

Voilà un témoin honnête qui dit naïvement ce qu'il sait
et à qui on ne peut en faire dire davantage. Son avancement ultérieur a dû se ressentir de cette sincérité.

« HENRION, gardien à la Roquette. — J'étais surveillant
à la Roquette, le 24 mai. J'ai vu le peloton d'exécution :
quarante ou cinquante hommes, revêtus de divers uniformes. Un sous-officier me dit : « Vous allez être
« bientôt débarrassés de toutes ces canailles. » J'ai dit :
« Personne ne me gêne. » Il a répliqué : « Nous allons
« faire sauter votre archevêque et les autres. »

« LE COMMISSAIRE DU GOUVERNEMENT. — Est-ce par
ordre de Ferré que le peloton d'exécution était là?

« R. — On cherchait les noms des personnes qu'on
voulait exécuter, mais je n'ai pu entrer au greffe. Je n'ai
pas entendu dire ce jour-là que Ferré eût donné l'ordre.
Les hommes du peloton étaient de divers bataillons.

« MULLER (André), gardien à la Roquette. — J'ai vu
le peloton des gardes nationaux à la Roquette, le
24 mai. Il y avait un délégué de la Commune. Je ne sais
qui c'était. Il portait une écharpe rouge à franges jaunes,
une rosette jaune; il avait une jaquette et un gilet noir;
son teint était basané. On m'a dit ensuite que c'était
Ferré (1).

« LE PRÉSIDENT. — Pouvez-vous le reconnaître?
Regardez les accusés.

« Le témoin *ne reconnaît pas Ferré*, et il ajoute :
« J'ai reçu l'ordre d'ouvrir la grille du petit chemin

(1) Que le lecteur veuille bien rapprocher ce signalement bizarre
de celui du témoin Costa, qui, le plus, fixa les juges.

de ronde pour faire venir les otages devant le peloton
d'exécution. A trois heures du matin, j'ai assisté à l'enlè-
ment des divers corps de fusillés.

✶
✶ ✶

« Fosse (Jean), gardien à la Roquette. — Le 24 mai
j'ai été commandé à 6 heures et demie du soir pour faire
sortir les otages de leurs cellules. J'ai entendu la détonation vers 8 heures du soir. *J'ai entendu dire* que
Ferré était avec le peloton, mais je ne l'ai pas vu.

✶
✶ ✶

« Latour. — Il reconnaît dans l'accusé Ferré le délégué qui, le 24 mai 1871, s'est présenté à la prison. »

Nous avons connu ce Latour au bagne, où il est mort
du cancer des fumeurs. C'était un faible, ce n'était pas un
mauvais homme. Bien des fois il nous a déclaré que, s'il
avait chargé Ferré, c'était dans l'espoir de se sauver lui-
même. Cette tactique indigne ne lui a guère réussi.

✶
✶ ✶

« François, directeur de la Roquette sous la Commune. — Détenu à Mazas, il est entendu à titre de renseignement, et dit :
« Le 24 on me remet une note de six otages à représenter (*sic*); celui qui me remit cette note voulut plus

tard choisir lui-même les noms. L'ordre était signé
Raoul Rigault, Ferré (ou je le crois, ne connaissant pas
sa signature) et une troisième signature illisible (1).

« J'ai vu, ajoute-t-il, le peloton d'exécution le 24; il y
avait trois messieurs sans armes, dont l'un avait l'ordre ;
rien n'indiquait qu'ils fussent de la Commune. *Ferré
n'était pas là. Je ne l'ai vu que le vendredi.*

« LE COMMISSAIRE DU GOUVERNEMENT. — Cette déposition est en contradiction complète avec celles des
témoins relatifs à l'assassinat de Veysset (?) »

En quoi, puisque Veysset avait été fusillé sur le
Pont-Neuf? Aussi bien Ferré relève-t-il cette gaffe de
Gaveau.

« FERRÉ. — M. le Commissaire du Gouvernement a
dit que la déposition du témoin est en contradiction
avec celle des autres, en quoi ?

« LE COMMISSAIRE DU GOUVERNEMENT. — J'ai voulu
parler des témoins qui ont déposé sur l'affaire Veysset. »

Évidemment Gaveau avait ce jour-là perdu la raison,
puisqu'il parlait comme si l'espion Veysset — dont

(1) Ce mensonge, François le maintiendra jusqu'au bout, au
cours même de son propre procès. Pourquoi? Était-ce pour atténuer la culpabilité de Ferré? Non, car le mieux eût alors été de
ne point le nommer. Il est plutôt probable qu'en donnant à
l'ordre l'autorité de trois signatures, François cherchait à dégager
davantage sa responsabilité de fonctionnaire communaliste.

nous reparlerons — avait été fusillé à la Roquette.

En définitive, toutes ces dépositions des gardiens eussent établi *devant tout autre tribunal* que Ferré n'avait pas paru le 24 mai à la prison de la Roquette.

Dépositions d'otages survivants.

« L'abbé GUERSAND, directeur des Missions étrangères, raconte son arrestation, son transfert à Mazas et, de là, à la Roquette, — en voiture cellulaire, » ajoute-t-il, contrairement à la vérité.

Puis, venant à l'exécution des six otages, il ajoute :

« Quelques minutes après, je pus reconnaître sur les pavés du chemin de ronde le pas des exécuteurs et des martyrs; et, bientôt, un feu de peloton suivi de quelques coups isolés vint me dire que le crime était consommé, que tout était fini ! »

Il n'est pas question de Ferré dans ce témoignage.

« RABUT (Nicolas), commissaire de police à Paris, rue Monsieur-le-Prince, 58. — Après avoir raconté qu'il fut arrêté par Vermorel, écroué au Dépôt, transféré à Mazas, et, de là, à la Roquette, voici ce que ce témoin déclare savoir du drame du 24 mai:

« Enfin, le 24 mai, à 8 heures du soir, mon voisin de cellule et moi, nous entendîmes ouvrir la porte du corridor. Nous distinguâmes sur les dalles les pas de quinze ou vingt hommes, et une voix dit tout à coup : « Sortez, sortez plus vite, sortez comme vous êtes ! » C'étaient les otages que les exécuteurs venaient d'arracher de leurs cellules; ils les suivirent courageusement, et, quelques instants plus tard, j'entendis un feu de peloton. Je dis à mon voisin : « Ces Messieurs ont fini ! »

Rien encore contre Ferré.

★
★ ★

« Lamiral (Jean), gendarme à Paris, caserne Lobau.

« Le Président. — Vous avez été prisonnier pendant la Commune?

« Le Témoin. — Oui, mon colonel. J'ai été arrêté le 18 mars, et je me suis évadé de la Roquette le 27 mai.

« Le Président. — Que savez-vous des otages?

« R. — J'ai vu, de la fenêtre de ma cellule, arriver le peloton d'exécution. Il était conduit par un homme portant une écharpe rouge. Quand les otages sont arrivés devant les fédérés, l'homme à l'écharpe a dit à l'archevêque : « On a fusillé six des nôtres, vous allez mourir; « qu'avez-vous à répondre? — Je n'ai rien à répondre, « dit Mgr Darboy. J'ai toujours été pour l'ordre et pour « la liberté. — Vous avez eu des correspondances avec « Versailles. — Oui, pour tenter d'amener la paix. » A ce moment quelques fédérés se mirent à insulter les otages. Le chef dit : « Il ne s'agit pas d'insulter. Nous « sommes ici pour accomplir un devoir! » Alors l'abbé Deguerry, qui n'avait encore rien dit, entr'ouvrit sa soutane et, montrant sa poitrine, dit : « Frappez, messieurs, « frappez! »

« D. — Reconnaîtriez-vous l'homme qui commandait le peloton?

« R. — Je ne sais pas.

« Le Président (*désignant Ferré*).— Est-ce celui-ci?

« R. — Je crois que oui, mais je n'en suis pas sûr.

« D. — Comment l'homme que vous avez vu était-il habillé?

« R. — Je n'ai remarqué que son képi galonné; mais, voyez-vous, monsieur le Président, le costume ne fait

rien à l'affaire, car ces gens-là en changeaient plusieurs
fois par jour. C'est pis que la bande à Vidocq. »

Témoignage imbécile, d'où ne résulte d'ailleurs aucune
charge contre Ferré.

« L'abbé Perni, missionnaire apostolique à longue
barbe blanche et à l'aspect vénérable, » — dit le reporter.
Mais ce témoin est sourd et le Président doit répéter plusieurs fois ses questions.
Écoutez ce témoin parler de cette soirée du 24 mai.

« Le mercredi, on nous fit entrer dans nos cellules
de meilleure heure que la veille, et, vers 4 heures
du soir, un *bataillon* de fédérés envahit le couloir avec
bruit. Plusieurs parlaient haut, et l'un d'eux prononça
ces deux paroles : « Il faut en finir avec ces bandits de
« Versailles. » Un de ses camarades s'empressa de lui
répondre : « Nous allons les coucher. » — Je compris ce
que cela voulait dire et, m'agenouillant, je me recueillis
pour me préparer à la mort. Bientôt, en effet, un homme
ouvrit brusquement la cellule voisine de la mienne, et
demanda au détenu qui s'y trouvait s'il était le citoyen
Darboy. Il répondit : « non ». L'homme passa devant mon
guichet sans s'arrêter; on venait sans doute de lui
indiquer exactement où se trouvait Monseigneur, car j'entendis quelques instants après sa voix douce et grave répondre : « Présent ! » Les otages sortirent alors du couloir,

entraînés par les soldats qui les conduisaient. Je m'appuyai sur ma fenêtre, et, dix minutes après, je vis le sinistre cortège passer à quelques pas de moi. Les fédérés marchaient sans ordre, étouffant par leur bruit les paroles de leurs victimes. Cependant je reconnus la voix de M. l'abbé Allard, *qui avait soigné les fédérés avec un dévouement chrétien* (?); il exhortait ses amis à la mort. Dix minutes plus tard j'entendis la fusillade, et je priai pour ceux qui n'étaient plus !

« FERRÉ. — Je voudrais que le témoin dît s'il m'a vu parmi le cortège qui conduisait les otages à l'exécution.

« LE COMMISSAIRE DU GOUVERNEMENT. — A l'assassinat !

« LE PRÉSIDENT. — Y avait-il des membres de la Commune parmi eux ?

« R. — Il y avait des gens en écharpe, qui semblaient les commander.

« D. — Vous n'avez pu distinguer leurs figures.

« R. — Non. Ils marchaient tous les uns contre les autres, *et il faisait nuit* (1). J'ai seulement reconnu M. l'abbé Allard. Il donnait le bras à M. Bonjean, et, en passant sous ma fenêtre, je l'ai entendu dire : « Mon « Dieu ! mon Dieu ! » — Puis le cortège s'éloigna et moi-même je fis quelques pas en arrière pour ne pas assister plus longtemps à cet horrible spectacle. »

Inutile d'insister sur les déclarations contradictoires de ce témoin qui, *bien que sourd,* a entendu l'abbé Allard tantôt exhortant ses malheureux compagnons à

-----

(1) Il faisait grand jour, 7 heures soir, en mai.

la mort, tantôt disant : « Mon Dieu ! mon Dieu ! »

Ce qu'il faut retenir, c'est que le témoin ne reconnaît pas Ferré.

*
* *

« CHEVRIAU (Henri), proviseur au lycée dé Vanves. — Nous étions quarante-trois otages dans la 4ᵉ division. J'étais avec les victimes.

« D. — Qu'avez-vous entendu le 24 mai ?

« R. — J'ai entendu ouvrir la grille : j'occupais la cellule 21, et Monseigneur la cellule 23. De 7 à 8 heures, un bruit de gardes se fit entendre et je les vis défiler par mon guichet. J'entendis ce propos : « Ah ! ce soir, nous allons les coucher ! » Quand le corridor a été envahi, on a procédé à une espèce d'appel, parce qu'on ne savait pas au juste qui était dans chaque cellule. On vint même dans la mienne savoir qui j'étais. Il y avait six noms sur la liste. Peu après on descendit le petit escalier, et le peloton passa sous ma fenêtre. Je me hissai et j'aperçus les six victimes entourées des exécuteurs. Je n'ai vu que leur attitude, puis je les ai perdues de vue au tournant du chemin de ronde. Quelques minutes après, j'ai entendu deux feux de file séparés par un petit intervalle ; le second suivi des cris de : « Vive la Commune ! »

« D. — Avez-vous vu que Ferré fût présent ?

« R. — J'ai entendu dire le lendemain que c'était lui qui avait porté l'ordre d'exécution, mais ce n'est qu'un on-dit. »

Encore un témoignage — assez exact celui-là, parce qu'il est fait par un homme raisonnable — qui n'établit point la présence de Ferré à la Roquette, le 24 mai.

***

« Demarsy (Eugène-Ferdinand-Théophile), 35 ans, vicaire à Saint-Vincent de Paul. — ... Le soir, vers 8 heures un quart, j'entendis faire un appel de noms. On appela M. Bonjean. Il était en bras de chemise. On lui dit : « Descendez comme vous êtes. » Il eut le pressentiment de ce qui allait se passer, car il me tendit la main en me disant : « Dites à ma femme que je meurs avec son souvenir dans le cœur (1). »

« Peut-être dix minutes, un quart d'heure après, il descendit par le chemin de ronde avec les autres. J'aperçus par la fenêtre les six victimes. M. Bonjean avait la main sur le bras de l'archevêque. Quand je vis ces martyrs, la plus haute expression de la magistrature et de la religion, que des misérables allaient assassiner...

« Ferré, dit le compte rendu, se lève avec un geste de colère.

« Le Commissaire du Gouvernement. — Je prie M. le Président de faire asseoir Ferré.

« Ferré. — Je veux dire...

« Le Président. — Pas d'interruptions.

« Le Témoin. — Je ne crains pas les interruptions, surtout de la part d'êtres pareils. J'entendis à ce moment une voix qui disait : « Allons, allons, ce n'est « pas le moment des discours, les tyrans n'y mettent « pas tant de ménagements. » Ils partent. J'entends quelques minutes après un feu à volonté. C'était fini. Je ne

---

(1) Comment le président Bonjean, entouré de gardiens et de fédérés, a-t-il pu donner la main au vicaire Demarsy, enfermé dans sa cellule?...

l'avais point vu, mais je l'avais entendu avec les yeux
du cœur.

« D. — Ferré était-il avec le peloton d'exécution?

« R. — Je ne me souviens pas de l'avoir vu. »

Ainsi, le président Merlin en est pour ses frais de
provocation au mensonge. Et pourtant ce témoin était
de ceux sur la haine desquels il croyait pouvoir
compter; car, quelques instants auparavant, au début
de sa déposition mélodramatique et fausse, il avait fait
cet autre mensonge, bête autant qu'effronté : « M. Bonjean me dit qu'on lui avait accordé quarante-huit heures
pour aller voir sa femme, mais qu'il n'en avait pas
profité, de peur de ne pouvoir être revenu à la prison
à l'heure fixée, à cause des difficultés des communications. Il est resté par respect pour sa parole (?) et
vous savez ce qui en est advenu. »

Le récit était à ce point invraisemblable que le
témoin n'obtint pas — même en pareil lieu — le petit
succès d'audience qu'il espérait.

Quoi qu'il en soit, encore une déposition qui, pour
haineuse et fausse qu'elle fût, n'était pas à la charge
de Ferré.

Témoins divers.

« TRINQUART (Amable-Nicolas), pharmacien à la
Grande-Roquette. — Mon logement, situé au troisième
étage, donne sur la première cour de la prison de la
Roquette. Je n'ai aucune connaissance de ce qui s'est
passé à l'intérieur de la prison; mais, de mon logement,
j'ai pu, en me cachant prudemment, faire parfois des

observations sur les allées et venues des fédérés et de plusieurs individus appartenant à la Commune, dont malheureusement je ne puis nommer aucun.

« Le 24, jour de l'assassinat de Mgr l'archevêque, j'ai vu arriver le détachement qui devait donner la mort à lui et à ses compagnons. C'était une troupe de quarante à cinquante individus pris partout dans les bandes de la Commune. Il y en avait trois ou quatre de chaque échantillon : des *Vengeurs de la République,* des *Enfants perdus de la Commune,* des *Zouaves de la Colonne de Juillet* et autres *Zouaves* communeux, plus un pompier véritable. Ces hommes composaient, je crois, la garde du Comité de Salut public. Ils étaient accompagnés d'un homme en civil. Il portait une longue barbiche et était vêtu d'une de ces blouses en toile bleue comme en portent les ouvriers. Je n'ai pas remarqué sa coiffure. Plusieurs de ces fédérés étaient coiffés d'un chapeau tyrolien, à plume rouge, et avaient de grands manteaux. Je ne connaissais pas cet uniforme, j'ai cru que c'étaient des Garibaldiens. Tous ces individus ne m'ont pas paru ivres, à ce moment du moins. Ils avaient, paraît-il, été engagés pour la somme de cinquante francs chacun pour l'assassinat; car, après l'avoir commis, ils disaient sur la place aux gens du peuple qui s'y trouvaient : « Nous venons de gagner « cinquante francs! »

« Paroles qui m'ont été répétées presque aussitôt, car j'étais sorti sur leurs pas. Ces assassins étaient des volontaires, cela est de notoriété publique, et presque tous jeunes gens. Ceux d'entre eux qui devaient former le peloton d'exécution ne paraissaient pas encore avoir été désignés quand ils sont entrés dans la cour, car ils se disaient l'un à l'autre : « Toi, tu en seras. — Non, ce « sera toi », etc. Puis ils essayèrent leurs armes, firent à plusieurs reprises jouer les ressorts, et finirent par les charger. J'ai remarqué alors au milieu d'eux deux individus dont l'un était au moins membre de la Commune. Le premier portait un uniforme à revers de drap rouge, et, sur la poitrine, une petite rosette à ruban rouge frangé d'or. De mon troisième étage je saisissais mal leurs traits; je ne puis pas vous donner leur signalement. Je n'osais d'ailleurs guère me montrer; j'avais été remarqué à plusieurs reprises, et, la dernière fois, un geste me décida à me tenir coi.

« Je leur ai entendu dire : « Il ne faut pas entrer « tous ensemble dans la maison. » Je dois aussi vous dire que ces hommes paraissaient connaitre des gardes du 180ᵉ et du 206ᵉ bataillon, qui faisaient ce jour-là, comme à l'ordinaire, le service de la prison. J'ai entendu, vers 8 heures, un feu de peloton suivi d'un feu à volonté. Je m'explique que vous rencontriez des divergences sur l'heure, car à ce moment les horloges des établissements publics étaient fort mal réglées; je parle d'après ma pendule, qui marche fort bien d'ordinaire. Je n'ai pas vu les victimes, mais le gardien Muller, les a vues vers 9 heures. Malheureusement l'intelligence de cet homme ne lui permet guère de donner autre chose que des renseignements matériels. J'ai vu Monseigneur pour la dernière fois dans la journée du 24 mai. Il était très souffrant, et je me permis de lui faire observer qu'il avait besoin de soins assidus. J'aurais désiré qu'on le plaçât dans un petit local peu éloigné de chez moi, où avait été précédemment enfermé M. de La Grangerie et où j'étais à même de lui donner tous les soins qui lui étaient nécessaires. Le prélat me remercia en m'exprimant sa reconnaissance, mais il ajouta : « Je ne peux pas me séparer de « mes amis. »

3.

Bien que, dans cette déposition, il ne soit pas question de Ferré, nous avons voulu la relater tout au long, à cause de sa valeur suggestive. La science a défini le mensonge hystérique plus particulier aux femmes. Et celui des témoins ? Ce pharmacien est le type du témoin bavard, beau parleur, accumulant un fatras de contradictions autour des rares faits qu'il a pu, de sa fenêtre du troisième étage, voir avec les yeux d'un apeuré. Remarquez encore que ni dans l'auditoire, ni à la table des juges, personne ne songe à arrêter ce phraseur, qui débite ses vilenies avec une inconcevable tranquillité !

Voici une autre variété.

« LASNIER, négociant armateur, arrêté par la Commune dans l'affaire *des brassards tricolores*. Il raconte que, écroué à Mazas, il fut relaxé, puis arrêté à nouveau et conduit à la mairie du XIe arrondissement, devant Ferré qui l'a interrogé.

« LE PRÉSIDENT. — (*A Ferré*) Levez-vous. — (*Au témoin*) Le reconnaissez-vous?

« R. — Oui, je le reconnais et il me reconnaît aussi, j'en suis sûr.

« LE PRÉSIDENT. — Continuez.

« R. — J'ai été interrogé après un malheureux sergent de ville qu'il a fait fusiller. Il en a assassiné deux. Nous étions treize prisonniers en tout. J'étais le troisième sur la liste (?). On nous a réunis sur le perron de la mairie ; on a fait descendre le n° 1, et il s'est présenté un bourreau volontaire qui l'a tué à coups de pistolet. Oh ! je l'ai bien vu ! Le premier coup a frappé le malheureux dans la tête, le second au front. Le troisième lui a fracassé la mâchoire et il a reçu le dernier en pleine poitrine. L'homme est tombé et Ferré a crié : « Vive la « Commune ! » A la seconde exécution je n'ai pas vu Ferré ; la victime était tombée morte ; un garde national lui a tiré un premier coup, qui a raté, puis un second qui l'a tué raide. On a demandé alors un peloton d'exécution pour les autres prisonniers ; j'étais le troisième ; le chef de poste a refusé ce peloton et c'est à ce refus que je dois la vie. On nous a alors reconduits au cachot (?) où nous sommes restés vingt-sept heures ; et, quand on nous a mis en liberté, j'ai pris un fusil pour me défendre, car, à ce dernier moment, les fédérés s'assassinaient entre eux.

« LE PRÉSIDENT. — Ferré, qu'avez-vous à dire ?

« R. — La déposition du témoin, à mon égard du moins, est complètement fausse. Je ne l'ai jamais vu.

« LE TÉMOIN. — Je déclare le contraire.

« FERRÉ. — Je lui donne le démenti le plus formel. Quel jour était-ce ?

« LE TÉMOIN. — C'était le 23 mai ; vous aviez un paletot gris avec un collet de velours noir.

« FERRÉ. — Ce jour-là, j'étais à la Préfecture.

« LE TÉMOIN. — Vous étiez à la mairie du XIe arrondissement.

« FERRÉ. — Où étais-je ?

« LE TÉMOIN. — Lorsque j'ai été indroduit auprès de

vous, vous étiez assis au milieu d'une table semblable à celle du Conseil.

« Ferré. — C'était le 24, et je ne m'occupais que des nouvelles que nous recevions de l'armée.

« Le Président. — Au moment de l'exécution, étiez-vous sur l'escalier?

« Ferré. — Je ne suis venu à la mairie du XI⁰ que le 24.

« Le Témoin. — Vous avez crié : « Vive la Commune! » lorsque la première victime est tombée.

« Le Président. — Enfin vous reconnaissez bien Ferré.

« Le Témoin. — Oui, et il me reconnaît bien aussi.

« Ferré. — J'affirme que non. Le témoin est mû par un sentiment de vengeance personnelle, parce que c'est moi qui l'ai fait arrêter, et comme tout le monde a parlé de mon paletot gris à collet de velours noir, il a fait de moi un être imaginaire qu'il veut retrouver ici.

« Le Témoin. — Lorsqu'on a vu votre nez, votre bouche et vos lunettes, on ne vous oublie pas. Mon imagination n'a rien à faire ici.

« Ferré. — Ah! cela me révolte, à ce point que moi, qui ne voulais pas me défendre, je le fais cependant, car tout ce que dit le témoin est faux. Il dit que c'était le 23?

« Le Témoin. — C'était le 23 ou le 24. C'est le jour de la mise en liberté des prisonniers de Mazas. Il y avait onze jours que j'étais au secret, et il n'y a rien d'extraordinaire que je me trompe sur la date.

« Le Président. — Votre déposition est grave. Vous reconnaissez bien Ferré?

« R. — J'ai déposé sous la foi du serment. J'ai dit la vérité.

« Ferré. — C'est faux.

« Le Témoin. — C'est parfaitement lui. »

*
* *

Et ce misérable termine ainsi son faux témoignage ! Ce
faux témoignage, il fut mis en évidence quelques jours
plus tard par Me Élie Ducoudray, défenseur de Verdure,
alors maire du XIe arrondissement.

Cet avocat avait fait citer le nommé Mayer (Jean-
Louis), employé de commerce à Paris, et employé à
la mairie pendant la Commune. Le témoin, ainsi que le
fait remarquer le défenseur, n'est pas détenu. Quoique
encourant une condamnation, il n'a pas hésité à se
mettre à la disposition de la justice pour venir déposer,
manifestation de courage civique unique à cette époque.

« Verdure, déclare Me Élie Ducoudray, se considère
comme compromis par le témoignage de M. Lasnier, qui
est venu déclarer que, pendant les journées de mai, il
avait été témoin d'un assassinat commis à la mairie du
boulevard Voltaire, en présence et avec approbation de
Ferré. Verdure était maire du XIe arrondissement et il
proteste contre cette déposition. — Aucune exécution,
dit-il, n'a eu lieu à la mairie.

« LE PRÉSIDENT (au témoin). — Qu'avez-vous à
dire ?

« LE TÉMOIN. — Je travaillais à la mairie depuis
6 heures du matin jusqu'à 8 heures du soir, sans quitter
mon bureau.

« LE PRÉSIDENT. — Où mangiez-vous donc ?

« LE TÉMOIN. — Dans mon bureau même.

« LE PRÉSIDENT. — Jusqu'à quel jour êtes-vous
resté à la mairie ?

« LE TÉMOIN. — Jusqu'au 23, et si une exécution
avait été faite, je l'aurais su assurément.

« M⁰ Élie Ducoudray. — Le témoin a-t-il vu sur
l'escalier des traces de sang?

« Le Témoin. — Jamais. »

Vient un autre témoin, Coutant (Jean-François),
employé. Il était à la mairie pendant les journées de la
guerre des rues. Il confirme la déposition du témoin
Mayer.

« Lasnier est rappelé. Le président Merlin lui
demande de répéter devant le Conseil quelques parties
de sa première déposition.

« R. — Quand je suis arrivé à la mairie, il y avait
grande foule et grand bruit. Les estafettes allaient et
venaient. Sur les marches de l'escalier grouillait une
foule de femmes occupées à coudre des sacs pour cons-
truire des barricades. On me fit monter un escalier.

« Le Président. — Comment était cet escalier?

« R. — Il se composait d'abord d'une rampe en fer à
cheval, conduisant à un premier palier, et d'un petit
escalier orné de chaque côté d'une petite rampe qui conduisait à la salle des mariages. Je vous donne ces détails
sous toutes réserves, attendu que, dans ce moment-là,
j'étais dans un état de trouble qui ne me permettait pas
de penser beaucoup à autre chose qu'à ma situation (1).

---

(1) Et la liste des 13? Et le cachet? Il n'en est plus question.
Et ce président qui ne pense pas qu'il serait peut-être utile de
rechercher quelques survivants parmi ces 13 détenus, d'ailleurs
imaginaires! Et cette victime qui, avec trois balles dans la tête,
reste debout, il n'en est plus question non plus!

« M⁰ Ducoudray. — Je voudrais savoir combien de marches il faut monter, après le grand escalier, pour entrer dans la salle des mariages?

« Le Témoin. — Sept ou huit peut-être.

« M⁰ Ducoudray. — Je tiens beaucoup à cela. A la mairie du XI⁰ arrondissement, on entre de plain-pied dans la salle des mariages. Je conclus de là que le fait de la présence du témoin à cette mairie est inexact.

« Le Commandant Gaveau. — Vous ne pouvez pas suspecter le témoin. Il a prêté serment, et porte à la boutonnière le ruban de la Légion d'honneur. C'est un gage de sincérité (1).

« M⁰ Ducoudray. — Je ne suspecte personne. Mais ne serait-il pas possible que ce témoin, dans ce trouble dont lui-même convient, ait confondu une mairie avec une autre?

« Le Témoin. — Non, c'était bien la mairie de la place Voltaire.

« Le Président. — Maintenez-vous ce que vous avez dit par rapport à Ferré?

« R. — Certainement, et j'ajouterais même quelque chose à ces déclarations. Quand je fus amené devant Ferré, et qu'il sut mon nom, il me dit : « Eh bien, « citoyen Lasnier, vous venez sans doute continuer votre « conspiration ? » Je lui répondis : « Oui, monsieur », et il s'écria, en me désignant aux gens qui m'entouraient : « Vous l'entendez, il m'appelle monsieur ! »

« Ferré. — Je tiens à ce que le Conseil constate que c'est la première fois qu'il est question de cela. Quant aux exécutions, j'en appelle au témoignage de Champy. Il est venu à la mairie de la place Voltaire pendant la

(1) Ce Gaveau avait véritablement des trouvailles originales!

guerre dans Paris; il y est venu souvent; qu'il dise s'il
a entendu parler d'exécution.

« CHAMPY. — Jamais. Plusieurs fois je ne trouvai
même pas les délégués de la Commune à la mairie. Ils
étaient à déjeuner ou à dîner dans un cabaret des environs.

« LE PRÉSIDENT (*au témoin Lasnier*). — Comment
vous êtes-vous échappé de la mairie?

« R. — On a ouvert la porte du cachot (?) en nous
disant à tous : « Sauvez-vous, la mairie va sauter! » Je
n'en ai pas, vous le comprendrez, demandé davantage (1).

✻
★ ★

« MARTIN, agent d'affaires, ayant exercé pendant la
Commune les fonctions de caissier à la mairie du XI⁰ arrondissement.

« D. — A quelle heure étiez-vous à la mairie?

« R. — De 8 heures du matin à 5 heures du soir. J'allais déjeuner de 11 heures à 1 heure.

« D. — Il y avait beaucoup de bruit à la mairie, dans
les derniers jours?

« R. — Non.

« D. — Vous n'avez rien vu, rien entendu?

« R. — Non.

« D. — Vous n'avez eu aucune connaissance des exécutions du 23 et du 24 (2)?

---

(1) Ce fait seul suffisait pour établir dans la conscience des juges
raisonnables le faux témoignage de Lasnier, la mairie n'ayant pas,
un seul instant, été menacée de pareille catastrophe. En outre, la
mairie du XI⁰ arrondissement, splendide construction moderne,
n'est pas une prison. On y chercherait en vain un cachot. Mais les
juges valaient les témoins!

(2) Comme Merlin ne sait plus si c'est le 23 ou le 24, il dit le 23
et le 24; abondance de biens ne nuit pas.

« R. — Aucune. Il n'y en a pas eu, que je sache, à la mairie.

« D. — Et au dehors.?

« R. — Il y en a eu le matin du 23 ou du 24 mai dans ce qu'on appelait *le terrain* (1).

« D. — Et aucune dans la mairie?

« R. — Non.

« LE COMMANDANT GAVEAU. — Oui, un détenu, un complice des actes de la Commune. Il se compromettrait s'il avouait que ces assassinats ont eu lieu en sa présence. »

⁎
⁎ ⁎

Ainsi, ministère public et juges continuent de compter avec le faux témoignage de l'infâme Lasnïer !

⁎
⁎ ⁎

Conclusion : l'accusation et le tribunal militaire ont tout tenté pour démontrer la présence de Ferré à la Roquette le 24 mai. Ils ont échoué. Quand la preuve fut faite que Ferré n'avait point paru à la Roquette ce jour-là, ils essayèrent d'établir qu'il avait présidé à des exécutions sommaires à la mairie. Au surplus, Gaveau, dans son réquisitoire — qu'il faut lire — ne paraît nullement démonté par les démonstrations faites à l'audience; à la grande satisfaction d'un auditoire répugnant, il dira :

« Vous avez entendu avant-hier la déposition ÉCRASANTE de M. Lasnier. Il *en résulte* que Ferré présidait

____

(1) Le témoin dit vrai et fait allusion à l'exécution du malheureux de Beaufort.

le 24 mai, à la mairie du XIᵉ arrondissement, à des jugements sommaires et qu'*il a fait tuer sous ses yeux, à
coups de pistolet, un malheureux agent de police* (1).
L'exécution eût continué, si un officier de fédérés n'avait
refusé de fournir des hommes pour faire l'office de bourreaux.

« Enfin, la déposition de Costa signale sa présence à
la Roquette dans *toutes* les journées d'exécution. »

Et c'est à l'unanimité que les prétendus juges du
3ᵉ conseil de guerre, convaincus par les seules dépositions qu'on vient de lire, décidèrent d'envoyer Ferré au
plateau de Satory !

Monstruosité judiciaire qui, une fois de plus, établit
l'iniquité des conseils de guerre créés par Thiers pour
achever les vaincus qui avaient survécu à un massacre
de huit jours.

Encore une fois, que Ferré ait été acteur, acteur principal
dans le drame que nous avons relaté, le fait n'est pas,
aujourd'hui, douteux ; mais ce qu'il importait d'établir,
quant au droit, c'est que, en août 1871, devant le 3ᵉ conseil de guerre, la *justice militaire* n'avait pour condamner Ferré *aucune preuve de sa culpabilité.*

(1) Remarquez que ces agents de police, on n'a pas songé un
seul instant à établir leur identité. Un sergent de ville a été tué ;
qui est-il ? personne, ni dans le tribunal, ni dans l'auditoire, ni
même au banc de la défense, ne songe à rechercher son nom ! Et
l'on va condamner un homme en le déclarant coupable de cette
exécution purement imaginaire !

Il n'en fut pas de même à mon procès.

Sur mes propres déclarations, il resta démontré : 1° que j'avais procédé au transport des otages de Mazas à la Roquette ; 2° que j'étais résolu à demander la peine de mort contre Ruault et contre tous les *agents secrets* de la police impériale, arrêtés par ordre du Comité de Sureté générale.

Le président Dulac n'avait donc pas de grands efforts à faire pour légitimer sa sentence, faire opiner ses collègues, et envoyer une victime de plus au plateau de Satory.

Il fit davantage. Il imagina contre Rigault mort et contre moi vivant, la plus immonde des calomnies, pour tenter de salir, avant de le tuer, un vaincu que les hasards de la défaite lui avaient livré. Je compte bien donner à son heure, et quelque haut-le-cœur que j'en aie, les détails de cette suprême infamie, dont la hantise m'aura torturé pendant sept années de bagne ; mais patientons encore, car, pour l'instant, il ne s'agit pas de moi, mais de mener jusqu'au bout de l'histoire l'exécution des otages.

Dès la première audience du procès des membres de la Commune, Ferré, à la très grande indignation de ses juges et du public, avait lu les conclusions suivantes :

« *A Messieurs les membres du 3e Conseil de guerre.*

« Considérant que j'ai eu l'honneur d'être nommé membre de la Commune de Paris par 3700 voix d'électeurs du XIIIe arrondissement ;

« Considérant que j'ai accepté ce mandat et que mon devoir était de l'exécuter loyalement ;

« Considérant que la Commune de Paris ayant succombé, et ses membres ayant été tués ou faits prisonniers, leurs caractères, leurs doctrines, leurs actes, leurs intentions sont de parti pris dénaturés et interprétés de la manière la plus fausse et la plus odieuse ;

« Considérant que les principaux chefs de la Commune de Paris, tués, emprisonnés ou obligés de se cacher, ont été l'objet des calomnies les plus indignes et n'ont pu prouver la vérité et flétrir les calomniateurs ;

« Considérant...

« LE COMMISSAIRE DU GOUVERNEMENT. — Il n'est pas possible que le Conseil entende plus longtemps l'apologie de la Commune faite par un accusé. Il ne manquerait plus que cela !

« LE PRÉSIDENT. — En effet, c'est un manque d'égards.

« FERRÉ. — C'est précisément pour ne pas manquer d'égards envers le Conseil que j'ai pris le soin d'écrire mes conclusions, étant plus sûr de la modération de ma parole. Du reste, je n'ai plus que deux mots à dire : je les ai écrits sans aigreur. Il y est question de moi et non de la Commune.

« LE COMMISSAIRE DU GOUVERNEMENT. — Bornez-vous à présenter vos conclusions ; le Conseil statuera.

« LE PRÉSIDENT. — Nous n'avons pas à discuter ici la politique de la Commune, nous avons à juger ses crimes.

« FERRÉ. — J'avoue que, dans ce que j'ai dit jusqu'à présent, j'ai voulu faire l'apologie de la Commune, mais il n'en est plus question dans la fin de mes conclusions. M. le Président nous a dit hier que nous aurions pleine liberté de nous défendre. J'en profite.

J'ai été accusé avec une violence inouïe; jusqu'au moment où j'ai été arrêté, je lisais les journaux qui me calomniaient d'une façon odieuse. Je ne pouvais pas répondre, car si j'avais répondu alors, sans doute je ne serais pas ici en ce moment. Depuis mon arrestation, je suis resté au secret... Laissez-moi continuer.

« Le Président. — Parlez.

« Ferré. — Considérant qu'en ce qui me concerne, les traitements indignes dont j'ai été l'objet, les persécutions personnelles dirigées contre ma famille, me retiraient tout moyen de défense;

« Que tout cela trace au républicain sincère la conduite qu'il faut tenir;

« Par ces motifs :

« Sauf les questions qui concernent mon état civil, je déclare que je ne répondrai pas et que je ne prendrai aucune part active à ces débats.

« Je ne demande pas au Conseil de tenir compte de mes conclusions. J'ai pris une attitude qui m'était commandée par l'instruction. Je la notifie, voilà tout. Je n'ai pas été confronté avec les témoins; il est de l'intérêt de ma défense que je refuse de répondre aussi longtemps que les témoins ne seront pas là.

« Le Président. — C'est entendu; le Conseil passe outre, sans statuer sur vos conclusions. »

Pauvre et infortuné Ferré, il dictait, il espérait ainsi dicter à ses coaccusés, anciens membres de la Commune de Paris, une ligne de conduite, la seule qui convînt alors à des hommes poursuivis pour avoir fait partie d'une assemblée délibérante élue au suffrage universel.

On verra, au compte rendu général du procès, combien piteuse fut l'attitude des chefs de l'Insurrection traduits devant ce singulier conseil de guerre.

Au point où nous en sommes arrivé, nous ne citons ces vaillantes conclusions de Ferré que pour donner une idée précise de son caractère et montrer comment, acculé devant des juges qui se faisaient déjà ses exécuteurs, il restait maître de lui et tenait tête à ses vainqueurs, devenus ses bourreaux.

Quand ces longs débats allaient prendre fin, l'énergique accusé jeta à la face de ces soldats avilis par l'indigne besogne que leur imposait Thiers, et à la face aussi de ses collègues, dont l'inqualifiable faiblesse s'était accrue durant vingt audiences, cette vigoureuse apostrophe :

« Après les conclusions du traité de paix, conséquence de la capitulation honteuse de Paris, la République était en danger ; les hommes qui avaient succédé à l'Empire écroulé dans la boue et le sang...

« Le Président. — Je ne puis laisser passer ces mots-là, qui ne peuvent s'appliquer qu'à votre gouvernement (1).

« Ferré. — Ces hommes se cramponnaient au pouvoir et quoique accablés par le mépris public, ils préparaient dans l'ombre un coup d'État ; ils persistaient à refuser à Paris l'élection de son Conseil municipal.

---

(1) Ainsi, d'après le juge colonel Merlin. Ferré n'avait pas le droit de qualifier aussi justement le gouvernement de Décembre finissant par la trahison de Metz et la lâcheté de Sedan !

« LE COMMISSAIRE DU GOUVERNEMENT. — Ce n'est pas vrai.

« FERRÉ. — Le 18 mars, il n'y avait pas encore de loi autorisant les élections.

« LE PRÉSIDENT. — Je vous préviens une seconde fois; à la troisième fois je vous arrêterai et vous retirerai la parole !

« FERRÉ. — Les journaux honnêtes et sincères étaient supprimés, les meilleurs patriotes étaient condamnés à mort.

« LE PRÉSIDENT. — Asseyez-vous, je vous retire la parole, et je la donne à votre défenseur, s'il a quelque chose à dire.

« FERRÉ. — Je n'ai plus que quelques lignes à lire et je désirerais surtout lire les dernières, qui ne concernent que moi.

« Mᵉ MARCHAND, avocat d'office. — Je prierai M. le Président de laisser Ferré lire ces dernières lignes; j'affirme qu'elles ne contiennent rien de blessant pour le Conseil.

« LE PRÉSIDENT. — Qu'il les lise !

« FERRÉ. — Membre de la Commune de Paris, je suis entre les mains de mes vainqueurs; ils veulent ma tête; qu'ils la prennent. Jamais je ne sauverai ma vie par la lâcheté. Libre j'ai vécu, j'entends mourir de même. Je n'ajoute qu'un mot : la fortune est capricieuse; je laisse à l'avenir le soin de ma mémoire et de ma vengeance !

« LE PRÉSIDENT. — La mémoire d'un assassin ! Défenseur, avez-vous quelque chose à ajouter ?

« Mᵉ MARCHAND. — Non, monsieur le Président, l'accusé se défend comme il l'entend. »

En effet, l'accusé se défendait comme il l'entendait, dignement, héroïquement devant ce tribunal dont *le pré-*

sident le qualifiait d'assassin avant de l'avoir jugé!
devant un auditoire de mouchards hurlants, devant des
coaccusés lâchement assagis et repentants, sauf Trinquet!
devant les avocats enfin qui n'eurent pas le courage
civique de se couvrir et de quitter une salle d'audience
où se jouait pareille **comédie de justice** !

L'attitude d'Urbain, autre inculpé direct dans l'affaire
des otages, fut tout autre, hélas! Il faut reconnaître que
sa situation était diablement embarrassante, toute différente de celle de Ferré.

Outre qu'il était accusé d'un détournement dont il se
justifiait mal, les débats avaient mis à jour, malgré les
efforts de Gaveau et du Président, tous les agissements
du fameux Montaut. Celui-ci, appelé comme témoin,
avoua qu'il était agent de Thiers et qu'il avait poussé
Urbain à faire son énergique motion relative à l'application du décret du 5 avril, dont il était aussi le rédacteur.
Il fut établi qu'après l'entrée des troupes, de Montaut
avait emmené Mme Leroy chez lui, rue de Trévise, où
Urbain était venu le rejoindre le samedi suivant...

Aussi bien, le malheureux homme, ainsi misérablement acculé, ne pouvait guère présenter qu'une défense
lamentable, et, à la demande du Président, il répondit :

« Je n'ai qu'à dire mon grand regret de la proposition
que j'ai faite à la Commune, et l'indignation que j'ai
ressentie au sujet des incendies et des derniers crimes de
la Commune ! »

Il sauva sa tête, vint au bagne, s'y conduisit dignement,

revint en France, obtint une sinécure modeste, mais
porta jusqu'à sa fin le poids du remords cuisant de sa
malheureuse faiblesse !

*
* *

Le 28 novembre 1871, Théophile Ferré fut conduit
avec Rossel et Bourgeois au plateau de Satory. Ne nous
occupons pour l'instant que de l'exécution de Ferré et
laissons au figariste Pont-Gest, poursuivi depuis pour
escroquerie, toute la saveur de son récit reptilien.

*
* *

« Avec un calme imperturbable, l'ex-délégué à la
Sûreté générale alluma un cigare et commença sa toilette
avec une telle minutie, de tels soins, qu'il y mit plus
d'une demi-heure. Il causait avec ses gardiens, leur
offrait les cigares qu'il n'avait plus de temps de fumer,
disait-il, et se montrait plus coquet de sa personne qu'il
n'avait jamais été. Son émotion ne se traduisait que par
quelques mouvements convulsifs des paupières et par
des mots saccadés, sans suite, adressés çà et là à ceux
qui l'examinaient *avec une espèce de terreur et de* DÉ-
GOUT.

« A 7 heures et demie, M. le chef d'escadron de Crénitz donne l'ordre de faire approcher l'une des voitures,
celle dans laquelle doit monter Rossel.

« Presque aussitôt la porte de la prison s'ouvre, pour
laisser passage à Rossel.

« Il s'avance d'un pas ferme, entre un gendarme qui
lui tient la main droite serrée par une chaînette et M. le
pasteur Passa...

« Un instant après la portière se ferma derrière lui, et la voiture s'ébranla pour prendre la tête du sinistre cortège, et faire place à la seconde.

« C'est alors Bourgeois que l'on voit apparaître, le képi sur l'oreille et le cigare aux lèvres, bien qu'il soit accompagné de l'abbé Follet, qu'il écoute à peine.

« Puis enfin Ferré, sans prêtre auprès de lui, mais disparaissant pour ainsi dire entre deux gendarmes qui le conduisent, habillé de noir, et coiffé d'un chapeau déformé qui donne à ses traits *un aspect plus hideux encore.*

« On entend alors un commandement, puis un piétinement de chevaux, et l'escorte se met en marche au galop, enveloppant les trois voitures lugubres.

« Les troupes avaient été dirigées dès 6 heures sur la plateau de Satory, *sous le commandement du colonel Merlin* (1), et elles s'étaient formées en un carré immense dont les buttes formaient un des côtés.

« Au pied des buttes, on aperçoit trois piquets plantés en terre, à vingt mètres les uns des autres, et les trois groupes de soldats armés qui composent les trois pelotons d'exécution.

« A 7 heures un quart, sur un commandement du colonel Merlin, les tambours battent aux champs, c'est le funèbre cortège qui vient d'apparaître sur le plateau et qui s'avance jusqu'au milieu du carré.

« Là les voitures s'arrêtent, les condamnés en descendent et tous trois, d'un pas ferme, escortés comme au sortir de la prison, ils gagnent les fatals piquets, toujours accompagnés par les roulements des tambours...

« Il se fait sur le plateau et au milieu des six mille

(1) Le colonel Merlin était le même qui avait condamné Ferré. Ce militaire, après s'être offert la mascarade judiciaire, avait voulu goûter au régal du bourreau !

hommes qui l'occupent un silence de mort. On entend jusqu'aux moindres mots des greffiers qui lisent aux condamnés leurs jugements, lecture qui ne distrait pas un instant Ferré de son cigare.

« Cependant, cette lecture se termine.

« Ferré, droit comme un I, appuyé contre son poteau *dans une pose théâtrale*, attend et s'étonne qu'on n'en finisse pas encore avec lui...

« M. le chef d'escadron de Crénitz s'éloigne, les sous-officiers commandant les pelotons d'exécution baissent leurs sabres ; un feu nourri se fait entendre ; *justice est faite*... Ferré tombe seulement à la dernière balle, après avoir tournoyé sur lui-même, et semble lutter contre la mort. Un soldat l'achève, et il se passe alors une chose étrange : deux chiens qui erraient dans les buttes se précipitent sur le cadavre de Ferré, dont il faut les écarter.

« Moins de cinq minutes après l'exécution, le défilé commence et le plateau de Satory offre alors un spectacle grandiose dans son horreur.

« Tambours battants, musique en tête, drapeaux déployés, les régiments défilent les uns après les autres devant les trois cadavres, et, à la vue des dépouilles sanglantes de ces hommes qui, quelques instants auparavant, étaient pleins de jeunesse et de santé, chaque soldat peut alors comprendre où conduit l'indicipline, le crime et la trahison. »

Ce Pont-Gest, poursuivi depuis pour escroquerie, aurait pu se demander aussi où conduisent l'indélicatesse, le chantage et le vol.

CHAPITRE VIII

LES MENSONGES DE MAXIME DUCAMP

Parmi les sycophantes de cette triste époque, il en est auxquels il faut faire une place de déshonneur.

L'académicien Maxime Ducamp est de ceux-là.

Voyons-le à l'œuvre dans son historique de l'Affaire de la Roquette.

Suivant son habile et coutumière tactique, il débute ici encore par une vérité.

« A cinq heures (1), le procureur général de la Commune Raoul Rigault, épée au côté, revolver à la ceinture, était entré dans la prison, accompagné de Da Costa;

(1) Pour comparer, voir chap. v, tome Ier.

4.

ils s'étaient rendus tous deux près du directeur Garreau
et lui avaient donné communication de cette dépêche :

« Paris, 4 prairial, an 79.

« *Comité de salut public à Sûreté générale.*

« Ordre de transférer immédiatement les otages, tels
« que l'archevêque, les différents curés, et tous ceux qui
« peuvent avoir une importance quelconque, à la prison
« de la Roquette, dépôt des condamnés.

« *Le Comité de Salut public,*
« G. RANVIER, EUDES, FERD. GAMBON. »

« Garreau ne fit aucune objection, il conduisit Raoul
Rigault et Da Costa au greffe ; le livre d'écrou fut consulté et, sur les indications de ces trois meurtriers, la
liste des otages fut dressée par le greffier Cantrel. »

Là commencent les mensonges systématiques :
« Elle comprenait cinquante-quatre noms ; le premier sur la liste est Monseigneur Darboy, le second celui
de M. Bonjean, le dernier est celui de Walbert (Félix-
Joseph), officier de paix. Jecker est le septième, l'abbé
Deguerry le neuvième ; elle désignait trente-huit prêtres,
deux commissaires de police et différents prisonniers
qualifiés agents secrets. »
Le lecteur réfléchi pensera bien que si Ducamp avait
eu la liste, il l'aurait publiée. Son objectif était d'en pré-
ciser certains détails, afin de laisser croire aux naïfs qu'il

possédait un document qu'il n'avait pas, qu'il ne pouvait
pas avoir, pour cette bonne raison qu'il avait été détruit.

Puis, un récit côtoyant encore la vérité et pris, sans
doute, dans ma propre déclaration au procès :

« Tous furent avertis; on les isola dans les cellules
d'attente où l'on enferme ordinairement les détenus
avant qu'ils aient subi les formalités de l'écrou. On avait
envoyé réquisitionner des voitures au chemin de fer de
Lyon; on ne put se procurer que deux chariots de factage.

« Sous la garde de fédérés armés, on ne parvint à
empiler que quarante prisonniers dans ces tapissières
fort incommodes; le dernier qui y prit place fut Joseph
Ruault sur le mandat d'arrestation duquel Ferré avait
écrit : « *Conserver cette canaille pour le peloton d'exé-*
« *cution* ». Le malheureux pour lequel on faisait cette
atroce recommandation était un simple tailleur de pierre. »

Puis, un récit...

D'abord, ce n'est pas Ferré qui avait écrit l'indication,
puisque c'était moi. En outre, je ne l'avais pas écrite sur
le mandat d'arrestation, mais bien au verso de l'ordre
de transfert du détenu de la Préfecture de police à la
prison de la Roquette.

Maxime Ducamp savait tout cela. Il connaissait mes
propres déclarations au procès. Pourquoi chargeait-il
ainsi la mémoire de Ferré? Parce qu'il voulait par là
même fortifier sa thèse, à savoir que tout se faisait alors
par ordre supérieur et en vertu d'un plan bien arrêté.

Le mouchard de lettres écrivait ces choses à la veille

de l'amnistie générale, qu'il espérait empêcher. Parlant de l'ex-tailleur de pierre Joseph Ruault, il oublie de dire que le malheureux dont il faisait un martyr avait été agent secret de Lagrange, chef de la police politique impériale, auquel il adressait quotidiennement des rapports signés *Antoine* sur Ranc, Tridon et autres.

On ne saurait en vouloir à Maxime Ducamp d'avoir épargné un confrère!

★
★ ★

Mais en voici bien d'une autre : Ducamp nous a déjà entretenu de Joseph Ruault aux pages 136-140 de son œuvre abominable. A sa façon, il vient de raconter l'exécution de l'espion Veysset, et, pour salir davantage le pauvre Ferré — bravement tombé à Satory, — voici ce qu'il imagine :

« ...Ferré ne voulait pas agir isolément, comme pour Georges Veysset; il espérait en finir avec tous « les suspects » et offrir aux fusils de ses hommes une journée complète. Le premier nom qu'il écrivit fut celui de Joseph Ruault, prétendu agent bonapartiste, arrêté depuis le 15 mai par son ordre et écroué au secret, sous le n° 3546, dans la cellule 62. Il écrivit ce nom de souvenir, sans l'avoir vérifié sur les registres. Braquond le lut, s'éloigna d'un air nonchalant, comme un homme fatigué d'attendre; puis, quand il fut hors de vue, pénétra rapidement dans la division cellulaire, ouvrit la porte du cabanon de Ruault, prit celui-ci par le bras, lui dit à voix basse : « Sous aucun prétexte, ne répondez à l'appel de votre nom », puis, en grande hâte, le conduisit au commun des hommes et le poussa, le noya, au milieu de trois cents détenus.

« Ceci fait, il revint tranquillement dans le cabinet du juge d'instruction.

« — Vite, lui dit Ferré, appelez Ruault. »

« Braquond s'élança dans les couloirs en criant : « Ruault! » à toute voix.

« Ruault, qui avait été au secret, n'était connu d'aucun des prisonniers parmi lesquels on venait de le jeter brusquement; il se tint coi et ne souffla mot. Braquond appelait de plus belle. Les surveillants qui, pendant toute cette journée, suivirent l'impulsion donnée par Braquond et désobéirent résolument au brigadier officiel dont ils se méfiaient avec raison, imitant leur chef qu'ils avaient compris, arpentaient la prison : « Ruault! « Ruault! » Nul ne répondait.

« — Eh bien! et ce Ruault? » dit Ferré avec impatience à Braquond, qui revenait avec une mine piteuse.

« — On ne peut pas le trouver, vous entendez bien « que tout le monde l'appelle.

« Ferré entra en fureur, frappa sur la table, dit : « *Vous êtes tous des Versaillais! tous des mou-* « *chards!* Si vous ne m'amenez pas Ruault à l'instant, « je vous fais fusiller. »

« Braquond fut admirable de sang-froid.

« — Ça ne vous avancera pas à grand'chose de me « faire fusiller. Permettez-moi de vous dire, citoyen « délégué, que vous ne savez pas votre métier; nous « vous obéissons parce que nous le devons, mais vous « nous faites chercher un détenu qui n'est plus au Dépôt « depuis longtemps, et c'est pour cela que nous ne pou- « vons pas le découvrir.

« — Comment? reprit Ferré, Ruault n'est plus ici? « Où est-il donc?

« — Je n'en sais rien, répondit Braquond, mais nous « allons le savoir. »

« Et prenant le registre, il se mit à le manier avec la
dextérité rapide d'un homme accoutumé aux recherches
d'écrou, et, indiquant le n° 2609, il fit lire à Ferré :
« *Renault, Gilbert, inculpé d'avoir colporté des chan-*
« *sons bonapartistes, arrêté le 19 avril, transféré à*
« *la Santé le 18 mai par ordre de Edmond Levraud.* »

« Ferré ne remarqua ni la différence des noms de
baptême, ni celle des dates de l'arrestation, ni celle du
numéro d'écrou; il pesta contre son chef de division.

« Braquond avait été bien servi par sa mémoire, et il
venait de sauver un innocent. »

Ainsi, toute cette abominable histoire, que les invrai-
semblances suffiraient à détruire, tout ce conte odieux
imaginé pour charger un vaincu et pour faire au gardien
Braquond qui documentait le narrateur — on sait maintenant comment — une auréole d'héroïsme !

Et ce singulier historien, qui ne respecte pas plus
ses lecteurs qu'il né se respecte lui-même, après avoir
sauvé Ruault le 24 mai à la Préfecture de police, le
fait transférer le 22 mai de Mazas à la Roquette, pour le
voir mourir rue Haxo cinq jours plus tard !

Tels furent constamment les procédés de ce calomniateur d'élite qui, pendant notre exil, empoisonnait
l'opinion publique.

La plume vengeresse me tombe des mains quand, au
moment de réfuter toutes ces ignominies, je lis dans la
préface des *Convulsions de Paris :*

« Je n'ai rien avancé qui ne fût démontré, par pièces
authentiques (!) Malgré l'indignation qui m'a souvent

débordé, j'ai été impartial ; la plus simple loyauté m'en imposait le devoir. »

Quand la délation s'accompagne de pareille hypocrisie, on a vraiment honte d'être contraint de la réfuter à la barre du tribunal de l'Histoire.

Il nous fallait insister sur ce cynique mensonge relatif au sort de Joseph Ruault. Chez Maxime Ducamp, le mensonge abonde. La copie de cet homme suinte la calomnie ; mais de coutume il est généralement plus habile. Cette fois la haine l'aveugle et ses vilenies apparaissent, dépourvues des artifices ordinaires.

A la suite les erreurs, volontaires ou non, se succèdent sans interruption et aussi sans grand intérêt. Nous les relaterons, sans nous y arrêter aussi longuement, et en nous maintenant dans le cadre de l'affaire dite de la Roquette.

Le voici imaginant tout d'abord et de toutes pièces la création d'une cour martiale permanente à la mairie de XI⁰ arrondissement. Il n'y eut là, on l'a vu, qu'une pseudo-cour martiale improvisée en toute hâte pour tenter de sauver le malheureux comte de Beaufort.

Écoutez cependant l'auteur des *Convulsions de Paris:*

« Un vieillard inconnu et qui était, *dit-on,* sordide ; un officier fédéré qui, dit-on, était ivre, s'assirent gravement et composèrent un tribunal sous la présidence de Genton. »

D'après l'historien fantaisiste, cette cour martiale se réunissait pour statuer sur l'exécution des otages.

« La cour martiale, dit-il, n'était point d'accord sur le chiffre des otages que l'on devait tuer ; le nombre de soixante-six fut proposé et écarté, *parce que ça faisait*

trop d'embarras. On s'arrêta au nombre de six : deu
noms seulement furent désignés, celui de M. Bonjean e
celui de l'archevêque de Paris. »

Où Ducamp a-t-il pris tout cela? Il se garde bien d'e
rien dire, et pour cause, comptant uniquement sur ce
affolement de l'opinion publique, qui autorisait alor
toutes les calomnies, toutes les odieuses légendes.

Ensuite, il conduit son lecteur à la prison de l;
Roquette, au moment où le peloton conduit par Gentoi
et Fortin (il ne dit rien de celui-ci) pénètre au greffe.

Puis, c'est un bizarre compte rendu de la discussior
qui s'engage sur ce fait mensonger que l'ordre portait
deux noms et que Genton voulait six victimes.

Mentant toujours, il invente ceci :

« Enfin la liste des otages fut découverte sous les
registres qui la cachaient. Genton se mit à l'œuvre et
écrivit dans l'ordre suivant : Darboy, Bonjean, Jecker,
Allard, Clerc, Ducoudray. Il s'arrêta, sembla réfléchir,
puis brusquement effaça le nom de Jecker et le remplaça par celui de l'abbé Deguerry. Montrant la liste à
François, il dit : « Ça te convient-il comme ça? » François répondit : « Ça m'est égal, si c'est approuvé. »
Genton eut un moment d'impatience : « Que le diable
« t'emporte avec tes scrupules; je vais au Comité de
« Salut public et je reviens tout de suite. » Il s'éloigna
seul, en courant, vers la place du *Prince-Eugène* (?). »

Sur quoi Ducamp base-t-il cette histoire? Quels témoins a-t-il entendus? Quels documents a-t-il réunis? Il ne prend même pas la peine de chercher à tromper plus avant ses lecteurs! Quel singulier état d'âme pour un historien.

Nous l'avons nettement établi, la première liste ne portait aucun nom. Précisément, toute la discussion entre Fortin, Genton et François porta sur la désignation des six victimes non nominativement désignées par Ferré. Genton voulait qu'on suivît la liste dressée par Rigault à Mazas; François s'y refusait, par crainte des responsabilités. De là toute la querelle.

En outre, ce ne fut pas Genton qui se rendit place Voltaire, non place du Prince-Eugène (place de la République) alors occupée par les Versaillais. Ce fut Fortin.

Enfin, ce ne fut pas le Comité de Salut public (il n'existait plus), mais Ferré tout seul que Fortin vint trouver et qui écrivit, en travers de son premier ordre : « et notamment l'archevêque ».

La seule vérité que Maxime Ducamp ait devinée, ce fut la présence de Mégy. Il est vrai qu'il ment encore en donnant à ce révolutionnaire des insignes qu'il ne portait plus.

Il dit ensuite que Genton commanda le feu : autre mensonge écrit pour excuser Satory. On sait que ce fut Sicard.

Il ment encore et toujours en prêtant au lieutenant Vérig, commandant du poste de la prison, un rôle prépondérant qu'il n'a pas rempli un seul instant.

Remarquons, la chose en vaut la peine, que Maxime Ducamp ne fait pas intervenir Ferré dans toute cette affaire. Pourquoi? Parce que les débats du procès des membres de la Commune avaient démontré de façon péremptoire que Ferré ne parut pas à la prison de la Roquette le 24 mai et que la prétendue justice militaire ignorait complétement comment l'ordre d'exécution avait été donné, dans quelle forme et par qui.

Voilà donc établis les mensonges de l'académicien dans cette affaire du 24 mai 1871. Nous le retrouverons ailleurs pour le confondre à nouveau.

CHAPITRE IX

LE PROCÈS DE L'AFFAIRE DITE DE LA ROQUETTE

SOMMAIRE. — Procès pour la galerie versaillaise. — Les accusés
et leurs défenseurs. — Un argument du commandant Roustan.
— Piger faussement accusé d'avoir commandé le peloton d'exécution. — La déposition du proviseur Chevriau. — Sicard, dénoncé, est amené mourant à la barre. — Coup de théâtre. — Dépit
de l'accusateur public. — Odieux verdict. — La presse muette.
— Epilogue à Satory.

Le lecteur connaissant maintenant dans ses origines
et dans son action même le drame sanglant de la
Roquette, il semble que l'analyse du procès qui suivit
ne présente plus grand intérêt, car, Genton et Fortin
exceptés, aucun responsable n'y comparut. Nous nous y
arrêterons cependant, parce qu'ici, comme dans l'affaire
Clément-Thomas-Lecomte, l'application de la méthode
objective mettra en pleine lumière l'ineptie de la justice militaire.

Sans tenir compte des circonstances politiques, en
s'en tenant uniquement aux faits et en assimilant —
contre toute vérité — le meurtre des six otages à un

crime de droit commun, ainsi qu'on le voulait alors, il
eût fallu rechercher tout d'abord comme accusés les
gens ayant fait partie du peloton d'exécution. Effectivement ceux-là, venus du dehors, volontairement on l'a
vu, et porteurs d'un ordre d'exécution, avaient exigé du
personnel geôlier qu'on leur livràt les six victimes. Le
directeur François, en somme, ne pouvait être mis
sérieusement en cause, puisque, pour une raison ou
pour une autre, il avait résisté autant qu'il avait pu.
L'ordre réitéré, il n'avait pu qu'obéir et livrer ses prisonniers. A plus forte raison, son personnel avait dû
s'incliner à son tour, sans encourir, voire au point de
vue purement juridique, aucune responsabilité.

Eh bien, dans ce procès, où l'on devait s'attendre à
ne trouver que des exécuteurs, on ne trouve, à de très
rares exceptions, que d'irresponsables assistants.

En effet, voici quels furent les vingt-trois prévenus
d'assassinat ou de complicité d'assassinat devant le
6ᵉ conseil de guerre présidé par le colonel du 12ᵉ chasseurs à cheval Delaporte, avec le commandant Roustan
pour commissaire du gouvernement, assisté du commandant Guinez :

Genton (Gustave), 45 ans, sculpteur sur bois, porte-
drapeau du 66ᵉ bataillon fédéré ; — Mᵉ Constant, défenseur.

Fortin (Émile), 25 ans, sculpteur sur bois, employé
au cabinet de Ferré ; — Mᵉ Laviolette, défenseur.

Graindaire (Marguerite), dite La Chaise, 39 ans, cantinière au 66ᵉ bataillon ; — Mᵉ Laviolette, défenseur.

Piger (Élie-Jean-Baptiste), commandant fédéré (1) ;
— Mᵉ Maisonnade, défenseur.

____

(1) Piger, simple lieutenant le 18 mars, avait été fait commandant par la Commune.

François (Jean-Baptiste-Isidore), 42 ans, emballeur, directeur de la Roquette, nommé par la Commune; — M⁰ Bocquet, défenseur.

Latour (Joseph), 45 ans, palefrenier, garde fédéré; — M⁰ Petit, défenseur.

Ramain (Antoine), gardien titulaire à la prison de la Roquette, fait gardien chef par François; — M⁰ Charbonnel, défenseur.

Langevin (Jean-Baptiste), gardien titulaire à la prison de la Roquette; — M⁰ Wéber, défenseur.

Picon (Jean), gardien titulaire à la prison de la Roquette, nommé sous-brigadier par François; — M⁰ Demange, défenseur.

Vattier (Jules-Léon), plombier, détenu antérieurement à la Roquette pour vol; — M⁰ Crochard, défenseur.

Lévin (Georges-Frédéric), serrurier, garde au 180⁰ bataillon; — M⁰ Constant, défenseur.

Girardot (Auguste-Prosper), 28 ans, fondeur en cuivre, capitaine au 66⁰ bataillon; — M⁰ Richer, défenseur.

Grangeaud (Jacques), tailleur de pierres, garde au 180⁰ bataillon; — M⁰ Malapert, défenseur.

Girout (Lucien), marchand de couronnes, garde au 180⁰ bataillon; — M⁰ Fabre, défenseur.

Hure (Basile), 24 ans, employé de commerce, greffier à la Roquette; — M⁰ Gautier-Passerat, défenseur.

Poitevin (Constant-Benoist), maçon, adjudant au 199⁰ bataillon; — M⁰ Petit, défenseur.

Hérault (Émile-Constant), peintre en voitures, garde au 201⁰ bataillon; — M⁰ Desfossé, défenseur.

Larmeroux (Jean-Baptiste), journalier, garde au 180⁰ bataillon; — M⁰ Flouest, défenseur.

Lesénéchal (Jean-Baptiste), 60 ans, garde au 180⁰ bataillon; — M⁰ Richer, défenseur.

Marault (Antoine-Eugène), chaudronnier, garde au 180ᵉ bataillon; — Mᵉ Fabre, défenseur.

Denain (Jean-Baptiste), menuisier, garde au 180ᵉ bataillon; — Mᵉ Pinet, défenseur.

Péchin (Siméon-François), marchand des quatre saisons, détenu antérieurement à la Roquette; — Mᵉ Maisonnade, défenseur.

Grandel (Zélie), maîtresse de François; — Mᵉ Duperrier de Larsan, défenseur.

Les antisémites enragés ne manqueront pas de signaler cette abondance de noms ou plutôt de prénoms juifs dans cette nomenclature. Ils auraient tort, aucun de ces prévenus n'ayant joué un rôle actif dans le drame.

La plupart des accusés d'ailleurs étaient poursuivis pour complicité indéfinie, comme fonctionnaires, comme détenus, ou simplement comme simples gardes capables d'avoir assisté à l'exécution; ils étaient là sous la prévention de complicité par aide et assistance, suivant l'expression juridique que nos juges militaires interprétaient avec toute leur ignorance des choses du droit.

Dans les conditions où ils s'ouvraient, ces débats n'étaient pas, ne pouvaient pas être des débats politiques; traités comme des criminels du droit commun, les accusés, innocents ou coupables, se défendirent comme ils purent, mentant à qui mieux mieux pour sauver leur tête menacée par un tribunal d'exception où personne n'entendait rien aux règles les plus élémentaires de ce qu'on est convenu d'appeler la justice.

La culpabilité de Genton fut établie. — Condamné à mort.

Il fut démontré que François n'avait fait en tout cela que céder à la force. — Condamné aux travaux forcés à perpétuité.

La femme La Chaise, cause première, on l'a vu, de toute cette suite d'événements, fut acquittée.

Personne ne put ou ne voulut reconnaître Fortin, qui fut néanmoins condamné, *dans le doute*, à dix ans de travaux forcés, à la suite du féroce réquisitoire du commandant Roustan, qui servit aux juges ce mirifique argument :

« Nous n'avons pas de preuves contre Fortin ; mais Fortin était le séide de Genton et il était fiancé à la fille de cet accusé principal. Or, un fils, on le supporte ; un gendre, on le choisit. Donc, si Genton est coupable, Fortin est coupable au même chef que Genton. »

Voici d'ailleurs quel fut le singulier verdict de ces juges aussi ineptes que ceux de l'Affaire Clément-Thomas-Lecomte :

Genton, peine de mort.
François, travaux forcés à perpétuité.
Latour, vingt ans de travaux forcés.
Ramain, dix ans de travaux forcés.
Fortin, dix ans de travaux forcés.
Girardot, déportation.
Grangeaud, déportation.
Levin, déportation.
Poitevin, déportation.
Hérault, déportation.
Larmeroux, déportation.
Lesénéchal, déportation.

Marault, déportation.
Denain, déportation.
Picon, cinq ans de prison.
Girout, cinq ans de prison.
Hure, un an de prison.
Péchin, un an de prison et cinq ans de surveillance.
Piger, acquitté.
Valtier, acquitté.
Langevin, acquitté.
Femme Prévot, dite La Chaise, acquittée.
Femme Grandel, acquittée.

Le commandant Roustan n'y allait pas de main morte : dans son fougueux réquisitoire il demandait — et je vous laisse à penser avec quelle rhétorique — la tête de tous les prévenus.

Vous connaissez déjà le personnage : c'est lui qui avait requis dans l'affaire des deux généraux tués le 18 mars. Ce jour-là, il avait obtenu la condamnation à mort et l'exécution de trois innocents, heureux homme ! Seulement il ne s'était même pas aperçu, dans son étude du drame, qu'un certain lieutenant, Piger, avait fait des efforts surhumains pour sauvegarder les prisonniers de la rue des Rosiers. Compensation : au procès de la Roquette, il retrouve ce Piger, prévenu on ne sait pourquoi, et il veut en faire le commandant même du peloton d'exécution !

Si, par un hasard extraordinaire, à la suite de l'exclamation d'un témoin, Sicard n'avait été amené en dernière heure à la barre, Piger eût été condamné à mort et fusillé sur la seule déclaration mensongère des coaccusés (Ramain, Latour, Valtier) et, plus particulièrement sur la déposition de M. Chevriau, proviseur du lycée de Vanves.

Lisez d'abord cette déposition :

« J'étais détenu à Mazas depuis le 1er mai; le mardi 23 seulement je fus transféré à la Roquette, entre 11 heures et midi, par le deuxième convoi. On m'enferma dans la cellule 21. Monseigneur était au 23; entre nous deux un père des Missions étrangères, le père Bourcier. Le 24, vers la nuit, se produisit un bruit inusité, c'était un peloton qui défilait. Je regardai, et ce qui me frappa fut une quantité de *très jeunes enfants* qui ployaient sous leur équipement militaire. J'entendis même ce propos horrible dit tout à côté de moi : « Cette fois, nous allons les coucher ». Puis on fit l'appel. Ils savaient si peu où étaient les six victimes désignées, qu'ils entrèrent dans ma cellule et, me montrant la liste, ils me dirent: « Êtes-vous l'un de ces six »? Je dis non et ils partirent. Les otages furent réunis devant ma cellule et on donna l'ordre du départ. En tête, il y avait un officier; je *n'affirme rien*, mais je crois que cet officier était l'accusé qui est là-bas. (Il montre Piger.) Son costume était composé d'une espèce de redingote, d'un képi galonné, et d'*un sabre* BANCAL *qui traînait par terre*. Lui marchait avec une attitude nonchalante. *Je le répète*, je N'AFFIRME RIEN, mais la physionomie de cet officier ressemblait beaucoup à celle de cet homme. (*Piger se lève, mouvement.*)

« D. — Vous vous rappelez bien le costume; redites-nous quel il était, car ce point est très important (1).

« R.—Une tunique, un képi galonné, et surtout, comme

(1) Imbécilité du colonel, car quelle sensible différence entre deux costumes de deux officiers fédérés, l'un capitaine, l'autre lieutenant!

5.

je l'ai dit, *un sabre traînant bruyamment* (1). De plus il avait les yeux fixés sur les victimes.

« D. — Vous étiez bien placé pour voir le cortège?

« R. — Je voyais la file de gauche très bien, mais à peine celle de droite.

« D. — Aucune figure ne vous a frappé?

« R. — Je ne puis en désigner aucune. Je me rappelle *surtout les enfants* qui, comme je l'ai dit, étaient nombreux.

« Piger. — Je demande au témoin de vouloir bien s'approcher de moi, me regarder en face, et de rappeler en même temps ses souvenirs.

« Le témoin s'approche de l'accusé.

« M. Chevriau. —Je répète ce que j'ai dit : *Je ne puis pas affirmer que ce soit là l'officier que j'ai vu;* je ne constate qu'une chose, c'est que sa taille, sa barbe ainsi coupée (2), me rappellent une physionomie que j'ai déjà vue. »

Pauvre témoin, pauvre homme qui mettait des enfants là où il n'y avait que des hommes faits et qui imaginait un sabre *bancal* (?) traînant à terre, alors que l'officier commandant le peloton n'en avait point encore!

Et remarquez que nous sommes en présence d'un témoin instruit, d'éducation supérieure! Il faut cependant tenir compte à M. Chevriau de l'état dans lequel il se trouvait alors. Peut-être est-il sincère, en somme : il y avait comme commandant le poste de la prison un certain Vérig, officier turbulent et qui se promenait

---

(1) On le sait, l'officier qui conduisait le peloton, c'était Sicard, non Piger; et il n'avait pas de sabre, puisque, pour commander le peloton, il dut emprunter celui de Fortin.

(2) Piger fit constater qu'il était imberbe !

souvent dans les couloirs ; c'est sans doute celui-là dont le souvenir hantait M. Chevriau (1). Il traînait en effet son sabre, tout comme le colonel Delaporte au Conseil de guerre.

Au surplus, il n'ose reconnaître positivement Piger, ce qui n'empêchera pas le Roustan de s'écrier dans son premier réquisitoire :

« Il nous suffirait de la déclaration d'un témoin honorable entre tous, QUI A RECONNU *Piger dans le peloton d'exécution.* Ce témoin est M. Chevriau, proviseur au lycée de Vanves. Eh bien, la déposition de ce témoin me suffit, *il a reconnu Piger.* »

Pas de commentaire, n'est-ce pas ? Pourtant, il en faut un, et ce sont les débats mêmes qui vont vous le donner.

Au cours du procès, nombre des coaccusés de Piger l'avaient reconnu plus ou moins affirmativement, les uns par simple erreur, les autres, tels Romain et Latour, croyant se défendre en imaginant une histoire où ils se faisaient menacer par le chef du peloton d'exécution.

Seul, Genton, bien qu'acculé aussi au mensonge pour se défendre sans charger personne, déclare nettement que ses coaccusés se trompent en désignant Piger.

« Je le déclare hautement, dit-il, Piger est innocent. J'ai combattu sous l'Empire pour la République, comme je combattais sous la République bourgeoise pour la République sociale. Je ne me cache pas d'avoir agi

____

(1) C'était ce Vérig qui se vantait d'avoir donné à l'archevêque le coup de grâce. Le rapport d'autopsie (Dʳ Tardieu) prouva que ce coup de grâce n'avait pas été donné.

comme je l'ai fait sous l'Empire; mais encore une fois,
ce que je déclare, c'est que Piger n'est pas coupable, et
vous ne le condamnerez pas. »

Mais voici le coup de théâtre :

On introduit un certain Jarrault, greffier de la Roquette. Entre questions le président lui demande quels
officiers se trouvaient à la Roquette. Il désigne d'abord
Vérig, commandant du poste et fusillé dans Paris. Puis,
au président lui demandant s'il reconnaît Piger comme
ayant conduit le peloton :

« — Ce n'est pas Piger, dit-il, *puisque c'est Sicard :*
Genton le sait bien, puisqu'il le tutoyait. »

Alors Genton :

« ... J'espérais être défendu et je ne l'ai pas été. Bien
plus, au lieu de m'empêcher de tomber dans le préci-
pice qui s'ouvrait devant moi, c'est mon avocat qui est
venu me donner la poussée. Et je déclare que je n'ai
jamais vu un accusé abandonné comme moi par son
avocat. On ne l'a pas fait pour Tropmann! Je n'ajoute
plus qu'un mot. J'ai dit la vérité. J'affirme que ce n'était
pas Piger qui commandait le peloton, que c'était Sicard.
Vous ai-je menti? »

En effet, à l'audience du 22 janvier, on avait amené
Sicard, trouvé mourant à la prison de la Santé. Il se
défendit comme il put, fort mal, et la conviction fut
bientôt faite dans l'auditoire comme à la table du Conseil, à la grande stupeur de Roustan.

Le Président, s'adressant à Valtier, qui avait reconnu Piger, lui dit :

« — Que dites-vous de ce qui se passe ?

« R. — Moi, dès que j'ai vu entrer le témoin, j'ai vu que je m'étais trompé; maintenant, voilà toute la vérité : celui que j'ai pris pour Piger est celui-là; j'ai été frappé par la lumière quand je l'ai vu entrer. »

Le témoin Jarrault, rappelé, reconnaît aussi Sicard. La preuve est faite. Avouez que ce pauvre Piger l'a échappé belle !

Aussi bien le commandant Roustan ne lâcha cette proie qu'à regret : on peut en juger par son réquisitoire complémentaire et réparateur, qu'il faut citer parce qu'on y retrouve quelques-unes de ces énormités juridiques qui caractérisent cette espèce spéciale de procureurs :

« Personne, dit-il, ne peut mettre en doute ce qu'a dit Jarrault. Après ce témoignage, nous avons eu aujourd'hui celui de Sicard, et on sait la peine que nous avons eue à l'amener ici. Vous l'avez vu, la ressemblance entre cet homme et Piger n'est pas frappante (1), mais nous estimons qu'elle est suffisante. Nous ajouterons qu'un détail nous a frappé. Dans la description de son costume, Sicard a déclaré qu'il n'avait pas de sabre le 24 mai; *tout cela se lie parfaitement avec les dépositions des témoins qui, tous, nous ont dit que Fortin avait dû prêter un sabre au commandant du peloton d'exécution* (2).

« En présence de ces témoignages, l'accusation vient

---

(1) Parbleu, ils ne se ressemblaient pas du tout.

(2) Hé oui, malheureux procureur, c'était là qu'était la vérité; mais sans Jarrault, sans Sicard, vous ne l'auriez point vue, et vous auriez, la conscience tranquille, envoyé Piger à Satory et sur la seule déposition *dubitative* de Chevriau, que vous faisiez cyniquement *affirmative* dans votre stupide réquisitoire.

vous dire dans sa loyauté (?) : *les preuves ne sont plus les mêmes;* nous n'avions pas *le droit,* avant ces dernières dépositions, de douter de ce que nous avions entendu dire ici. Nous avons maintenant *des doutes* (1), et les accusés doivent en bénéficier. Je n'hésite pas à déclarer au Conseil que je ne soutiens plus l'accusation contre Piger, que je lui abandonne. »

Il aurait pu ajouter : « Je me suis trompé déjà dans l'affaire de la rue des Rosiers et j'ai envoyé trois hommes, trois innocents à la mort, j'allais recommencer avec Piger, j'en demande pardon à Dieu et aux hommes. » Il est plutôt probable que le soir il prit son absinthe avec mauvaise humeur...

Donc, procès inique, conduit par des juges inexpérimentés, pour employer l'expression la moins sévère, la plus parlementaire. Pour faire ce procès sensationnel, on avait ramené des gardiens, des détenus de droit commun, quelques gardes fédérés ayant fait partie, non du peloton, mais du poste de service à la Roquette. Au nombre des accusés, deux responsables : Genton, évidemment désigné; Fortin que personne ne reconnaît, et qui, partant, devait être acquitté. Dans le doute, dont l'accusé devait bénéficier, au dire même de Roustan, Delaporte lui colla dix ans de travaux forcés, et il envoya à Satory, aux côtés de Genton, le malheureux François (2)

____

(1) Il aurait pu dire *des certitudes.*

(2) Dans ce procès, François ne fut, il est vrai, condamné qu'aux travaux forcés à perpétuité, mais parce qu'on savait devoir le reprendre dans le procès de la rue Haxo, où il fut condamné à mort.

qui, en somme, n'avait ouvert ses cellules que le revolver
sur la gorge et sur ordre formel de Ferré.

C'est là ce qu'on appelait la justice ! et il n'y eut pas
alors dans le public, dans la presse, le moindre cri
d'indignation !

« Gustave Genton, sculpteur sur bois, a été fusillé le
30 avril au matin, à Satory.

« Au dire de tous les témoins de l'exécution, il a
montré une grande fermeté. Il est allé s'adosser lui-même
au poteau et il a demandé qu'on ne lui bandât pas les
yeux. Au moment où l'adjudant chargé de commander
le feu levait son épée, Genton a mis une main sur son
cœur, et, de l'autre, agitant son chapeau, il a crié d'une
voix forte : « Vive la Commune ! »

C'est un journal réactionnaire, *le Voleur*, qui dressa
ce procès-verbal. Il faut le remercier d'avoir donné ce
document à l'histoire.

François aussi mourut avec courage. Ouvrier jeté dans
la tourmente, sans autre passé politique, il racheta, dans
cette minute suprême, par une attitude vaillante, les
faiblesses bien humaines du François insurgé, prisonnier,
accusé et témoin.

Lolive, découvert plus tard dans la masse des prisonniers entassés sur les pontons, où il jetait d'ailleurs à

tous les échos le récit de la tragédie à laquelle il avait
pris part, fut traduit devant un conseil de guerre qui
allait lui faire expier son atroce apostrophe de fusilleur.
Devant ses juges il se montra aussi férocement fanatique
que devant ses victimes, exhalant avec forfanterie ses
haines sociales. Écoutez le récit de sa mort par un des
journalistes réactionnaires de l'époque :

« Vers cinq heures un quart, les trois condamnés (Denivelle, Deschamp et Lolive) sortent de la prison et
montent en voiture, Denivelle en tête, puis Deschamp,
enfin Lolive. Pendant le trajet en voiture, de la prison
au lieu de l'exécution, Lolive a voulu fumer, mais il
s'est trouvé qu'aucun des gendarmes n'avait sur lui
d'allumettes. Il leur a conseillé alors avec le plus grand
sang-froid l'emploi de l'amadou, et a disserté pendant
plus de cinq minutes sur les avantages de cette substance.

« Les gendarmes étaient absolument stupéfiés.

« Dès 4 h. 1/2, le plateau de Satory se garnissait de
troupes : un peloton de chaque corps de cavalerie et
d'infanterie. Les trois poteaux sont plantés au lieu du
supplice. Devant chacun d'eux un peloton de douze
hommes : deux pelotons d'infanterie et un de chasseurs
à pied. Les poteaux portent les noms des trois condamnés dans l'ordre suivant : Lolive à droite, Denivelle au
milieu, Deschamp à gauche. A six heures, les trois voitures apparaissent accompagnées de leur escorte et les
tambours battent au champ.

« Les condamnés s'avancent d'un pas ferme à leurs
poteaux respectifs, mais on intervertit l'ordre ; si bien
que Deschamp est attaché au poteau portant le nom de
Denivelle, Lolive à celui qui porte le nom de Deschamp,
et Denivelle à la place indiquée pour Lolive. On attache
les condamnés. Deschamp s'écrie : « Vive la Répu-

blique ! Vive la Commune ! » Denivelle et Lolive répè-
tent ces vivats. Deschamp ajoute : « Et vengeance ! »

« A ce moment les préparatifs sont achevés, sauf
pour Lolive, qu'on ne parvient point à attacher, bien
qu'il ne fasse aucune résistance.

« — Après tout, s'écrie-t-il, laissez-moi, vous n'avez
pas besoin de m'attacher.

« Le sang-froid avec lequel il a prononcé ces paroles
est incroyable. Une seconde après le feu était commandé,
et les trois corps n'étaient plus que des cadavres. » (*Le
Voleur*, 18 septembre 1872).

*
* *

Chose troublante que cette indifférente attitude de
tout jeunes gens devant la mort !

.....Je dis que la Société
N'est point à l'aise ayant sur elle ces fantômes,
Que *leur rire est terrible* entre tous les symptômes,
Et qu'il faut trembler, tant qu'on n'aura pu guérir
Cette facilité sinistre de mourir.

Victor Hugo.

CHAPITRE X

L'AFFAIRE CHAUDEY

Sommaire. — Ce que la Commune reprochait à Chaudey. —
Réflexions. — Une légende odieuse. — La vérité. — La dénonciation du *Père Duchêne.* — Qui écrivit l'article? — Delescluze
en cause. — L'arrestation de Chaudey par Pilotelle. — Premier
interrogatoire. — Transfert de Chaudey à la prison de Sainte-
Pélagie. — Une démarche de Mme Chaudey. — Réponse émou-
vante du procureur de la Commune. — Un ordre du Comité de
Salut public. — Rigault se rend à Sainte-Pélagie. — Tragique
dialogue. — Mort vaillante de Gustave Chaudey. — Le procès-
verbal de l'exécution. — Exécution de trois gendarmes. — Témoignage écrit. — Arrestation et mort du procureur de la Commune. — La justice versaillaise. — Préau de Védel faussement
accusé. — Attitude de l'exilé Clermont. — L'exécution de Préau
de Védel. — Maxime Ducamp et Jules Claretie; deux académi-
ciens dans le rôle de chacal.

Ici le drame est particulièrement atroce. Il se déroule
la nuit, sinistrement, dans une ombre de ce champ de
bataille parisien que commence à éclairer l'incendie
des édifices.

Un républicain va mourir, et c'est un républicain
lui aussi, qui, avec l'âpre énergie du vengeur fanatique, va présider au meurtre : fatalité des guerres
civiles!

Comment, à trente années de distance, expliquer ces
choses? Comment tenter de faire comprendre à un
public devenu fort sceptique et déjà bien loin de ces
temps héroïques, qu'elles étaient alors dans la logique
implacable des faits?

Nous allons essayer.

Et d'abord, — il faut avoir le courage de l'affirmer :
dans ces temps et dans ces circonstances, de tous les
prisonniers dont la Commune avait fait des otages,
Chaudey était celui dont la mort apparaissait comme
la plus fatalement vengeresse et la plus justifiée.

Le 22 janvier 1871, cet homme, croyant au reste
faire son devoir, avait tout d'abord repoussé bruta-
lement une tentative de conciliation entre les délégués
de la foule manifestante et les défenseurs du gouvernement de la Défense nationale, menacés à l'Hôtel de
Ville d'une nouvelle journée du 31 octobre.

Pis que cela : il avait assumé la responsabilité de
la fusillade sans sommations et, à la suite, il avait
demandé des renforts au gouvernement pour achever
de balayer définitivement la place.

*
* *

Quand, fût-ce par devoir, on a pris de pareilles résolutions, il faut s'attendre aux pires représailles si, quelque jour, la Maison commune retombe une fois encore au pouvoir des masses révoltées.

Gustave Chaudey, poursuivi depuis cette journée par l'exécration populaire, eût dû s'y soustraire dès le 18 mars et suivre ses amis politiques dans leur fuite inqualifiable.

Il ne le fit point. Par vaillance, a-t-on dit. Non. Par insouciance, car il ne s'associa alors à aucun projet de résistance : on ne le vit point aux côtés de son chef Jules Ferry à l'Hôtel de Ville, le 18 mars, alors que l'énergique Maire de Paris voulait, coûte que coûte, tenir tête à l'émeute.

Donc, son inconcevable imprévoyance seule nous le livra.

*
* *

Un homme de la trempe du Procureur de la Commune ne pouvait pas laisser impuni le crime du 22 janvier.

Il tua le fusilleur, par devoir aussi, tout comme le fusilleur avait tué.

Quelques heures plus tard, un soldat de la République thiériste logera à son tour une balle dans la tête de Rigault; il pourra s'en glorifier et on l'en glorifiera.

Reconnaissons-le une fois de plus; dans les guerres civiles, il ne saurait y avoir au fond ni crime ni expia-

tion ; il n'y a que des violences et des représailles.
Thiers lui-même, froid organisateur du massacre,
n'est pas sans une certaine grandeur dans sa scélératesse : ses autres gloires peuvent être factices, celle-là
est assurément plus explicable et plus justifiée.

Ne blâmez pas l'écrivain consciencieux qui constate
ces vérités cruelles :

Ce sont elles seules qui sont atroces et demandez-
vous s'il ne les relate pas la mort dans l'âme?

Voici d'abord la légende qui, voulant faire de Chaudey
un martyr, fit du Procureur de la Commune un
assassin :

« Gustave Chaudey, injustement accusé d'avoir fait
tirer sur la foule lors de la manifestation du 22 janvier 1871, est, sur dénonciation du *Père Duchêne*,
arrêté par Pilotelle, qui le vole, et écroué à Sainte-
Pélagie.

« Là, le détenu est longtemps empêché de communiquer avec les siens : Mme Chaudey n'obtient que
tardivement et à grand' peine l'autorisation de visiter
son mari. »

Puis cette historiette atroce, imaginée par Forny,
l'ancien ami de Rigault, pour assombrir davantage le
triste drame :

« Un jour qu'accompagné de son jeune fils,
Mme Chaudey s'était rendue à la Préfecture de police
pour solliciter l'autorisation de voir son mari, Rigault
prit le bébé sur ses genoux et lui adressa, tout en lui
donnant une petite tape sur la joue, ces hideuses

paroles : « *C'est donc demain qu'on va fusiller ton* « *papa* ».

« Enfin, le 23 mai, le Procureur de la Commune se rend à Sainte-Pélagie; il y injurie le détenu, et, de sa seule autorité, il procède à son exécution. »

*⁎
⁎ ⁎

Voici maintenant la vérité; elle était suffisamment dramatique pour permettre d'espérer que les vainqueurs ne chercheraient point à la travestir.

Lorsque Gustave Chaudey fut arrêté, un mandat d'amener était depuis plusieurs jours lancé contre lui. Les agents primitivement chargés d'opérer cette arrestation avaient dissimulé leur négligence en déclarant n'avoir point trouvé Chaudey à son domicile. Je dis né-- gligence, c'est peut-être lâcheté qu'il faudrait dire : Chaudey passait pour un énergique, fort capable de casser la tête au premier agent venu pour l'arrêter. La police basse est la même partout; nos agents eurent peut-être la frousse. J'en ai, en tout cas, gardé la con- viction.

Sur ces entrefaites, un journal, le *Père Duchêne*, pu- blia le filet suivant, à la date du 22 germinal au LXXIX, n° 27, p. 8 :

« Il y a, par exemple, le misérable Chaudey qui a joué un sale rôle dans cette affaire (22 janvier), et qui se ballade encore dans Paris, aussi tranquille qu'un petit Jean-Baptiste; est-ce qu'on ne va pas bientôt dé- créter d'accusation ce Jean-foutre-là et lui faire con- naître un peu le goût des pruneaux dont il nous a réga- lés dans le temps ? »

Le lendemain, 13 avril, Chaudey fut arrêté par Pilotelle, commissaire de police spécialement attaché au
cabinet du délégué à l'ex-Préfecture.

*
* *

En apparence, l'article du *Père Duchêne* apparaît
donc bien comme le déterminant de cette arrestation.
Cela n'est cependant pas exact.

*
* *

Quand Rigault eut connaissance de cette invite
cruelle du journal de Vermesch, il montra tout d'abord
un vif mécontentement, *parce qu'il savait qui avait
inspiré cette dénonciation publique*. Il nous reprocha à
Régnard et à moi d'avoir trop tardé à opérer une arrestation dès longtemps résolue et dont le retard lui avait
valu des reproches de Delescluze. Ce dernier, en effet,
avait fait observer vivement à Rigault qu'au lieu de procéder à quantité d'arrestations inutiles ou sans importance, il eût été plus juste d'incarcérer l'homme qui,
après avoir fait tuer Sapia, avait demandé des renforts
pour achever de *balayer la place de l'Hôtel de Ville*.
Rigault, de fort mauvaise humeur, parce qu'il n'aimait
pas être pris en défaut de vigilance révolutionnaire,
avait, séance tenante, chargé Pilotelle d'opérer l'arrestation dès le lendemain.

*
* *

L'article du *Père Duchéne* eut donc en réalité pour seule conséquence de hâter une arrestation qui eût été opérée certainement à bref délai, puisque la demeure de Chaudey était surveillée depuis plusieurs jours et que, à cette époque tardive, il ne lui était plus possible de quitter Paris.

Quoi qu'il en soit, le filet du *Père Duchéne* ayant été considéré par la suite comme la cause principale d'une arrestation suivie d'exécution, aucun des rédacteurs du fameux journal ne voulut en prendre la responsabilité.

On peut bien aujourd'hui, sans souci des personnes, tirer cette affaire au clair.

*
* *

Après la défaite, un seul des rédacteurs du fameux journal fut pris et traduit devant un conseil de guerre, sous l'inculpation de provocation à l'assassinat de Chaudey : ce fut Alphonse Humbert.

Cet accusé se défendit avec dignité et sang-froid. Il reconnut avoir mené la bataille jusqu'au bout, et son avocat, Mᵉ Maillard, établit que, commandant d'un bataillon fédéré, son client n'avait jamais pris qu'une part très secondaire à la rédaction du mauvais pastiche du journal d'Hébert.

A l'appui, il lut une lettre adressée au tribunal par le rédacteur en chef Vermesch, réfugié à Londres, lettre dans laquelle celui-ci affirmait que Alphonse Humbert n'était pour rien dans la rédaction de l'article.

Quelques années après, le même Vermesch déclara dans une autre lettre qu'il n'était pas l'auteur de l'article.

Enfin, quand l'heure de la clémence eut sonné, Émile de Girardin, armé des déclarations de Vermesch, d'une part, et d'une lettre suggestive du colonel ayant présidé le conseil de guerre appelé à juger Humbert, mena, pour la mise en liberté de ce jeune journaliste, une vigoureuse campagne qui fit du forçat Humbert un des premiers graciés, bien que le détenu se fût constamment refusé à signer aucun recours en grâce.

Donc, ni Vermesch, ni Humbert. Restait le troisième rédacteur, Maxime Vuillaume.

Lui non plus n'avait, déclarait-il, rien écrit de l'article. Où donc la vérité ?

La voici :

Nous avons relaté que Delescluze, implacable jacobin, avait pressé Rigault d'opérer sans plus tarder l'arrestation décidée et méritée du fusilleur du 22 janvier.

Craignant, pour une raison ou pour une autre, que la Préfecture ne tardât encore, il avait expédié son secrétaire Advenant au *Père Duchêne*, avec une note rappelant les faits et de laquelle sortit enfin le filet qui précipita l'événement.

Évidemment la note n'était pas écrite dans le style du *Père Duchêne*. Delescluze n'écrivait pas cette langue systématiquement grossière ; il fallut bien que l'un des trois rédacteurs la mît au point et lui fît vulgaire toilette hébertiste.

Qui se chargea de cette besogne ?

Il reste pour moi fort probable que ce fut Vermesch ; mais je n'en jurerais point.

Telle est la vérité sur ce point.

Elle est d'ailleurs connue, cette vérité, d'un certain nombre de survivants : ils ont toujours refusé de la révéler sous le fallacieux prétexte que cette démarche de Delescluze était pour ternir quelque peu la gloire du vaillant combattant de la dernière heure.

Quelle niaiserie ! en quoi la personnalité de Delescluze peut-elle être atteinte par un acte que son jacobinisme invétéré lui révélait juste et nécessaire ?

Cependant, dans l'ombre, des amis de Chaudey et d'anciens amis de Delescluze ont fait circuler cette légende en vertu de laquelle Delescluze, demandant l'arrestation de Chaudey, poursuivait l'idée vile de supprimer un personnage en possession d'un secret flétrissant pour lui !

Odieuse calomnie, qui prouve une fois de plus que ce ne furent pas toujours les réactionnaires avérés qui, par la suite, cherchèrent à salir les vaincus ; il en est d'autres que la parfaite intégrité de Delescluze humiliait, parce qu'elle s'opposait, désagréablement pour eux, à leur lâchage honteux, à leur piteuse attitude de neutralité dans cette crise où leur chef Gambetta, réfugié à Saint-Sébastien, n'avait pas voulu prendre parti.

Pour moi, qui ai suivi de très près cet événement et qui en ai dit, dès 1872, mon sentiment devant le conseil de guerre, j'affirme que l'arrestation de Chaudey fut réclamée instamment par Delescluze, pour des rai-

sons purement politiques qu'il avait le droit, le devoir
d'invoquer.

Aux reptiles contemporains de nous produire d'autres
explications, s'ils l'osent ; nous démontrerons alors
au public tout le néant de leur calomnie suprême.

Revenons maintenant à l'arrestation de Chaudey.

Lorsque Pilotelle se présenta au domicile de Chaudey, celui-ci était absent. Pilotelle voulut perquisitionner dans le bureau de Chaudey. Mme Chaudey déclara
n'en avoir point les clefs. Le commissaire de la Commune requit un serrurier, fit ouvrir les tiroirs, en tira
une liasse de papiers importants qu'il remit au cabinet
du délégué avec une somme d'un millier de francs également saisie.

On a beaucoup accusé Pilotelle d'avoir confisqué cet
argent; il jugea cette prise nécessaire; l'essentiel est
qu'il remit intégralement à la Préfecture ce qu'il avait
saisi, contrairement à ce qu'on a perfidement insinué.

En quittant le domicile de Chaudey, il donna rendez-
vous aux deux agents qui l'accompagnaient pour
5 heures du soir, heure à laquelle il était certain de
rencontrer Chaudey à la rédaction du *Siècle*. A 6 heures,
il amenait son prisonnier à la Préfecture.

Voilà donc Chaudey devant le délégué à la police.
Disons tout de suite qu'il prit, dès le début, une attitude

digne, bien qu'un peu fanfaronne, attitude dont il ne se
départit jamais par la suite.

*
* *

Interrogé sur l'affaire du 22 janvier, il ne nia précisément rien : tout au plus chercha-t-il à atténuer les faits
en essayant de les justifier. L'ex-adjoint à la Mairie de
Paris prétendit qu'il n'avait pas eu ce jour-là à disper-
ser une simple manifestation, mais à combattre une véritable émeute, laquelle s'était affirmée par un coup de
feu parti de la foule ; qu'en définitive il avait fait son
devoir de magistrat municipal en empêchant la répéti-
tion des funestes scènes du 31 octobre.

*
* *

Rigault n'était pas homme à se payer de semblables
explications ; il donna l'ordre d'écrouer le prévenu à
Mazas. Ce fut Pilotelle qui l'y conduisit : en arrivant, à
la demande du prisonnier, il lui fit apporter à dîner du
dehors et quelques cigares.

Le lendemain ou le surlendemain, à la demande de
Mme Chaudey, Rigault fit transférer le prisonnier à la
prison de Sainte-Pélagie. Il y fut écroué sous la prévention d'avoir, en ordonnant de tirer sur la foule le 22 janvier, causé la mort du commandant Sapia et de plusieurs
manifestants.

6.

***

Peu après, le bruit d'une tentative d'évasion nous étant parvenu, — confirmé d'ailleurs par un rapport de Augustin Ranvier, directeur de la prison, — Da Costa expédia l'ordre de ne plus laisser communiquer le détenu qu'avec les personnes munies de permission émanant du cabinet du délégué à la police.

Ces précautions prises, on laissa Chaudey communiquer non seulement avec ses proches, mais avec plusieurs de ses amis, et jamais, quoi qu'on en ait dit, la femme du prévenu ne se vit refuser la permission de communiquer avec son mari, qu'elle visita tous les jours.

Il faut ajouter, pour dire la vérité tout entière, que tout visiteur autorisé était l'objet d'une surveillance très assidue.

***

Rigault ne connaissait pas Chaudey personnellement. Donc il n'avait, il ne pouvait avoir aucune vengeance personnelle à tirer de cette importante capture. Mme Chaudey a été entendue par plusieurs juges instructeurs; ses dépositions sont encore dans les dossiers de cette affaire. Qu'on y trouve une ligne, une seule laissant seulement supposer que Rigault ait été brutal, même inconvenant avec elle?

Mieux encore! A l'historiette abominable imaginée par Forny et consorts, qu'il me soit au moins permis de répondre par ce récit très exact de l'une des entrevues de Rigault avec Mme Chaudey, entrevue à laquelle j'ai assisté.

Un jour que cette dame demandait avec des larmes la
liberté de son mari, Mme veuve Sapia et sa belle-mère
se trouvaient dans un salon contigu au cabinet du préfet.
Ces deux personnes avaient été appelées à l'instruction.
Aux prises avec ces deux douleurs, dont l'une implorait
justice expiatoire et l'autre indulgente pitié, Raoul
Rigault, assez fortement remué, dit à la malheureuse
épouse du meurtrier de Sapia :

« Je comprends, madame, toute votre infortune et je
vous plains. Votre mari a fait tuer de braves gens, qui
étaient des nôtres. Il nous doit des comptes. Si cela
ne dépend que de moi seul, il les rendra. Tenez, il y a
là, à côté de nous, une mère et une veuve dans le cœur
desquelles j'ai éveillé tout à l'heure une cruelle douleur.
Il faut que ce procès ait lieu! Il faut que Chaudey expie
son crime. D'ici là nous vous donnerons toutes facilités
pour communiquer avec votre mari. »

★
★ ★

L'instruction était sur le point d'être terminée; de
nombreux témoins avaient été entendus; Chaudey allait
comparaître devant ces assises révolutionnaires dont
nous avons relaté et les origines et les débuts; Raoul
Rigault, je l'avoue, tirait un peu vanité de son prochain
réquisitoire et, avec raison, ne doutait pas du jugement
implacable. Chaudey eût certainement été condamné
par l'unanimité des jurés.

Mais la bataille, subitement engagée dans Paris, vint
interrompre les séances du tribunal.

Rigault, convaincu de la culpabilité de Chaudey, — laquelle résultait d'ailleurs autant de ses propres aveux que des révélations accablantes des témoins, — ne voulut pas laisser sans expiation le crime réactionnaire accompli le 22 janvier sur la place de l'Hôtel-de-Ville.

Après avoir assuré, ainsi qu'on l'a vu, le transfert des otages à la Roquette, le procureur de la Commune se rendit dans le Ve arrondissement, déjà attaqué; il était porteur de cet ordre officiel émanant du Comité de Salut public :

« Ordre au citoyen Régère de s'entendre avec le citoyen procureur de la Commune, pour l'exécution des otages dans son arrondissement. »

Il était bien 11 heures du soir quand Rigault, accompagné de son secrétaire, André Slom, se présenta à la prison de Sainte-Pélagie et demanda à Berthier le directeur Ranvier. Ce dernier était malade et couché.

Rigault, Slom et Berthier s'étant rendus chez le directeur, reviennent peu après au greffe de la prison. Le procureur de la Commune s'entretient un instant avec un employé, Clément, jeune blanquiste placé là comme agent de confiance. D'autres surviennent, parmi lesquels Bonn et Préau de Védel, détenu, employé comme bibliothécaire de la prison.

Avec Berthier, commis greffier, entre alors un homme grand, fort, en robe de chambre. C'est Gustave Chaudey.

*
* *

Le dialogue suivant s'engage, rapide et brutal :

« RIGAULT. — C'est bien toi qui as envoyé de l'Hôtel
de Ville à la Place de Paris une demande de troupes
pour balayer la place de l'Hôtel-de-Ville ?

« CHAUDEY. — J'ai fait mon devoir.

« RIGAULT. — Tu viens de prononcer ta condamnation. Alors, ton devoir était de faire tuer des femmes,
des enfants sans armes ?... Mon devoir, à moi, est de te
dire : tu as trempé tes mains dans le sang des Parisiens, tu as tué mon ami Sapia ; tu as cinq minutes
à vivre.

« CHAUDEY. — Rigault, tu sais que je suis un républicain.

« RIGAULT. — Oui, comme tes amis de Versailles qui
nous massacrent jusqu'au dernier.

« CHAUDEY. — Rigault, j'ai une femme et des enfants.

« RIGAULT. — La Commune en prendra mieux soin que
toi. Allons, marche ! »

Le terrible dialogue ne fut pas plus long : nous le re-
produisons dans son sens précis et son exacte durée.

Rigault demande alors si le peloton d'exécution est
prêt.

A ce moment apparaît Clermont, juge d'instruction,
venant du dehors, très probablement sur convocation
de Rigault ; il répond que le peloton est réuni dans le
chemin de ronde.

Le triste cortège, silencieux, s'engage dans le chemin de ronde de la cour de la Dette : Chaudey, escorté de Clermont et de Genty; puis Raoul Rigault, Slom et Berthier portant une lanterne.

Aucune parole. Le drame s'accomplit silencieusement dans la nuit. Chaudey va se placer sous la lanterne-applique du chemin de ronde, présentant sur ce point un retour à droite. Il dit à Rigault : « Tu vas voir comment un républicain sait mourir ! »

Rigault commande le feu, sans dire une parole, en levant son sabre.

Chaudey tombe foudroyé, après avoir crié : « Vive la République ! »

Genty, sans ordre, vint lui donner le coup de grâce.

Puis Rigault, Slom, Clermont et les employés de la prison rentrèrent au greffe.

C'est alors qu'on conduisit devant le procureur trois gendarmes, les nommés Bouzon, Capdeville et Pacotte.

Ces gendarmes, pris le 18 mars, puis relâchés, avaient été emprisonnés à nouveau comme agents de Versailles.

Rigault, après simple vérification de leur identité, ordonna leur exécution.

Alors Préau de Védel, rentrant, vint déclarer que les gardes nationaux hésitaient à procéder à ces exécutions sommaires et demandaient des explications.

« — Ils ont raison, dit Rigault, et vous faites bien de me faire songer à ce détail. Alors, s'adressant à Slom, il dicta le procès-verbal suivant :

« Par devant nous, Raoul Rigault, membre de la Commune, procureur général de la dite Commune, sont

comparus : Gustave Chaudey, adjoint au maire de Paris;
Bouzon, Capdeville et Pacolte, gardes républicains, et
leur avons signifié qu'attendu que les Versaillais nous
tirent dessus par les fenêtres (1), et qu'il est temps d'en
finir avec ces agissements; qu'en conséquence ils allaient
être exécutés dans la cour de cette maison.

« Paris, le 23 mai 1871.

> « *Le Procureur de la Commune,*
> « RAOUL RIGAULT.

« *Le Secrétaire du Procureur*,
> « SLOM ».

*
* *

Ensuite, sur nouvel ordre de Rigault, Slom, accompagné de Clermont, sortit pour donner lecture de ce procès-verbal aux gardes formant le peloton d'exécution.

Les fédérés accueillirent cette lecture par le cri de :
« Vive la Commune ! »

*
* *

Cependant les trois gendarmes avaient été conduits
à l'endroit même où Chaudey venait d'être exécuté.

Un lieutenant fait apprêter les armes et procède
au commandement de feu, quand, soudain, un des gendarmes prend la fuite dans le retour. La lanterne de
Berthier jette une lueur blafarde sur cette scène nocturne. A ce moment, Clermont arrache des mains de

____

(1) Effectivement, comme Rigault et Slom se rendaient à
Sainte-Pélagie, des coups de feu avaient été tirés sur eux.

Slom un revolver et, tournant le peloton d'exécution, longe le mur de ronde du côté droit, pour arriver au retour.

Rigault l'aperçoit alors et lui crie : « — Ne le tue pas, au moins; il faut qu'il crève avec les autres ! »

Le gendarme, trouvé blotti sous un tas de ferraille, dans la cour de la chapelle, fut ramené et fusillé à la même place que ses deux compagnons.

Ensuite, sur ordre de Rigault, les cadavres furent conduits à la Pitié.

Voilà toute la tragique affaire. Ainsi mourut Gustave Chaudey.

Dans la nuit, Rigault, racontant ce terrible épisode des dernières heures de la guerre civile, rendait hommage au courage dont l'ex-adjoint à la Mairie de Paris, responsable des meurtres du 22 janvier 1871, n'avait cessé de faire preuve pendant sa détention et jusque devant le peloton justicier.

*
* *

Mais, dira-t-on, d'où vous vient cette assurance dans le récit de l'exécution, puisque vous n'y avez pas assisté ?

Voici :

« Nous soussignés, André Slom et Henri Berthier, seuls survivants, avec Clermont, des acteurs du drame qui se déroula le 23 mai 1871 au soir, à Sainte-Pélagie, certifions de tous points exact le récit qu'on vient de lire, pages 104 à 108, et dont nous avons fourni les principaux éléments à notre ami Gaston Da Costa.

« A. SLOM, H. BERTHIER. »

*
* *

Je vois d'autre part venir cette autre question :

A trente années de distance, approuvez-vous le meurtre ? Excusez-vous votre ami ?

— Oui, sans hésitation. Quand, en fanatique, on a accompli et revendiqué l'acte du 22 janvier, on a mérité qu'un autre fanatique, pour le moins aussi sincère, vous le fît expier.

— Auriez-vous agi vous-même comme votre chef? ajoutera le questionneur perfide et troublant.

— Peut-être, par fanatisme aussi; mais il est plutôt probable que non, par pure faiblesse.

*
* *

Il me reste à raconter maintenant les derniers moments du révolutionnaire que vous venez de voir à Sainte-Pélagie, appliquant cette terrible loi du talion dont la guerre civile avait fait la loi suprême. Ici la tâche est moins douloureuse.

*
* *

Dans la matinée du 24 mai 1871, Raoul Rigault rentra chez lui, à l'hôtel Gay-Lussac. Il avait passé la nuit dans le Ve arrondissement, participant avec quelques autres chefs, devenus très rares, à la défense pourtant aisée du quartier du Panthéon.

Des soldats du 18e chasseurs à pied débouchant rue
Gay-Lussac par la rue des Feuillantines, aperçurent un
officier fédéré sonnant à la porte de l'hôtel ; ils firent
feu sur lui, sans l'atteindre. La rue n'étant pas défendue, les Versaillais eurent très vite atteint l'immeuble
dans lequel Raoul Rigault venait d'entrer. Avec toute la
violence des vainqueurs, ils demandèrent qu'on leur
livrât l'officier, encore inconnu d'eux.

Par une de ces méprises, alors si fréquentes, un sous-
officier de chasseurs prétendit reconnaître le réfugié
dans le propriétaire même de l'hôtel, M. Chrétien. On
allait emmener ce malheureux pour le fusiller au premier carrefour, ainsi que cela se pratiquait alors au fur
et à mesure de l'occupation. Ce fut Mme Chrétien qui,
tout en larmes, vint mettre Rigault au courant de ce
qui se passait.

Le procureur de la Commune eut un moment d'hésitation ; puis, subitement, coiffant son képi, il dit à la
pauvre femme.

— « Tranquillisez-vous, citoyenne, j'y vais. Vous
allez voir que je ne suis pas un c..... » ; et il descendit,
revêtu de son uniforme de commandant.

Les chasseurs, sourds aux protestations de M. Chrétien, — lequel ne pouvait se résoudre à dénoncer son
locataire ; il y a de braves gens partout, notamment
chez les humbles, — entraînaient déjà leur prisonnier.

Rigault parut.

On s'en empara, et la troupe se mit en marche dans
la direction de la place Médicis.

Pendant le trajet, un sous-lieutenant avait rejoint le
détachement et énervait le prisonnier en le plaisantant
sur son grade. On était parvenu ainsi au coin de la rue
Royer-Collard, encore défendue, du côté de la rue
Saint-Jacques, par une chétive barricade.

Raoul Rigault, qui ne s'était pas nommé, se révolta.

D'une voix vibrante, il cria : « Vive la Commune! A bas les assassins! »

C'est alors que le sergent, porteur du revolver de Rigault, l'étendit raide d'un coup de son arme.

Ainsi tomba le procureur de la Commune de Paris.

Il pouvait essayer de fuir, ne pas se livrer, laisser emmener son malheureux et courageux propriétaire ; mais, ainsi que ses pères de la Révolution, il avait fait un pacte avec la mort : il choisit la solution qui était le plus dans son caractère. Il fit bien. Son ancien ami, M. Claretie, aura voulu mettre ce geste suprême sur le compte de la forfanterie. Il est de ceux qui pensent qu'on ne meurt bien qu'au théâtre... ou dans son lit.

L'histoire dira que ce jeune homme de vingt-quatre ans était, après tout, un caractère.

Rigault ayant *expié* le meurtre du 23 mai, expiation de la boucherie du 22 janvier, quels responsables pouvaient, en droit politique, être traduits devant la justice bourgeoise? J'en vois deux : Slom, secrétaire du procureur de la Commune, et Clermont, juge d'instruction, amené à cette fonction par camaraderie et au drame de Sainte-Pélagie par un ordre de son chef.

Devant le conseil de guerre versaillais comparurent de tout autres accusés : Slom et Clermont avaient passé la frontière; il fallait quand même donner à l'opinion publique d'alors un procès sensationnel de l' « Affaire Chaudey ».

D'où la comparution sans intérêt de comparses irres-

ponsables : des gardiens, le détenu employé Préau de
Védel, Berthier et sa lanterne.

L'accusation, prêtant à Préau de Védel un premier
rôle qu'il n'avait pas joué, condamna ce prévenu à la
peine de mort ; cela, en dépit des efforts d'Edgar Monteil, qui voulut faire de ce condamné un martyr et, pour
ce faire, chargea Slom de tout ce qu'on reprochait,
faussement d'ailleurs, à son client.

Notamment l'incident douloureux de la poursuite du
gendarme, mis à tort par l'accusation à la charge de
Védel, fut attribué à Slom au lieu d'être attribué à
Clermont. Celui-ci, réfugié en Suisse, se garda bien
de protester : seul, un révolutionnaire fanatique eût pu,
de l'exil, revendiquer la responsabilité de ses actes ;
mais Clermont, petit bourgeois amené dans la tourmente par ses seules relations avec Rigault, n'était pas
l'homme de pareil sacrifice.

Tranquillement il laissa fusiller Préau de Védel par
les Versaillais ; puis, dans la suite, il laissa également
planer sur un autre inoffensif, André Slom, l'accusation
fausse portée par ce fier étourdi qu'a toujours été Edgar
Monteil. Si bien que, plus tard, dans la lutte pour la
vie, dure aux bénéficiaires de l'amnistie, Slom porta et
la charge de l'accusation calomnieuse de Monteil et,
auprès de ses amis même, la responsabilité morale
d'avoir laissé fusiller sans protestation un détenu de
droit commun, étranger à la Commune.

Clermont, au contraire, put reprendre la vie de
bourgeois paisible dans laquelle il se prélasse encore
aujourd'hui, en banlieue parisienne.

Lui non plus, d'ailleurs, n'était pas l'homme rationnel, si je puis ainsi dire, de cet incident tragique.

Quel sentiment, quelle impulsion indéfinissable lui fit alors arracher des mains de Slom un revolver pour courir sus à un prisonnier tentant de s'échapper? Ce jeune homme était rien moins que révolutionnaire, et c'est pour cela que je ne m'explique pas ce geste de cruauté, qu'il répéta d'ailleurs lors de l'exécution de Veysset. Phénomène psychologique qui échappe ici à toute analyse.

J'avais connu Clermont au quartier latin, puis à la Préfecture, où Rigault l'avait embauché. Lorsque l'issue funeste nous apparut fatale, Rigault eut l'idée de faire filer à l'étranger un certain nombre de dossiers politiques, contenant sur Thiers et sur divers membres du gouvernement de la Défense nationale, mêlés à des calomnies insignifiantes, quelques documents extrêmement intéressants. Il pensa à l'obscur Clermont pour organiser cette fuite. Clermont reçut l'ordre et les moyens de louer un local dans le XIVe arrondissement et y transporta les dossiers qui le suivirent plus tard à l'étranger.

Que sont devenus ces documents? Clermont et son ami Fouet pourraient seuls nous le dire. Mais ce que nous pouvons affirmer aussi, c'est que ces messieurs, condamnés par contumace, l'un à mort, l'autre aux travaux forcés à perpétuité, purent faire impunément plusieurs voyages en France avant l'amnistie.

Ces dossiers avaient été dérobés à la Préfecture, dans l'intention de donner plus tard à l'histoire de ces temps des documents intéressants. J'ai idée qu'ils y sont revenus. La parole est à la police actuelle.

*
* *

Ce qui reste de particulièrement grave à la charge de Clermont, c'est que, par quelques lignes écrites de Genève, où il était en toute sûreté, il pouvait sauver la vie à Préau de Védel, détenu de droit commun, peu intéressant sans doute, mais étranger en somme à nos luttes civiles, et que, certes, un révolutionnaire n'aurait pas laissé fusiller à sa place.

*
* *

Il faut le dire : à la coupable insouciance de Clermont, qui eût pu le sauver, Préau de Védel opposa une mort courageuse.

Laissons ici la parole au *Figaro*, organe officiel de la réaction d'alors :

« L'usage, à Versailles, est de déposer les condamnés à la prison de Noailles, en attendant que la commission des grâces statue sur leur sort.

« C'est là que, ce matin, vers 4 heures et demie, un officier de la justice militaire, accompagné d'un sous-officier de gendarmerie, est allé le prendre pour le conduire à la prison Saint-Pierre, attenant au Palais de Justice.

« Préau de Védel dormait profondément.

« A la vue des visiteurs, il comprit que l'heure de l'expiation était proche, et se leva brusquement en disant :

« — C'est bien... Je vais payer le crime d'un autre,

Je suis innocent... Je n'ai jamais trempé dans la Commune... Ce n'est pas moi qui ai tué Chaudey...

« Il s'arrêta un moment, se laissa retomber sur son lit, puis se releva en disant :

« — Puisqu'il faut mourir, je saurai mourir comme il faut.

« Et, sans attendre qu'on l'aidât, il s'habilla rapidement. Il mit, par-dessus sa chemise de flanelle grise, une chemise blanche *qu'il avait mise en réserve*, dit-il, *pour cette occasion*.

« Il revêtit ensuite le costume qu'il portait au moment de son arrestation : un pantalon de laine grise, un gilet de drap bleu, une jaquette noire et un pardessus en drap bleu. A la boutonnière de sa jaquette, il portait le ruban tricolore d'une médaille de sauvetage.

« Sa toilette achevée, il prit son chapeau de feutre noir, salua les gardiens et sortit sans prononcer une parole.

« A la porte attendait un fourgon d'ambulance, attelé de six chevaux conduits par des chasseurs d'Afrique. Des gendarmes et des cuirassiers formaient escorte autour du fourgon, qui conduisit le condamné, au trot, à la prison Saint-Pierre.

« Là, il fut reçu par le directeur, M. Coussol, et l'aumônier, M. Follet, qui l'attendaient dans la cellule n° 5, réservée pour l'accomplissement des formalités judiciaires préalables aux exécutions.

« A la demande qui lui fut faite s'il avait des révélations ou des déclarations à faire, il répondit :

« —Je suis innocent, et je mourrai innocent... puisqu'il faut mourir. Ce n'est pas moi qui ai tué Chaudey.

« Puis, s'arrêtant, il dit :

« — Je ne veux pas laisser à sa veuve l'idée que j'ai tué son pauvre mari. Donnez-moi de quoi écrire...

« On lui apporta du papier, et il écrivit d'une main fiévreuse une courte lettre à Mme Chaudey.

« Cette lettre finie, il demanda un verre de vin, qui lui fut servi; et, après l'avoir bu, il dit :

« — Je veux écrire aussi à Mme Thiers pour la remercier... Elle a été bonne pour ma mère, qui est allée demander ma grâce... Je ne l'ai pas demandée, moi; je ne l'ai pas demandée... Si on le dit, vous le démentirez... Non, non, je ne demande rien... Ah! si, je demande qu'on ne me bande pas les yeux : je veux mourir debout, regardant la mort en face, en criant : « Vive la Répu-« blique! »

« Il se remit ensuite à écrire : après la lettre à Mme Thiers, il en écrivit une troisième plus longue, à sa mère. Puis il remit les trois missives au directeur de la prison, en le priant de les faire parvenir.

« — Maintenant, dit-il au respectable abbé Follet, voulez-vous m'entendre, monsieur l'abbé?

« Les assistants se tinrent à l'écart, pendant que le condamné se confessait. A un moment, il s'interrompit.

« — J'ai soif, dit-il.

« On lui apporta une tasse de café avec un verre de cognac, qu'il but tranquillement, en écoutant avec une résignation apparente les exhortations du prêtre.

« A 5 h. 35 l'ordre du départ fut donné.

« Le condamné renouvela la demande de mourir sans avoir les yeux bandés. Un des gardiens lui offrit un cigare, qu'il alluma et fuma avec une vivacité fiévreuse.

« Le sinistre cortège se mit en marche.

« Pendant ce temps, des détachements de toutes les troupes de la garnison — une compagnie par régiment — s'étaient groupés en carré sur le plateau de Satory, devant la butte si tristement célèbre depuis quelque temps. Il y avait là 6,000 hommes environ. Devant la

butte et près du poteau se tenait le peloton d'exécution,
fourni par le 72ᵉ de ligne. Depuis le poteau jusqu'à l'entrée du camp une traînée de sable formait une sorte de
sentier : c'est la route que suivra le condamné.

« A 6 h. 1/4 précises un roulement de tambour se fait
entendre. Le cortège entre dans le carré. Aussitôt tous
les tambours battent aux champs, les clairons sonnent.
Le fourgon arrive au pas jusqu'en face du peloton
d'exécution ; Préau de Védel en descend, avec l'abbé
Follet et deux gendarmes. Il se dégage d'un geste rapide
de son paletot et dit d'une voix saccadée :

« Où est-ce? Où est-ce?

« Puis, voyant le poteau, il y court plutôt qu'il ne
marche et s'y adosse en criant :

« Peloton, au cœur! feu!

« Son agitation est extrême. Il agite de la main gauche son chapeau. L'abbé Follet s'approche de lui, l'em-
brasse et cherche à le calmer, tandis que le greffier de
service, un sous-officier de chasseurs à pied, lui lit la
formule du jugement.

« Après cette lecture qui dure à peine quelques se-
condes, les assistants s'écartent ; le condamné, resté
seul contre le poteau, lève la main gauche et crie :

« — Soldats ! Je meurs innocent !... Droit au cœur !...
Feu !...

« Au même moment l'adjudant donna le signal avec
son épée ; les douze coups de feu retentissent et le condamné tombe comme foudroyé.

« Huit des balles l'avaient frappé en pleine poitrine,
avec une violence telle que l'étoffe de son paletot a cédé
et qu'on voit sa chemise s'échapper sanglante dans le
dos par une large ouverture. Une balle l'avait touché au
bras, une autre à l'aîne, les deux autres avaient éraflé
le poteau.

7.

« Quoique la mort ait été instantanée, on lui donna le coup de grâce dans l'oreille droite.

« Immédiatement après, pendant que le défilé se faisait, on mettait le corps du supplicié dans un cercueil en bois blanc, qu'une tapissière a transporté au cimetière.

« Préau de Védel a été enterré dans le même terrain que Ferré et les autres condamnés exécutés avant lui.

« Sa mère, dit-on, a fait réclamer son corps.

« PAUL JOUBERT. »

On le verra, des condamnés à mort tombés à Satory sous les balles versaillaises, aucun n'a voulu mal mourir : tous ces soldats de la Révolution firent jusqu'au bout honneur à leur cause; la République sociale, pour laquelle ils moururent, leur doit gratitude éternelle. Mais le cas de ce malheureux ingénieur déclassé n'est pas le leur. Il est cependant digne d'arrêter l'attention du penseur : étranger à notre guerre civile, il fut chargé à l'audience versaillaise — laquelle voulait donner une proie à sa galerie — des pires forfaits. On n'était pas fâché, par la même occasion, de montrer que la Commune était allée chercher les exécuteurs de sa justice révolutionnaire parmi les escrocs.

Or, nous avons démontré que Préau de Védel, détenu à Sainte-Pélagie, employé comme bibliothécaire par Ranvier, n'avait été dans tout le drame qu'un témoin irresponsable. La prétendue justice militaire frappa dans cet homme un innocent de plus.

Elle en fut d'ailleurs félicitée plus tard par Maxime

Ducamp qui, brodant sur la légende, affirma que Préau
de Védel « fit sauter la base du crâne » de Chaudey, et
que, poursuivant le gendarme en fuite, « il le découvrit
et allait le tuer d'un coup de revolver » quand Rigault
intervenant lui donna l'ordre de ramener la victime devant le peloton d'exécution. Puis, venant aux représailles
des conseils de guerre, l'académicien calomniateur
ajoute :

« Préau de Védel s'agita, nia, protesta, mentit; les
témoignages qui l'accusaient étaient unanimes et l'écrasaient. Lors même qu'elle l'eût voulu, la justice (?) ne
pouvait se montrer indulgente. Il fut condamné à mort
et son recours en grâce fut rejeté. »

A l'ordinaire, Maxime ne prend pas tant de précautions oratoires pour excuser la férocité des pourvoyeurs
de Satory; s'il le fait ici, c'est qu'au fond il a parfaitement conscience qu'il faut plaider la culpabilité de
l'innocent pour défendre les juges coupables.

Après Ducamp, c'est le tour de Jules Claretie : ces
deux hommes se disputent constamment dans leurs
récits de la guerre civile le record de la calomnie.

Écoutez ce piètre pître :

« Un détenu, l'ingénieur marron Préau de Védel,
inventeur bizarre, effronté, poète manqué, littérateur de
hasard, bibliothécaire de la prison, fait des vers et les
montre à Gustave Chaudey. Il les trouva *passables*. Ce
mot frappa au cœur (*sic*) le rimeur sans talent. Ce drôle
fait alors ce que Néron eût fait pour tout homme qui
eût critiqué sa façon de chanter : *sa rancune condamna
à mort celui qui a osé lui dire la vérité.* »

Et ce n'est pas plus difficile que cela : de ce verbiage d'ailleurs peu académique, il faut conclure que ce n'est pas Delescluze, que ce n'est pas la Commune, que ce n'est pas Rigault qui ont voulu châtier le meurtrier du 22 janvier : c'est Préau de Védel! Quelle pitié!

Ce malheureux n'était pas des nôtres, mais, après tout, c'était un déclassé, peut-être irresponsable si on s'était donné la peine de sonder sa vie. Qui sait? En bonne morale humaine, je serais enclin à penser que la bassesse qui conduisit celui-ci sur les bancs de la correctionnelle est inférieure à celle qui porta Jules Claretie jusque sur le siège d'un académicien.

Si nous avions eu le même état d'âme que les Ducamp et les Claretie, nous aurions laissé Chaudey pour compte au malheureux condamné injustement. Mais le lecteur doit connaître maintenant que nous valons au moins par la franchise et, s'il nous déteste encore après lecture, il ne peut pas nous accuser de mauvaise foi.

Encore un coup : Préau de Védel ne fut pour rien dans la tragédie de la nuit du 23 mai; les juges qui le condamnèrent à mort et Thiers qui le laissa fusiller commirent un assassinat de plus, que la victime leur fit du moins payer par sa crânerie au plateau de Satory.

CHAPITRE XI

FERRÉ ET RAOUL RIGAULT,
LES « DEUX GAMINS SINISTRES » DE MAXIME DUCAMP

Il semble qu'elles aient été écrites pour les défendre,
ces lignes superbement douloureuses que le souvenir de
Saint-Just inspirait à Louis Blanc :

« Le nom des vaincus, qui l'ignore ? est exposé à la
souillure de bien des mensonges, quand ce sont les vainqueurs qui règnent, qui ont la parole ou qui tiennent la
plume. Malheur à qui succombe après avoir fait tout
trembler ! La haine descend avec lui dans son tombeau,
s'y établit, et les vers du sépulcre ont depuis longtemps
achevé de ronger son corps, que la calomnie est là, continuant de ronger sa mémoire. »

La réaction triomphante et impitoyable nous a laissé
de ces deux hommes, Ferré et Rigault, nombre de bio-
graphies fantaisistes et haineuses. L'heure est venue de
réhabiliter ces deux caractères par le seul exposé de la
vérité.

On a dit : « Les fautes politiques sont des crimes, à
certaines heures. »

Erreur ou perfidie. Je ne me sens pas assez vertueux
pour me rendre à cet aphorisme impitoyable. Appliqué
à la lettre, il ferait d'ailleurs de notre beau xixe siècle,
progressiste en somme et humanitaire, où la vérité
ne se dégage que péniblement d'un amas d'utopies, de
sophismes et d'erreurs, une des époques les plus tristes
de notre histoire française.

Au lendemain de notre défaite, on vit sortir des trous
où ils avaient rampé durant la lutte quantité de follicu-
laires sans scrupule, prêts à mettre leur plume au service de toutes les haines, de toutes les calomnies, de
toutes les lâchetés.

Trois hommes alors se sont disputé le record d'infamie littéraire dans cette étrange Académie de sycophantes : l'avocat Forny, un parjure; le chef de troupe
Jules Claretie, un divin sauteur; Maxime Ducamp, un
lettré attelé au char de la suprême orgie bonapartiste.

Ce dernier, documenté par la police, avait pris pour

mission de gaver les haines de son parti effondré : il fut
atroce ; il reste au demeurant explicable. Il a calomnié
honteusement ses adversaires ; il n'a trahi personne.

Les deux autres ont été assurément plus vils. Ils
avaient été tous deux les amis de Raoul Rigault, et il
apparaît bien qu'ils n'ont voulu salir sa mémoire que
pour se faire pardonner l'amitié dont les avait honorés
naïvement le vaincu.

Ces gens viennent de la fange et l'histoire les y rejette
un jour ou l'autre. Mais, hélas! il leur est donné de se
produire surtout à ces époques désastreuses où la conscience publique avachie, la furie de la peur élevée à la
hauteur d'un principe de gouvernement, font désespérer
de l'humanité.

Alors, ils laissent de leur passage visqueux de bêtes
rampantes des documents qui déroutent l'histoire, et
c'est là leur crime capital.

Nous supplions le lecteur de nous croire ici plus que
partout ailleurs, nous écrivons avec la plus saine passion
de vérité. Retraçant la vie de deux hommes qui furent
de nos meilleurs amis, nous n'avons jamais jeté sur
leurs actes, leurs intempérances de langage, leurs gestes,
un voile indulgent. Les qualités vraies des deux calom-
niés, leur sincérité évidente, leur constante énergie révolutionnaire, leur belle mort enfin suffisent, et am-
plement, à pallier devant notre conscience d'écrivain
toutes leurs erreurs. Mais, pour que le lecteur les juge
tels qu'ils furent, il faut qu'il veuille voir ces vaincus
tels qu'ils ont réellement évolué, et non plus à travers
les voiles des abominables légendes.

RAOUL RIGAULT

Intelligence habilement assimilatrice, extraordinaire vivacité d'esprit, ne laissant guère à la réflexion le temps de l'analyse productive; volonté indomptable rendue fréquemment funeste par une légèreté malheureuse, voilà en substance les qualités intellectuelles, positives et négatives, de ce révolutionnaire ardent.

Cerveau sceptique, un bien, peut-être? cœur fanatique, un mal à coup sûr; c'est là le secret de cette organisation bien singulière.

Fanatique, il devait rejeter et il rejeta — trop souvent avec des allures de cynisme affecté — tout concept de tolérance envers la société bourgeoise que son scepticisme lui révélait souverainement méprisable : il eût estimé Charette, chef de chouans, redevenu patriote; il méprisait Trochu, chouan dégénéré, militaire rhéteur, asservi d'ailleurs aux politiciens bourgeois.

Sceptique, il ne pouvait respecter des préjugés qu'il jugeait néfastes. Tout ce que sa raison, insuffisamment éclairée d'ailleurs, voyait faux ou seulement invraisemblable, il le repoussait avec colère et dédain, attendant l'heure où son fanatisme aveugle pourrait enfin librement le combattre sans merci.

En cette âme ardente, il semble que le fanatisme n'eût dû mettre qu'un violent amour de la liberté; le fanatisme en fit, dans le milieu, le plus passionnément ardent des autoritaires.

Chez lui, l'intelligence, asservie à ces deux impulsions contraires, scepticisme libertaire et fanatisme sec-

taire, devait fatalement s'égarer, se perdre dans les contradictions de l'action et se complaire dans le paradis de
la pensée vagabonde, où le paradoxe est roi.

Fanatique, il eut, aux heures révolutionnaires, toute
la sombre énergie d'un Saint-Just.

Sceptique, et fort insuffisamment préparé à sa tâche,
il ne sut avoir que le téméraire courage d'un Gavroche.
Dans le rang, ce Gavroche de 1871 eût été sublime, tel
son aîné imaginaire; dans l'état-major révolutionnaire, il
parut atroce et sembla mériter par ses allures l'accu-
mulation sur sa mémoire de toutes les salissures écumées
par une réaction en délire.

*
* *

Raoul Rigault avait fait presque toutes ses études au
lycée de Versailles, en même temps que ces deux vail-
lants des luttes d'antan, Granger et Humbert. Il les termina au lycée Saint-Louis.

Avait-il été le bon élève, discipliné et docile? Non certes, mais brillant et annuellement délégué au concours
général. Son instruction dite secondaire terminée, il
vint au quartier latin; il avait alors dix-huit ans (1867).
Comme il avait reçu de son infortuné père bonne éducation républicaine, il s'enrôla tout de suite dans les rangs
de l'opposition militante d'alors et, tout de suite aussi,
— affaire de nature, — il se plut à exagérer auprès des
étudiants indifférents ou timorés un fanatisme révolutionnaire à peine éclos, et les épouvanta, en même temps
qu'il les divertissait, par un rajeunissement coloré des
doctrines hébertistes.

C'est avec le bagage de ces déclamations frivoles, c'est
avec le fatras de ces exagérations étourdies, qu'on a pu

par la suite — et ses meilleurs amis d'alors s'y sont com-
plaisamment prêtés — échafauder contre la personnalité
de Rigault tant et tant d'anecdotes sans nom imaginées
ou arrangées à dessein pour épouvanter les imbéciles.

On voulut voir dans les actes révolutionnaires de ce
tout jeune homme, qui occupait dans l'insurrection le
poste le plus ingrat, l'application irréfléchie d'extrava-
gances de langage jetées plaisamment entre deux qua-
drilles du bal Bullier ou au cours de conversations d'es-
taminet !

Rappelez-vous donc, vous qui l'avez connu, vous qui
l'avez calomnié ou laissé calomnier ; alors que vous pou-
viez le défendre, rappelez-vous cette physionomie ouverte, revoyez ce front haut, ce regard vif et spirituel
sous le lorgnon de myope, cette bouche plus moqueuse
que sévère, et dites si quoi que ce fût, sur ce visage
rayonnant d'intelligence et de franchise, dénotait quelque
chose de la férocité soupçonneuse que nous révèle la face
blême, légendaire et d'ailleurs menteuse comme toujours, de cet autre calomnié, Marat ?

En novembre 1866, à l'issue du congrès de Genève,
une réunion de blanquistes eut lieu dans une des salles

du Café de la Renaissance, au n° 1 du boulevard Saint-
Michel.

Raoul Rigault y fut arrêté avec quarante et quelques
de ses amis, et incarcéré à Mazas. Poursuivi comme affi-
lié à une société secrète, il bénéficia d'une ordonnance
de non-lieu et parut seulement comme témoin au procès.

Delesvaud, le célèbre président de la 6° chambre correctionnelle impériale, le condamna, ainsi que d'autres,
à 100 francs d'amende pour refus de prêter serment devant le Christ.

Ce furent les débuts du futur procureur de la Commune dans la voie révolutionnaire.

Dès ce jour il lutta, tête baissée dans l'action, tête
haute dans la défaite; ainsi jusqu'au bout, jusqu'au coup
de revolver qui l'étendit raide mort au coin de la rue
Gay-Lussac et de la rue Royer-Collard.

Les mille aventures de la vie de conspiration, le désir
de percer vite, la conscience de son intelligence d'élite,
l'âpreté de ses passions révolutionnaires, tout cela com-
muniqua à ce tout jeune de vingt-quatre ans une fièvre
d'action qui le portait partout où il y avait théorie hébertiste à émettre et combat révolutionnaire à livrer.

Quand, après une nuit datant de décembre 1852, l'ère
des réunions publiques s'ouvrit, ère de gloire alors, de
fumisterie stupide aujourd'hui, Rigault y apporta toute
sa fougue juvénile, tout son esprit parisien, toute sa verve

combative. Comme il parlait facilement, parfois élo-
quemment, il se fit vite une place bien personnelle dans
les pléiades des tribuns populaires d'alors, les Briosne,
les Goupil, les Ducasse, les Humbert, les Amouroux, les
Flourens, etc.

Dès lors, la police surveilla et les parquets impérialistes poursuivirent vigoureusement ces orateurs réellement audacieux des premières réunions populaires.
Rigault fut un des plus opiniâtrement traqués, parce qu'il
s'était fait déjà l'accusateur public des mouchards et des
magistrats asservis d'alors, — je dis d'alors, comme s'il
n'y en avait plus !

Voulez-vous le voir en correctionnelle, poursuivi
comme rédacteur d'une de ces feuilles éphémères, mais
productives de révolte, qui étaient alors, dans le quartier
latin et dans les faubourgs, des étendards de réveil?
Lisez :

« *Tribunal correctionnel de la Seine.* — Prévention
de publication sans cautionnement d'un journal traitant
de matières politiques et d'économie sociale.

« JUGEMENT :

« Le tribunal, attendu que Rigault a publié dans le
n° 10 du 10 décembre du journal *le Démocrate*, dont il
est le gérant, un article intitulé *De la Tolérance* et portant sa signature;

« Attendu que cet article n'a aucun des caractères
d'un article scientifique ou littéraire;

« Que c'est une espèce de manifeste politique dans
lequel l'auteur proclame que si les athées étaient au

pouvoir, ils ne devraient accorder aucune tolérance, et
qu'ils devraient imposer leurs idées à la manière de la
Commune de Paris en 1793, avec Hébert, Clootz et Chaumette; que Robespierre a fait guillotiner les Hébertistes
au nom de la tolérance, qu'il a été brisé lui-même au
nom de la tolérance, que le gouvernement de 1848 a usé
d'une trop grande tolérance vis-à-vis d'une partie de la
population, que cette tolérance a amené la chute de la
République et l'élection du 10 décembre; que si ceux qui
professent ces opinions politiques devenaient les plus
forts, il faudrait qu'ils appliquassent les principes des
Hébertistes, qu'il rappelle en ces termes :

« Ce n'est pas au milieu de la mêlée qu'il faut de-
« mander une suspension d'armes; ce n'est pas au parti
« le plus fort, à celui de la justice et de l'égalité, à céder
« le champ de bataille à celui du brigandage et de la
« tyrannie. La raison est aux prises avec le mensonge,
« le vice avec la vertu, la probité avec le crime. Riches
« égoïstes, vous avez engagé la danse, eh bien, vous
« paierez les violons. Le combat est commencé, c'est un
« combat à mort. Nous allons voir comment vous en
« sortirez. Braves sans-culottes, plus de faiblesses, plus
« de pitié pour les lâches qui vous ont abandonnés ou
« trahis.

« Saisissez la balle au bond. Si vous ne portez pas le
« dernier coup à l'aristocratie, vous allez lui voir bientôt
« encore lever sa tête hideuse. Le combat à mort entre
« les hommes du peuple et les ennemis du peuple est
« engagé; il ne peut finir que lorsqu'un des deux partis
« aura anéanti l'autre.

« Et c'est la veille du grand coup de peigne, ajoute-
« t-il encore, c'est au moment où nos braves guerriers
« brûlent du désir d'exterminer les esclaves des des-
« potes, que l'on jette ainsi des bâtons dans les roues!

« Oui! les patriotes ont raison d'exprimer leur indi-
« gnation. Il faut sauver la République et, pour la sau-
« ver, il faut faire justice... Braves sans-culottes, ne
« jetez pas le manche après la cognée. Ceux qui prê-
« chent le modérantisme sont nos plus grands ennemis.
« Il n'y a plus à reculer. Il faut que la Révolution
« s'achève. Un seul pas en arrière perdrait tout. »

« Attendu qu'il termine par la phrase suivante adressée à ses adversaires politiques, ce qui prouve bien que
ce n'est pas là un article simplement littéraire :

« Tout le monde prêche la tolérance, mais personne
« ne l'exerce, parce que cela serait impossible et absurde.
« Nous aimons mieux être francs et dire que nous ne
« la demandons pas plus pour nous que nous ne sommes
« prêts à la donner à nos ennemis. »

« Par ces motifs, condamne Rigault à trois mois de
prison et 100 francs d'amende;

« Dit que le journal *le Démocrate* cessera de paraître
(22 décembre 1868). »

⁎⁎
⁎ ⁎

« Réunion publique du Pré-aux-Clercs; prévention
d'outrage à la morale publique et religieuse, aux bonnes
mœurs, etc.

« JUGEMENT :

« Le tribunal... en ce qui touche Raoul Rigault;

« Attendu que, déclarant que la discussion ne devait
s'établir qu'entre le divorce et l'union libre et qu'il était
partisan de cette dernière opinion, Raoul Rigault a dit,
à l'appui de cette question qu'il s'est posée : Qu'est-ce
que l'union libre?

« C'est l'accomplissement des lois de la nature, et je
« crois que c'est précisément là-dessus que doit se poser
« la question de morale. J'entends par morale l'accom-
« plissement des lois de la nature. Tout obstacle apporté
« à l'union de l'homme et de la femme est une violation
« des lois de la nature et un obstacle apporté à leur
« accomplissement. Et à l'aide de cet obstacle on est
« arrivé à ceci : on commence par la Fosse aux lions,
« et, passant par Nicodème et César, on aboutit à l'ave-
« nue Marbœuf. Et pourtant ces faits, quelque immoraux
« qu'ils soient, ne sont pas aussi rares qu'on veut le
« croire ; j'en appelle à la *Gazette des Tribunaux*, qui
« relate tous les jours les actes des disciples de celui
« qui dit : « Laissez venir à moi les petits enfants. »

« Attendu que Raoul Rigault, averti par le commissaire de police, a repris son discours après quelques minutes d'interruption et a continué en ces termes :

« Voici, citoyens, ce que disait un professeur de la Fa-
« culté de médecine : — « A-t-on considéré l'importance
« de cette question ? Peut-on dire à celui qui a soif : ne
« bois pas ; à celui qui a faim : ne mange pas. Peut-on
« ignorer que la force reproductrice demande d'être
« satisfaite, comme les autres. Dira-t-on : vous ne la
« satisferez pas ? Autant vaudrait dire que l'on pourrait
« se passer de manger, de boire et de respirer. »

« Du reste, quiconque veut se convaincre de la né-
« cessité de se livrer à l'instinct génésique, n'a qu'à ou-
« vrir une *Pathologie*. »

« Renvoie Raoul Rigault du chef de la prévention,
retient le délit d'outrage aux bonnes mœurs ;

« Sur les autres chefs : condamne Raoul Rigault à
quatre mois de prison et à 200 francs d'amende. ».

Rigault releva appel de ce jugement, et la chambre des appels correctionnels confirma la décision des premiers juges par un arrêt où on trouve ce considérant :

« Considérant que cette profession publique d'une doctrine qui érige le concubinage en dogme social, cette allusion aux mœurs infâmes dont le célibat imposé aux ministres du culte serait la cause journalière, constitue au plus haut degré le délit d'outrages à la morale publique et religieuse ;

« Adoptant, au surplus, les motifs qui ont déterminé les premiers juges, confirme, etc. » (22 janvier 1869).

Un peu plus tard, juin 1869, Raoul Rigault, détenu à Sainte-Pélagie, est encore traduit en police correctionnelle sous l'inculpation de cris séditieux et d'outrages aux agents. Cette manifestation des prisonniers avait coïncidé avec diverses émeutes dans Paris ; et l'avocat impérial de s'écrier :

« Entre les plus animés se distingue Rigault, Rigault qui eût été à l'émeute s'il n'eût été en prison...

« RIGAULT. — C'est vrai !

« L'AVOCAT IMPÉRIAL. — Rigault, le professeur de barricades...

« RIGAULT. — Oui, oui !

« L'AVOCAT IMPÉRIAL. — Il l'avoue et j'en ai de plus

la preuve écrite. Voici ce qu'il dit dans une des lettres
saisies :

« Va demander à ces gens s'ils savent comment on
« attaque ou on défend un pâté de maisons; un bri-
« gadier d'artillerie ou un caporal du génie en sait plus
« long qu'eux à cet égard, et voilà Paris! »

Le tribunal condamna Rigault à deux mois de prison.

Mais nous voilà en 1869. Rochefort a écrit *La Lanterne*
et donné dans le front du César le coup mortel. Il vient
de fonder *La Marseillaise*. Il y a Rigault pour tout modeste mais très énergique collaborateur, qui, à défaut de
talent littéraire, possède déjà les suprêmes audaces :
bon dogue aux côtés du « puissant sagittaire », il mord
aux mollets et à la gorge les policiers et les magistrats
de Badinguet. Le malheur est que, si Rochefort a tué
l'Empire, la race des policiers et des robins a survécu.
Ainsi la vermine abandonne toujours la bête morte, mais
ne meurt point.

Peu avant l'effondrement du 4 Septembre, Rigault est
de nouveau condamné à deux années de prison pour publication d'une brochure inspirée par les scandaleux
débats du procès de Blois. Et, bien que l'heure de la
débâcle impérialiste soit proche, il faut encore se soustraire aux recherches policières. Rigault est sans aucunes
ressources et ne peut gagner la Belgique; il se réfugie
à Versailles, chez des amis de collège. Le 5 septembre

au matin, il est à Paris qu'il trouve au pouvoir des
hommes néfastes dont il avait dénoncé aux élections ré-
centes toutes les perfidies, les Picard, les Crémieux, les
Jules Simon, les Jules Favre. Seuls Gambetta et Rochefort représentent alors le parti républicain dans ce gouvernement parisien dit de la Défense nationale. Rigault
se rend au ministère de l'Intérieur ; il y voit M⁰ Laurier
et lui demande d'être attaché à la Préfecture de police
pour rechercher les agents secrets de la police bonapartiste, les arrêter et les poursuivre. Laurier veut détourner Rigault de ce projet et lui offre la préfecture de
Seine-et-Oise, qu'il sait devoir être bientôt envahie par
les Prussiens, habile procédé d'avocat désireux de se
débarrasser d'un révolutionnaire inquiétant. Rigault
refuse et se présente à Kératry, orléaniste avéré, dont
le gouvernement de la Défense nationale venait de faire,
un préfet de police ! Il insiste à ce point que Kératry,
embarrassé, se l'attache comme commissaire de police
spécialement attaché au Cabinet du préfet. C'était le
poste occupé sous l'Empire par le fameux Lagrange.

Lorsque Raoul Rigault quitta la Préfecture, au lendemain du 31 octobre, il avait déjà réuni quantité de documents précieux sur les agents secrets et put commencer
dans *La Patrie en danger*, de Blanqui, la publication de
ce qu'on a appelé justement « le Pilori des agents provocateurs ».

Il avait pris part active à la journée avortée du 31 octobre : dans la soirée, à la tête du bataillon blanquiste
commandé par le D⁰ Lacambre, il s'était emparé de la
Préfecture de police, dans des circonstances extraordi-
naires que nous raconterons plus loin. Le lendemain, à
la veille d'être poursuivi, contrairement à l'engagement
pris par le gouvernement, il vint remettre sa démission au nouveau préfet de police Cresson, qui venait

de prendre la place d'Edmond Adam, démissionnaire.

Cette démission de Rigault était rédigée en des termes qui méritent d'être rapportés, bien que Cresson devenu historien ait pris soin de n'en rien dire. Voici :

« Citoyen Préfet,

« J'ai été nommé commissaire de police le 6 septembre. Le serment politique n'ayant été aboli que le 7, j'ai prêté serment de fidélité à la République une et indivisible. A l'heure présente, je considère les fonctions que je remplis comme incompatibles avec mon serment, et je vous donne ma démission.

« Salut et fraternité,

« RAOUL RIGAULT. »

*
* *

Après le plébiscite du 3 novembre, on entra dans la plus triste période du siège, — période de démoralisation systématique, qui devait conduire rapidement Paris au moment psychologique prévu par Bismark. Tout l'admirable enthousiasme des Parisiens était venu se congeler dans l'atmosphère glacée où vivaient les gouvernants d'alors, Trochu en tête! On eut le spectacle étrange, inouï, de cette population armée, la plus intelligente sinon la plus expérimentée et la plus disciplinée du monde, commandée par Trochu, piètre général, et organisée par un gouvernement d'avocats pleurnicheurs. De telles âmes pouvaient-elles battre à l'unisson du Paris révolutionnaire et patriotique des grands jours! Pour sauver Paris, il eût fallu Pélissier et Danton. Nous avions Trochu et Jules Favre!

Vient l'armistice, viennent les élections réactionnaires, vient la guerre civile, — cruel enchaînement
fatal des faits. — On offre à Rigault la Préfecture. Il
hésite ferme : l'absence de Blanqui l'épouvante, en
même temps que la présence dans l'insurrection des
internationalistes rêveurs. Enfin, pressé par Duval, il
accepte. Le voilà donc — et il n'a que 24 ans — au
poste le plus périlleux. Il y est jacobin, il y est révolutionnaire, il y est implacable, soit; il n'y fut jamais
indigne, et c'est parce que vous n'avez pu l'atteindre ni
dans son fanatisme loyal, ni dans son courage civique,
ni dans son courage d'insurgé que vous avez tant cherché
à le salir d'autre part. Dans l'impossibilité où vous étiez
d'en faire un lâche, vous en avez voulu faire un pédéraste : il n'y a que la réaction bourgeoise et la police
à ses gages pour imaginer de telles infamies !

Au cours de ces récits nous avons retrouvé et nous
retrouverons encore Raoul Rigault aux prises avec les
événements terribles, se succédant avec une rapidité
vertigineuse, de ces deux mois de révolution. Le lecteur
appréciera. Mais il fallait bien mettre en scène, dans son
vrai jour, le malheureux calomnié.

Je l'ai fait sincèrement et cordialement, avec le sentiment de l'amitié, sans doute, mais surtout avec la
conscience du respect que je dois à la mémoire des
vaincus les plus scandaleusement outragés.

On a rapporté — et le fait est vrai — que, dans une
heure de folie, le père de Raoul Rigault, accablé par
les infamies des Maxime Ducamp, des Forny et des
Claretie, s'était tué. Pour des hommes de la trempe de

ces écrivains, ce fait divers dut être un succès. Ces Brennus en quenouille, qui mirent en langage académique les rapports de police, auront peut-être éprouvé par la suite les angoisses des remords cuisants. C'est ce qu'on peut espérer de moins accablant pour leur mémoire.

FERRÉ

En novembre 1871, alors que les membres du 3ᵉ conseil de guerre prétendaient juger les membres de la Commune prisonniers, j'étais moi-même incarcéré à la Maison de Justice de Versailles et condamné déjà au régime cellulaire le plus sévère comme au secret le plus absolu. Ni visites, ni livres. A grand'peine j'avais obtenu du papier et un crayon ; l'encre restait interdite. Les premières journées avaient été plutôt cruelles : j'avais vingt ans à peine et toutes bonnes raisons de croire que je ne sortirais de mon cachot que pour être conduit au plateau funèbre de Satory, devant un peloton d'exécution. Joignez qu'avant de m'arrêter on avait emprisonné mon père et mes trois frères, dont un seulement, Charles Da Costa, avait pris part à la lutte. Cette torture était alors un procédé courant. On avait de même arrêté le père de Paschal Grousset et son frère ; de même, le frère et la sœur de Théophile Ferré, pour ne citer que ceux-là.

Ému, je l'étais, il y aurait sotte vantardise à le contester. Cependant, je puis affirmer en toute sincérité que faisant des mathématiques à l'excès et jouant aux x comme on joue aux échecs, j'étais arrivé assez rapide-

8.

ment à prendre tout le calme nécessaire. Puis, l'insouciance, heureuse ou malheureuse, de ma nature parisienne — d'autres diraient de leur philosophie native — avait pris le dessus : j'attendais l'heure, sans forfanterie et sans inquiétude.

Une nuit, las d'avoir cherché les points singuliers d'une courbe pour le moins aussi élégamment mouvementée que la courbe politique découverte par MM. Jaurès et Millerand, j'étais étendu sur mon grabat, dans une somnolence hallucinée, qui faisait passer devant mes yeux mi-clos et noyés toutes les tragiques visions de la guerre civile, sinistrement close.

Était-ce un rêve, étais-je éveillé, jugez-en :

Tout à coup, dans le silence morne de la prison cellulaire, retentissent les clameurs aiguës et incohérentes d'une folie.

C'est le frère de Ferré qui, subitement, est devenu fou. Bientôt, il ne crie plus, il hurle, réclamant son frère, dans le chaos de sa démence.

Théophile Ferré, lui, est en bas, au-rez-de chaussée, dans une des cellules affectées aux condamnés à mort; il y attend, silencieux et stoïque, ses derniers bourreaux.

Nous sommes nous autres au troisième étage. On entend les pas précipités des gardiens désagréablement éveillés, et des jurons. Puis le grincement des clefs de prison et des verrous; puis les menaces au détenu, sauvagement brutalisé et qui n'en peut mais. Cela dure une bonne demi-heure, tandis que l'autre, le condamné de la veille, est en bas qui entend et qui attend!

Énervé par cette horrible chose, je saute de mon lit et cours au guichet, que j'ouvre, criant ma fureur dans le couloir de la prison.

Survient le directeur qui, correctement, m'invite au silence, tandis qu'on bâillonne le malheureux et qu'on l'entraîne dans un des sous-sols de la prison.

Eh bien, ce n'était pas une hallucination. J'ai bien entendu cela, tous mes codétenus l'ont entendu : Grousset, Humbert, Rochefort; la politique a pu jeter, depuis, les uns et les autres dans des camps différents; mais la politique contemporaine n'a rien à faire ici; personne ne me démentira.

Le fait est que Théophile Ferré, une fois condamné, son frère, arrêté sans motif légal, avait demandé avec insistance qu'on l'autorisât à le visiter. On avait refusé.

Lorsque le jeune frère fut devenu fou, le colonel Gaillard, chef des bureaux de la justice militaire, eut un trait génial de geôlier féroce. Ferré avait tenu tête à ses juges; la suprême vengeance était de le faire mal mourir. Le Gaillard, avisé de l'incident, *jeta alors dans la cellule du condamné à mort le frère aliéné. Et Ferré supporta ce supplice pendant des journées.*

Il est vrai que Gaillard en fut pour ses frais d'imagination de tortionnaire : l'attitude de Ferré fut la même au plateau de Satory qu'à la salle du Manège; il avait défié ses juges; il défia ses bourreaux et tomba en criant : « Vive la Commune. »

Cet autre *gamin sinistre*, comme dit Maxime Ducamp,
était donc un grand caractère; nous n'avions pas besoin
de cette fin tragique pour en rester convaincus, nous
autres qui avions connu le pauvre Théophile dans les
dernières années de l'Empire.

Que si vous aviez la malencontreuse idée de vous
représenter Ferré par la lecture des journaux de
l'époque, vous *liriez* une sorte de gnome sordide, Parisien rachitique, au visage effronté, et sur la carcasse
duquel on jeta un pardessus gris à collet noir; au
moral, un être abject, auquel cependant on ne peut nier
quelque courage! Alors, on mit cette vaillance au
compte d'un cynisme odieux!

L'attitude de Ferré devant ses juges en avait tout de
même imposé à la calomnie. Ce vaillant petit homme
exaspérait Thiers : impossible de l'atteindre ni dans sa
vie privée, ni dans son courage civique, ni dans sa
prison cruelle, ni dans sa mort. Voilà qui dut manquer
à la grande joie de Foutriquet devenu roi de la Bourgeoisie.

Ferré fusillé, son frère et sa sœur sont devenus
d'actifs anarchistes. Qui oserait dire que ce ne fut pas
bien fait?

Voulez-vous maintenant vous faire une idée plus précise de cette physionomie, voici :

Petit, nerveux, sans la moindre allure maladive; le corps droit, les jambes courtes et le buste un peu trop allongé; les épaules peu larges mais bien prises; le cou long supportant une tête forte, d'ovale accentué, ornée d'une longue chevelure noire. Le teint d'un beau brun, le front haut et droit, l'angle facial peu ouvert; les sourcils épais, l'œil noir, brillant, malgré la myopie, d'un vif éclat sous le lorgnon; le nez gros, trop courbé; la bouche constamment moqueuse; au-dessous, menton de tenace encadré d'une barbe noire bien plantée et bien fournie.

Tel était ce *hideux* personnage!

Mes relations avec Ferré ont toujours été plus révolutionnaires qu'amicales. Cela tenait aux circonstances; nous ne menions pas la même vie; mais tous ceux qui l'ont connu s'honoraient de l'amitié sûre de ce vaillant, que l'opinion publique, gangrenée par la terreur, entoura d'une réputation monstrueuse.

Avant le procès de Blois, Ferré était surtout connu du monde des réunions publiques d'alors, dont le public, parfois bon appréciateur du véritable courage, jugeait à sa juste valeur d'énergique ce petit homme actif et nerveux, à la noire chevelure et au geste saccadé.

Arrêté en même temps que Flourens, au commencement de 1869, poursuivi pour délit de réunion, il fut condamné à trois mois de prison. C'est à cette époque et pendant qu'il subissait sa peine à Sainte-Pélagie, que remontent ses liaisons avec Rigault et d'autres blanquistes : Tridon, Fortin, Duval, Genton, etc.

L'amnistie du 15 août 1869 venait à peine de lui ouvrir les portes de sa prison qu'il fut impliqué par le juge d'instruction Bernier dans le fameux complot de février 1870, organisé de toutes pièces par Lagrange et ses agents. Je me souviens encore, avec mon admiration de dix-huit ans, de son attitude énergique devant la Haute-Cour de Blois : à peine entré dans la salle d'audience, il monta sur une chaise et s'adressant au tribunal :

« Devant des hommes comme vous, on ne se défend pas. Faites-moi reconduire en cellule. Je crains l'écœurement de ces débats. Puisque vous nous tenez, frappez. C'est un bon conseil que je vous donne. Votre tour viendra bientôt, et nous aurons bonne mémoire. »

Il fut cependant acquitté : les jurés choisis avaient été quelque peu intimidés pourtant par l'attitude provocante du jeune inculpé.

En définitive, le trait dominant de ce caractère, auquel les événements ont fait un cadre hors de proportions, c'était une énergie indomptable, à l'épreuve de tous les périls. Nourri dans la légende de 93, Ferré était rapidement devenu, au contact des blanquistes, un sincère hébertiste contemporain. Il avait surtout, tel Chaumette, la foi qui fait les héros : aussi bien les balles de Satory le renversèrent-elles tout entier dans ses convictions athées et révolutionnaires.

Avec cet homme est peut-être tombé le dernier des fanatiques révolutionnaires français. Un pays qui ne produit plus des fanatiques de cette sorte est-il en marche de progrès ou de décadence? C'est là une question de psychologie nationale que je laisse aux observateurs de notre race le soin de résoudre.

CINQUIÈME PARTIE

LA COMMUNE COMBAT

CHAPITRE I

CLUSERET ET SON ADMINISTRATION

Sommaire. — Cluseret en juin 1848. — Croix d'honneur bien
gagnée ! — Le capitaine Cluseret démissionne. — Soldat cos-
mopolite. — Cluseret devant Delescluze. — Cluseret et le Comité
central. — Arrestation méritée de Bergeret. — Anarchie dans
le commandement. — Stupide arrêté contre les réfractaires. —
Une trahison de l'auteur. — La lutte *extra muros* pendant le
mois d'avril.

La réputation militaire de Cluseret nous était parve-
nue par des échos déjà lointains de la guerre américaine
de Sécession : l'éloignement contribua à fixer la légende.

Mais l'heure venue de l'action, on vit le maçon au
pied du mur, et force fut bien de constater la parfaite
insignifiance de ce chef militaire, quelques efforts qu'il
fît pour la dissimuler sous une faconde tantôt ampoulée
et tantôt paternelle, tantôt austère et tantôt familière.

Avant d'exposer l'administration du premier délégué
de la Commune à la guerre, voyons ce qu'était l'homme
même.

Où chercher ses débuts dans la vie publique ? Dans
ses *Mémoires*, Cluseret cherche bien à expliquer pourquoi il a quitté l'armée ; il ne dit rien de la façon dont il
y est entré. Force nous est donc de combler cette lacune.

Aux journées de juin 1848. Mais, lors de cet atroce
égorgement des masses prolétariennes attirées à Paris
par les organisateurs ineptes des ateliers nationaux, ce
n'est pas dans les rangs des insurgés qu'on trouve Cluseret : il commande une compagnie de la fameuse garde
mobile, de sanguinaire mémoire.

Cluseret était jeune alors. La garde mobile manquait
d'officiers : le gouvernement — c'était encore un gouvernement prétendu républicain, celui-là ! — les re-
cruta parmi les jeunes fanfarons fraîchement éclos de
Saint-Cyr, et qui recherchaient avec enthousiasme les
chances d'avancement, toujours réservé aux défenseurs
de l'*Ordre* dans les guerres civiles. C'est l'histoire de
Garcin, le capitaine assassin du pauvre Millière et
devenu général de division sous la République thiériste.

Le jeune Cluseret se battit tant et si bien qu'il obtint
le grade de commandant de mobiles et la croix de la
Légion d'honneur.

L'Empire venu, ramené au grade de capitaine, il
donna sa démission. Par haine du Décembriseur?
Détrompez-vous. Parce que, après dissolution de la garde
mobile, on n'avait pas voulu le maintenir dans son grade
conquis. Peu après il reprit du service comme lieutenant,
fit la campagne de Crimée, puis, promu capitaine, fut
expédié en Afrique. Brusquement, il donna sa démission. Pourquoi? Cluseret l'explique ainsi : « Je suis
resté dans l'armée française tant que j'ai eu et cru
avoir quelque chose à y apprendre. J'ai ensuite été me
perfectionner ailleurs, ayant un objectif fixe. » Quiconque a connu l'extrême vanité de cet homme, se con-
tentera parfaitement de cette explication. On a dit
qu'il avait été « obligé de quitter l'armée ». Cluseret
démontre le contraire dans ses *Mémoires*. Toujours est-il
que le démissionnaire, après avoir combattu en Italie,
sous les ordres de Garibaldi, se retira en Amérique, se
fit naturaliser citoyen américain et servit comme colonel
dans l'armée de Mac Clellan. Au moment où la guerre
prenait fin, Stanton le nommait général.

De retour en France, Cluseret se fit soldat de la
démocratie et devint chaud partisan de la Révolution
sociale, qu'il déclarait accepter dans ses plus larges
conséquences.

Certes, nous ne sommes pas juges féroces des fautes
de jeunesse : nous avons trop à compter avec les nôtres
et avec celles de nos amis. Toutefois, il faut bien avouer
qu'il est de ces erreurs qu'on ne commet jamais incon-
sciemment, à moins d'être dénué de tout jugement. Or,
si Cluseret n'était pas un aigle, ce n'était pas non plus

un imbécile ; et il est de ces sauts d'opinions que *le* manque de sens moral peut seul expliquer et qui ne se justifient que dans l'état d'âme des politiciens.

Pour terminer l'esquisse de cette physionomie, je rappellerai un fait bien suggestif et relatif au Cluseret devenu chef de l'armée communaliste.

Quelques jours avant son arrestation, nous étions réunis, Delescluze, Rigault, Ferré, Trinquet et moi, dans un des bureaux contigus à la salle des séances de la Commune. Survient Cluseret. Sur un ton de parfaite suffisance, il nous déclare que le gouvernement versaillais lui a fait offrir *un million* pour trahir la Commune.

Je vois encore la tête émaciée et blême de Delescluze se soulevant lentement et j'entends cette troublante apostrophe du vieux jacobin :

— « Tant pis pour vous ; ce n'est pas au citoyen Delescluze que M. Thiers fera jamais pareille proposition. »

Pouvais-je oublier cette scène et l'impression profonde qu'elle fit alors sur chacun de nous ? Nos regards se croisaient et Rigault fut sur le point de mettre séance tenante la main au collet du malheureux. Sur un coup d'œil de Delescluze, il s'abstint. On laissa partir le soupçonné, mais son arrestation ultérieure était résolue.

Qu'y avait-il de fondé dans l'accusation portée contre cet homme ? Je l'ignore ; il apparaît bien que des offres lui furent faites — peut-être par l'agent Baral de Montaut, — mais je crois aussi qu'il ne les accepta point, se réserva et fit une réponse évasive.

*
* *

Il faut dire maintenant comment ce professionnel remplit sa mission de délégué à la guerre.

On doit le reconnaître : il se trouvait en face de très grosses difficultés : depuis le 26 mars, les 216 bataillons fédérés n'étaient plus soumis à une direction unitaire; si la Commune, par l'état-major de la Place et par les commissions d'arrondissement, semblait avoir le commandement suprême, le Comité central prétendait exercer aussi son autorité directrice sur la garde nationale. Il s'ensuivait que les ordres les plus contradictoires se croisaient; c'était le commencement du gâchis militaire.

La réforme la plus urgente devait donc tendre à la création d'un pouvoir central exerçant l'unité de commandement. Pour arriver à ce résultat, il eût fallu briser le Comité central, ou tout au moins lui retirer toute action militaire dirigeante. La Commune, encouragée d'ailleurs par Cluseret, s'arrêta à une demi-mesure qui laissa subsister l'encombrant Comité à côté du nouveau délégué à la guerre.

Cluseret, comme s'il eût voulu se réserver le faux-fuyant de rejeter ses fautes sur le Comité central, encouragea la Commune dans cette voie néfaste de la division des pouvoirs; c'est dans cette première faute que gît l'origine du vice essentiel de notre administration militaire, celle de toutes nos défaites successives.

Cluseret va bien tenter de s'assurer l'autorité supérieure en se dérobant au contrôle du Comité; il n'y réussira pas.

Le délégué n'avait qu'un moyen, sûr celui-là, de créer une véritable armée, c'était de faire appel à des volontaires fortement soldés et vigoureusement commandés, de former avec ces recrues une armée de combat d'environ cinquante mille hommes et d'utiliser le reste de la garde fédérée comme garde urbaine, sous sa *direction militaire* encore, mais sous l'*administration* du Comité central.

La pensée de cette réforme, si simple et bien dictée par les circonstances, ne vint pas à Cluseret, mais elle lui fut signalée à plusieurs reprises par Eudes et La Cécilia; le Délégué à la guerre ne voulut rien entendre, et, pour essayer de mettre un peu d'unité dans le commandement, il donna tout d'abord l'ordre suivant :

« A l'avenir, tout ordre relatif au mouvement des troupes sera signé du général Bergeret, commandant la place de Paris.

« Il recevra à cet égard les instructions du Délégué à la guerre.

« Tout autre ordre de réquisition des troupes devra être considéré comme nul et non avenu.

« Toute demande relative au service de la garde nationale devra être adressée au ministère de la guerre. »

Mais le Comité central, de son côté, s'écriait dans une affiche placardée le même jour :

« ...Nous sommes redevenus le 28 mars ce que *nos mandats* nous ont faits, ce que nous étions le 17 :

« Un lien fraternel entre tous les membres de la garde citoyenne, une sentinelle avancée et armée contre les misérables qui voudraient jeter la division dans nos

rangs ; une sorte de grand conseil veillant au maintien
des droits, à l'accomplissement des devoirs, *établissant
l'organisation complète de la garde nationale.* »

Boniment bien fait pour plaire à la masse et où la
phraséologie intervenait surtout pour dissimuler l'usurpation évidente affirmée dans la dernière phrase.

*
* *

Au surplus, le Comité central, peu soucieux du chef
suprême, s'installe définitivement au Ministère de la
guerre, et, pendant que Cluseret affiche l'ordre cité
plus haut, il agit et expédie aux chefs de bataillon la
note suivante :

« Tous les chefs de bataillon devront faire parvenir
aujourd'hui, au secrétariat général du Comité central,
2, rue de l'Entrepôt, l'état nominatif et l'effectif de leur
bataillon, avec noms, prénoms, adresses et âges. *Chaque
Mairie* devra envoyer dans le même délai l'état des nouveaux incorporés. »

Ainsi le Comité central ne se contente pas d'em-
piéter sur les attributions du Délégué à la guerre, il
se substitue à la Commune même en donnant des ordres
aux municipalités.

La vérité apparaît bien ici : *le Comité, si débonnaire
pourtant pendant sa dictature, regrette de plus en plus
le pouvoir.*

*
* *

Ce n'est pas tout : Cluseret, par un premier ordre,
avait supprimé plusieurs chefs de légion et s'occupait

de les remplacer par des officiers de son choix ; il se
heurta à l'opposition très vive du Comité et fut contraint
de s'accommoder de la décision suivante :

« Considérant que, dans les circonstances actuelles, il
importe, surtout au point de vue militaire, de voir à la
tête des légions des officiers supérieurs ayant des
connaissances reconnues :

« Dans les arrondissements qui ne sont pas pourvus,
le chef de légion sera nommé provisoirement par le
Délégué à la guerre, et *sanctionné par le Comité
central.* »

On voit bien par là comment l'alliance entre Cluseret
et le Comité aboutissait au conflit d'abord, à l'anarchie
ensuite.

D'ailleurs le Délégué, après avoir mis tout d'abord, et
sans compter, sa confiance dans l'État-Major de la place,
eut lieu de s'en repentir : Bergeret, membre du Comité
central en même temps que chef d'état-major, lâcha
son chef direct et affecta de s'adresser, pour toutes
mesures militaires, à ses collègues du Comité. Cluseret
se fâcha, porta plainte à la Commission exécutive de la
Commune et fit arrêter Bergeret, en quoi il fit bien.

Ce fut Dombrowski, un soldat du moins celui-là, qui
remplaça cet étourneau de Bergeret. Le Comité central
s'éleva contre cette nomination : Dombrowski, il est
vrai, était pour l'action militaire exclusive d'abord ; il
détestait les galons et les galonnés, se battait souvent
en bourgeois et voulait qu'on lui obéît. Je n'ai point ici
à apprécier les convictions révolutionnaires de ce chef;

je rends simplement justice au soldat d'aventure. On
sait qu'il n'échappa point au soupçon de trahison, mais
quels chefs ne furent accusés ou soupçonnés pendant la
lutte? Au fond, on verra plus loin que rien de sérieux ne
reste de cette accusation portée contre Dombrowski : ce
qui subsiste de positif, c'est sa mort : il tomba à l'action, rue Myrrha, au moment où il essayait de défendre
Montmartre déjà tourné. J'aurai occasion d'ailleurs de
revenir sur cette accusation.

*
* *

Cependant l'arrestation de Bergeret avait mécontenté
bien des fédérés ; Cluseret, pour y parer, fit afficher une
longue jérémiade sur la nécessité d'unifier le commandement et d'établir la discipline. Mais il ne suffit pas de
donner des ordres, encore faut-il les faire exécuter, et
c'est ce que le Délégué à la guerre ne tenta jamais
sérieusement : cet homme se grisait avec la rédaction de
ses affiches, comme d'autres, à la Commune, se grisaient
chaque jour avec leurs paroles.

Le 14 avril, Cluseret fit un dernier effort pour mettre
un peu d'ordre dans la direction des forces militaires ;
il échoua comme devant et l'anarchie la plus complète
régna dès lors dans le département de la guerre : Paris
avait bien 200,000 hommes armés, *mais il n'avait pas
d'armée.*

Allez donc vaincre ou seulement combattre sérieusement dans des conditions pareilles ! Chaque jour de
l'administration de Cluseret faisait à Thiers la partie
plus belle, et la mesure que prit le Délégué à la guerre
pour rendre le service obligatoire vint mettre le comble
à toutes les fautes déjà commises.

9.

Le service forcé eût dû être rejeté par principe, par prudence et par logique.

Par principe : forcer des gens à se battre pour une cause qui n'est pas la leur, est abominable : c'est le fait du militarisme le plus étroit ; on n'a pas même le droit de forcer des citoyens à défendre leur patrie, on a seulement le devoir national de les fusiller, par mesure de sûreté ;

Par prudence : la réorganisation de la garde fédérée ne pouvait avoir pour but rationnel que d'unifier les forces ; on allait les éparpiller davantage encore en introduisant dans l'armée révolutionnaire des éléments inconnus, très probablement néfastes ;

Par logique : les soldats recrutés par violence étaient fort capables de se révolter un jour ou l'autre.

Il faut voir dans cet arrêté de Cluseret une des causes essentielles de nos revers : loin d'atteindre le but, il mit dans nos rangs des éléments hostiles, produisit dans Paris un effet déplorable et peupla nos prisons de réfractaires. Rigault avait été autrement sagace lorsqu'il avait simplement interné comme prisonniers de guerre les soldats abandonnés dans Paris et qui n'avaient pas voulu être incorporés.

Pour mon compte, j'avoue que je n'ai refusé aucun laissez-passer à mes camarades étudiants ; à tous je disais en leur délivrant un sauf-conduit :

« Tu es neutre ou ennemi ; si tu es neutre, tu ne te battrais jamais dans nos rangs qu'avec répugnance ; si

tu es ennemi, tu nous tirerais dans le dos à l'occasion...,
et tu ferais bien. Donc, pars. »

Aucun de ceux-là, j'en suis convaincu, ne prit part à
l'égorgement pendant la semaine sanglante.

En résumé, l'administration de Cluseret compris trois
périodes distinctes :

La première, qu'on peut appeler la période d'essai
de centralisation, pendant laquelle le Délégué cherche,
mollement du reste, à créer l'unité de commandement,
tant en supportant à côté de lui le pouvoir militaire du
Comité central ;

La seconde, période de tentative d'action, pendant
laquelle Cluseret semble avoir voulu former une grande
armée communaliste, à l'aide de compagnies de guerre,
d'un nouvel état-major, et du recrutement obligatoire ;

La troisième, période de chute, celle où l'on voit
l'administration de la guerre passer des mains de Cluseret dans celles du Comité central. C'est dans cette
période que s'accentuent la confusion des pouvoirs et
le gâchis, confusion et gâchis que l'intelligence, les
capacités militaires et l'énergie de Rossel seront impuis-
santes à surmonter.

Ainsi, pendant que la Commune gaspille le temps en
parlotes inutiles, le pouvoir militaire oscille du Comité
central à Cluseret et de Cluseret au Comité central ; nous
nourrissons et nous payons une armée de 200,000 hommes

et nous restons dans l'impossibilité matérielle de réunir 10,000 fédérés sur un champ de bataille !

Et ce fut au cours de cette administration néfaste que nous vîmes chaque jour les murs de Paris rendre compte de combats imaginaires et de victoires auxquelles d'ailleurs personne ne croyait ; on nous parlait de drapeaux pris, de soldats rendus ou faits prisonniers, mais on ne nous montrait jamais ni drapeaux ni prisonniers.

Pendant ce temps, Thiers, qui avait cependant à compter, lui aussi, avec une assemblée de phraseurs et, qui pis était, d'apeurés, ne s'en souciait guère et agissait : avec les soldats de l'ex-garde impériale surtout il formait une armée de 100,000 hommes et en confiait le commandement au maréchal bonapartiste de Mac-Mahon.

Nous avons laissé le théâtre de l'action *extra muros* le 7 avril, après l'échec de notre tentative de sortie et la prise du pont de Neuilly par les Versaillais.

A cette heure, nous n'avons encore devant nous que l'armée de Vinoy, dite armée de Paris, dont toute l'action a pour but unique de préserver Versailles. Étendue sur un large front, de la presqu'île de Gennevilliers à Châtillon, elle reste sur la défensive. Un autre homme que Cluseret, Rossel par exemple, eût pu reprendre alors, non sans péril il faut l'avouer, la marche sur Versailles ; mais la Commune et Cluseret venaient de renoncer à toute offensive et il ne pouvait plus être question que d'empêcher l'assaut des remparts.

C'est alors que Thiers appelle Mac-Mahon au commandement de l'armée de Versailles, chargée de faire à nouveau le siège de Paris, de prendre la ville après l'avoir bombardée et d'en égorger les habitants.

Cette nouvelle armée était ainsi composée :

ARMÉE DE VERSAILLES

Maréchal duc DE MAGENTA, commandant en chef.
Général BOREL, chef d'état-major général.
Général PRINCETEAU, commandant l'artillerie.
Général LE BRETEVILLOIS, commandant le génie.

1er corps : général de division : DE LADMIRAULT.

1re division d'infanterie : général GRENIER.

1re brigade :
Général GARNIER.
{ Régiment de Bitche.
48e de marche.
87e de marche.

2e brigade :
Général FOURNÈS.
{ 10e bataillon de chasseurs de marche.
51e de marche.
72e de marche.

Artillerie : 2 batteries de 4.
Génie : 1 compagnie.

2e division d'infanterie : général DE MAUD'HUY,
remplacé plus tard par le général DE LAVEAUCOUPET.

1re brigade :
Général WOLFF.
{ 23e bataillon de chasseurs de marche.
67e de marche.
68e de marche.
69e de marche.

<table>
<tr><td>2e brigade :
Général Hanrion.</td><td>{</td><td>2e bataillon de chasseurs de marche.
45e de marche.
135e de ligne.</td></tr>
</table>

Artillerie : 2 batteries de 4.
Génie : 1 compagnie.

3e *division d'infanterie* : général DE MONTAUDON.

<table>
<tr><td>1re brigade :
Général Dumont.</td><td>{</td><td>30e bataillon de chasseurs de marche.
39e de ligne.
Régiment étranger.</td></tr>
<tr><td>2e brigade :
Général Lefebvre.</td><td>{</td><td>31e de marche.
36e de marche.</td></tr>
</table>

Artillerie : 2 batteries.
Génie : 1 compagnie.

<table>
<tr><td>Brigade de cavalerie :
Général DE GALLIFFET.</td><td>{</td><td>9e bataillon de chasseurs.
12e bataillon de chasseurs.</td></tr>
</table>

Réserve d'artillerie.

2 batteries à balles. — 2 batteries de 12.
Régiment de gendarmerie à pied non embrigadé.

2e corps : général DE CISSEY.

1re *division d'infanterie* : général LEVASSOR-SORVAL.

<table>
<tr><td>1re brigade :
Général Besson (1).</td><td>{</td><td>41e bataillon de chasseurs de marche.
82e de marche.
85e de marche.</td></tr>
<tr><td>2e brigade :
Général Daudel (2).</td><td>{</td><td>113e de ligne.
114e de ligne.</td></tr>
</table>

Artillerie : 2 batteries de 4.
Génie : 1 compagnie.

(1) Tué en tête de ses troupes, le 10 avril.
(2) Remplacé plus tard par le général OSMONT.

2° division d'infanterie : général SUSBIELLE.

1re brigade :
Général BOCHER.

(18° bataillon de chasseurs de marche.
{ 46° de marche.
(89° de marche.

2° brigade :
Général PATUREL.

(17° bataillon de chasseurs de marche.
{ 38° de marche.
(76° de marche.

Artillerie : 2 batteries de 4.
Génie : 1 compagnie.

3° division d'infanterie : général LACRETELLE.

1re brigade :
Général DE LA CROIX.

(19° bataillon de chasseurs de marche.
{ 39° de marche.
(41° de marche.

2° brigade :
Général PÉCHOT (1).

{ 70° de marche.
(71° de marche.

Artillerie : 2 batteries de 4.
Génie : 1 compagnie.
Cavalerie : 6° de lanciers.

Réserve d'artillerie.

2 batteries à balles. — 2 batteries de 12.

3° corps : général DU BARAIL.

1re *division :* général HALNA DU FRETAY.

1re brigade :
Général CHARLEMAGNE.

{ 3° de hussards.
(8° de hussards.

2° brigade :
Général DE LAJAILLE.

{ 7° de chasseurs à cheval.
(11° de chasseurs à cheval.

Artillerie : (?)

(1) Tué en tête de ses troupes, le 10 avril, remplacé par le général BOUNETOUX.

2e *division* : général DU PREUIL.

1re brigade :   4e de dragons.
Général COUSIN.   3e de cuirassiers.

2e brigade :   1er régiment de gendarmerie.
Général DARGENTOLLE.   2e régiment de gendarmerie.

Artillerie : 1 batterie à cheval.

3e *division* : général RESSAYRE.

1re brigade :   9e de lanciers.
Général DE BERNIS.   7e de dragons.

2e brigade :   4e de cuirassiers.
Général BACHELIER.   8e de cuirassiers.

Artillerie : 1 batterie à cheval.

Réserve générale de l'artillerie.

Colonel DE LAJAILLE, commandant.

2 batteries à balles. — 4 batteries de 7. — 4 batteries de 12.

Réserve du génie.

1 compagnie.

Armée de réserve.

Général de division VINOY, commandant.
Général DE VALDAN, chef d'état-major.
Général RENÉ, commandant l'artillerie.
Général DUPOUET, commandant le génie.
L'intendant SCHMITZ, intendant.

1re *division d'infanterie* : général FARON.

1re brigade :   35e de ligne.
Général DE LA MARIOUZE.   42e de ligne.

2° brigade : } 109° de ligne.
Général Derroja. } 110° de ligne.

3° brigade : (2° bataillon de chasseurs de marche.
Général Berthe. { 64° de ligne.
  (65° de ligne.

Artillerie : 2 batteries de 4.
Génie : 1 compagnie.

2° division d'infanterie : général Bruat.

1re brigade : (74° de marche.
Général Bernard { 1er régiment d'infanterie de marine.
  de Seigneurens. (2° régiment de fusiliers marins.

2° brigade : (75° de marche.
Colonel Langourian. { 2° régiment d'infanterie de marine.
  (1er régiment de fusiliers marins.

Artillerie : 2 batteries de 4.
Génie : 1 compagnie.

3° *division d'infanterie* : général Vergé.

1re brigade : (26° bataillon de chasseurs de marche.
Général Duplessis (1). { 37° de marche.
  (79° de marche.

2° brigade : } 90° de marche.
Général Archinard(2). { 91° de marche.

Artillerie : 2 batteries de 4.
Génie : 1 compagnie.
Garde républicaine à pied et à cheval non embrigadée.

Réserve d'artillerie.

2 batteries à balles. — 2 batteries de 12.

(1) Nommé général de division et remplacé par le général
Daguerre.
(2) Nommé général de division et remplacé par le général
Grémion.

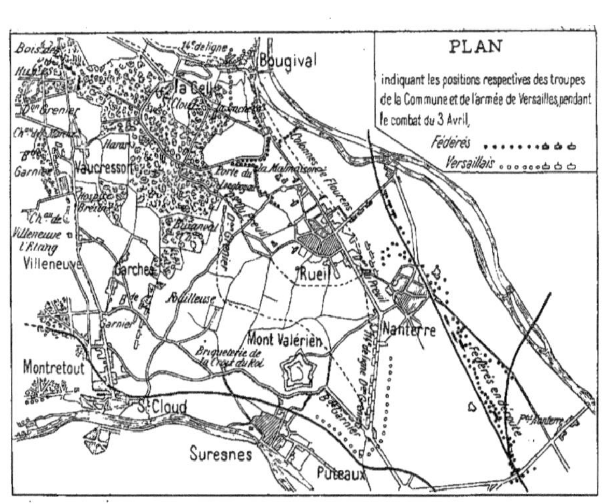

PLAN
indiquant les positions respectives des troupes
de la Commune et de l'armée de Versailles, pendant
le combat du 3 Avril.
Fédérés
Versaillais
Bois des
Hub
Ch de Brenier
Garnier
Vaucresson
la Celle
Cloud
Bougival
14e de ligne
Porte de la Malmaison
Fleuret
Ch de Breteuil
Villeneuve
l'Étang
Villeneuve
Garches
B de
Garnier
Rouilleuse
Buzanval
Ruel
Nanterre
Mont Valérien
Briqueterie de
la Croix du Roi
Montretout
St Cloud
Suresnes
Puteaux
Fédérés en déroute
P Nanterre

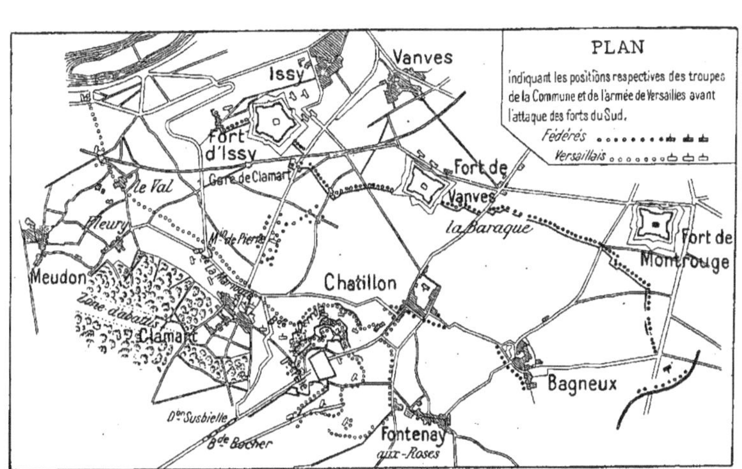

Vanves
Issy
Fort d'Issy
le Val
Gare de Clamart
Fleury
M. de Pierre
Meudon
Zone d'abatis
la Mignon
Clamart
Chatillon
Fort de Vanves
la Baraque
Fort de Montrouge
Bagneux
D.on Susbielle
B.de Bocher
Fontenay aux-Roses
PLAN
indiquant les positions respectives des troupes
de la Commune et de l'armée de Versailles avant
l'attaque des forts du Sud.
Fédérés
Versaillais

L'armée nouvelle de Mac-Mahon ne commença réellement ses opérations d'attaque que le 10 avril, et, du 6 au 11, l'armée de Vinoy, seule en ligne, eut à soutenir, tant à Neuilly qu'aux Moulineaux et à Clamart, les attaques incessantes des fédérés.

Il faut sur ces quelques jours de lutte laisser parler Vinoy.

« A dater de ce jour (6 avril), Neuilly devint le théâtre d'une lutte acharnée et constante. Les fédérés avaient pour eux l'appui du rempart, dont nos troupes avaient ordre de ne pas approcher, bien qu'il leur causât de fréquentes pertes...

« Nous fortifiâmes la tête du pont de Neuilly par des travaux très solides, mais dont l'exécution, constamment gênée par le feu du rempart, présenta de grandes difficultés. En même temps, le Polonais Dombrowski, nouveau général de la Commune, contrariait nos travailleurs par d'incessantes alertes qui nous rendirent la place très pénible à tenir (1). »

Mais, à partir du 12 avril, la situation change : l'armée de Mac-Mahon, forte de 100,000 hommes, commence l'attaque de Paris et, dès lors, son plan apparaît très nettement : faire brèche entre le Point-du-Jour et Passy : à cet effet, s'emparer d'abord de Neuilly pour garder la

____

(1) Vinoy, *Armistice et Commune.*

gauche, et détruire les forts du sud, pour garder la droite, cependant que le centre, appuyé par une artillerie formidable, poursuivra ses travaux d'approche, fera brèche et donnera enfin le suprême assaut.

*
* *

A partir du 11 avril, voici quelles étaient les positions de l'armée de Versailles :

Le 1ᵉʳ corps d'armée, sous le commandement du général de Ladmirault, formait l'aile gauche : la division de Maudhuy occupait Courbevoie et la tête du pont de Neuilly; la division Montaudon était entre Rueil et Nanterre; la division Grenier à Villeneuve-l'Étang.

L'aile droite était formée par le 2ᵉ corps d'armée commandé par de Cissey : il occupait Châtillon, Plessis-Piquet, Villacoublay et, en arrière, les bords de la Bièvre.

Au centre, opérait l'armée de réserve, sous le commandement de Vinoy : la divion Vergé avait ses avant-postes aux Moulineaux; la division Faron occupait le Val-Meudon, Fleury et atteignait Clamart; la division Bruat était en réserve à Versailles même.

De notre côté l'action devait donc tendre à prolonger le plus longtemps possible la défense *extra muros*, en défendant Neuilly et les forts du sud. C'est à quoi s'employèrent de leur mieux les généraux Dombrowski, La Cécilia et Eudes, puisque, avec le petit nombre d'hommes dont ils disposaient, ils tinrent jusqu'au 20 mai à Neuilly, et jusqu'aux premiers jours de mai dans les forts.

La pitoyable administration de Cluseret eut pour conséquence militaire de n'opposer hors Paris que quelques
milliers d'hommes aux 100,000 Versaillais qui nous
attaquaient, et le Délégué à la guerre de s'écrier naïvement dans ses Mémoires ridicules : « Dans les plus
grands moments de crise, je n'employai jamais plus de
6,000 à 6,500 hommes pour la défense totale de Paris,
de Saint-Denis à Charenton ».

Dans de telles conditions la lutte hors de l'enceinte
devenait plus que téméraire : nous allions être dans un
tel état d'infériorité numérique qu'il faudrait d'héroïques
efforts pour ne point se laisser rejeter dans Paris dès la
première attaque.

Ils furent faits ces efforts, puisque du 6 au 30 avril
les 7,000 hommes opposés à Vinoy d'abord, à Mac-
Mahon ensuite, tinrent la campagne et y disputèrent
le terrain pied à pied, tant à Neuilly qu'en avant des
forts du sud, dans les tranchées de préservation établies
contre les Prussiens, durant le premier siège. On conçoit dès lors qu'une armée de 20,000 fédérés mise à la
disposition des mêmes chefs, pendant la même période
de temps, *eût empêché* tous les travaux d'approche des
Versaillais et éternisé par là le second siège de la
capitale.

Si maintenant, ces faits acquis, on cherche dans
les documents officiels des deux partis à se faire une
idée précise des détails de la lutte *en banlieue*, on

reste fort embarrassé, car dans les deux camps on ment
avec le même aplomb, quoique de manières différentes : du côté communaliste, ce sont des victoires quo-
tidiennes; quant aux Versaillais, faisant bruit du
moindre pas en avant, ils dissimulent systématiquement
tous les échecs répétés de leur armée formidable. Le
rapport de Mac-Mahon est plus que discret en ce qui
concerne les opérations militaires du 12 avril au 22 mai,
jour de l'entrée dans Paris sans assaut. Vinoy, lui, est
moins silencieux : il avoue que Dombrowski se maintint
à Neuilly en causant de grands dommages à ses soldats,
que deux généraux versaillais furent tués à la tête de
leurs troupes, que la division Faron eut constamment
à souffrir, que la division Vergé fut inquiétée par de fréquentes alertes aux avant-postes des Moulineaux et de
Bellevue.

*
* *

Il faut bien reconnaître aussi que si, les 11, 12 et
13 avril, les forts d'Issy, de Vanves et de Montrouge
tonnèrent sans discontinuer, ce n'était pas uniquement
pour envoyer de la poudre aux moineaux. A cette date,
l'armée de Mac-Mahon entrant en ligne essaya de s'affirmer par un fait d'armes et voulut surprendre nos
forts, qu'elle ne croyait pas aussi bien gardés qu'ils
l'étaient. Une attaque nocturne simultanée fut tentée
contre les trois forts, et celui de Vanves, commandé par
Ledru, eut à supporter le choc principal. Les tranchées
de préservation établies contre les Prussiens durant le
premier siège sauvèrent alors la situation, elles permirent
à quelques milliers de fédérés de soutenir un combat très
inégal et de repousser victorieusement cette tentative
nocturne du corps de Cissey. Comme ce fut un échec

pour les Versaillais, Thiers se garda bien d'en aviser la province.

Au vrai, de victoire, il n'y en eut ni d'un côté ni de l'autre durant cette période d'un mois : pendant ces trois journées notamment, le seul succès des troupes de Eudes — et il est assez grand pour qu'on n'ait pas besoin de l'exagérer — c'est qu'elles ne se laissèrent point surprendre et que, bien qu'en très petit nombre, elles obligèrent les Versaillais à rejoindre leurs lignes antérieurement conquises, mais sans avoir fait un pas de plus en avant.

Toutefois la petite armée de Eudes ne pouvait indéfiniment prendre l'offensive pour empêcher les travaux d'approche que Mac-Mahon eût pourtant bien voulu éviter, mais qui, devenus nécessaires, furent conduits avec la sagesse et la confiance tranquille que donnait l'énorme supériorité du nombre.

Du côté de Neuilly la lutte était acharnée et incessante : après avoir annoncé bruyamment la prise du pont de Neuilly, qui n'alla point toute seule puisque deux généraux versaillais y trouvèrent la mort, Thiers devient silencieux, pendant de long jours. Cependant, du 7 avril à la fin du mois, 2,000 fédérés seulement se maintinrent dans les trois quarts du village, contre toutes les troupes du corps de Ladmirault.

Les opérations militaires de Vinoy, puis de Mac-
Mahon, autour de Paris, ne sont donc pas de celles dont
ils aient eu lieu de se glorifier.

⁎
⁎ ⁎

Cluseret, dans ses Mémoires, qui ne sont d'ailleurs
qu'une longue et ridicule apologie de sa personne,
attribue tout l'insuccès de son action militaire au peu
de solidité de ses troupes ou à l'insuffisance de ses généraux. En même temps, et par une singulière contradiction, il rappelle — ce qui est exact — que Dombrowski
avec 2,000 hommes, La Cécilia et Eudes, avec 3,000,
tinrent tête pendant plus d'un·mois aux corps de Ladmirault et de Cissey. Il est vrai que, s'il faut l'en croire,
ces 5,000 fédérés étaient tout ce que les généraux communalistes avaient pu retirer de combattants actifs
parmi les 15,000 hommes mis à leur disposition par la
délégation à la guerre. Soit. Cela prouve que si Cluseret
avait mis hors Paris 100,000 gardes nationaux, il en eût
tiré une armée de première ligne forte de 40,000 combattants. C'était plus qu'il n'en fallait pour garder les
tranchées protectrices de nos forts et rendre par là
même impossibles les travaux d'approche ou, tout au
moins, les retarder indéfiniment.

⁎
⁎ ⁎

Pour se défendre de son insuccès à l'extérieur, le
Délégué à la guerre prétend qu'il réservait ses hommes
et qu'il se réservait lui-même pour l'organisation de la
défense intérieure; c'est-à-dire qu'après coup, il prend

à son compte le projet caressé par Rossel. Cet argument est sans valeur aucune, puisque, lorsque Cluseret fut arrêté, il n'avait rien fait qui pût même laisser supposer son intention d'organiser une défense intérieure de la grande assiégée.

Ajoutons que Cluseret, sans oser méconnaître le courage de Eudes, s'en prend à plusieurs reprises à l'incapacité de ce chef militaire : où donc l'a-t-il constatée? Certes, Eudes n'était pas un soldat de carrière; mais dans cette action, qui demandait surtout de l'entraînement et de l'énergie, il donna tout ce qu'on pouvait attendre de sa décision et de sa nature impulsive : lorsqu'il fut placé sous les ordres de La Cécilia, un homme du métier celui-là, les choses n'en allèrent pas mieux, parce que, pour défendre les forts du sud, la seule chose à faire était d'empêcher les travaux d'approche, que, pour les empêcher, il fallait du monde et que, systématiquement, Cluseret n'envoyait personne.

.CHAPITRE II

ROSSEL ET SON ADMINISTRATION

Cluseret semblait avoir admis en principe — c'est du moins ce qui ressort de ses actes comme Délégué à la guerre — que Paris était imprenable et que la bataille ne pourrait jamais s'engager que sous ses murs. Les événements vinrent démentir ces sottes croyances. A l'époque où nous sommes de notre récit, deux de nos forts sont sur le point de succomber, une partie des remparts est battue en brèche; l'assaut est devenu possible; la pensée d'une lutte dans Paris s'est, vaille que vaille, emparée des plus confiants. J'ai dit aussi quelle avait été la politique mes-

quine suivie par Cluseret à l'égard du Comité central :
non seulement il n'avait pu réussir à la faire triompher,
mais le Comité central, toujours fortifié par le néant de
l'assemblée communale et las des contrôles, en était arrivé
très rapidement à des usurpations successives et de plus
en plus dangereuses ; Cluseret s'était trouvé vis-à-vis de
ce pouvoir renaissant dans la même situation que la Commune elle-même vis-à-vis de son fameux Comité de
Salut public ; de fait, le Comité central s'empara de l'administration de la guerre, mais comme c'était là le fait
d'une usurpation occulte et non revendiquée, il en ré-
sulta que l'armée communaliste ne put y trouver les
avantages désirables de l'unité du commandement.

Cela dit, il n'en est pas moins vrai que le Comité central, sous l'influence de certains chefs militaires, — dont
Rossel — et de quelques membres de la Commune,
avait décidé dès longtemps la chute de Cluseret, et les
événements de l'abandon provisoire du fort d'Issy n'en
furent que le prétexte.

Des faits aussi inconnus du public qu'importants pour
l'histoire de l'insurrection se rattachent à cet événement,
et c'est pour cela qu'il est bon d'examiner la délégation
de Rossel à la guerre au double point de vue adminis-
tratif et politique.

Mais avant d'apprécier les actes de Rossel, du malheureux jeune homme que les malheurs de sa patrie et une
ambition incontestable venaient de jeter comme une
proie dans l'arène révolutionnaire, je veux dire un mot
de son origine et de son caractère.

Le 20 mars 1870, le général Le Flô, ministre de la guerre, recevait d'un jeune officier supérieur la lettre suivante, qui dut quelque peu le stupéfier :

« J'ai l'honneur de vous informer que je me rends à Paris pour me mettre à la disposition des forces gouvernementales qui peuvent y être constituées. Instruit par une dépêche de Versailles, rendue publique aujourd'hui, qu'il y a deux partis en lutte dans le pays, je me range sans hésitation du côté de celui qui n'a pas signé la paix et qui ne compte pas dans ses rangs de généraux coupables de capitulation. »

Le même jour, cet officier arrivait à Paris et mettait son épée au service de l'insurrection contre les capitulards.

C'était le colonel Rossel.

Né à Saint-Brieuc en 1844, admis en 1862 à l'École polytechnique, il était sorti avec le n° 2 de l'École d'application de Metz. Capitaine au début de la guerre de 1870, il avait été envoyé à Metz quelques jours avant l'investissement de cette place forte, jusque-là imprenable. Inquiet de l'inaction de Bazaine et croyant que le maréchal était sans nouvelles aucunes de Paris, il s'offrit pour traverser les lignes ennemies et aller aux informations. Bien entendu, Bazaine refusa. Lorsque Rossel eut compris la trahison du chef de l'armée de Metz, il conspira avec quelques autres officiers pour s'emparer du traître, le traduire devant un conseil de guerre, le remplacer enfin par un général avec lequel on tenterait un suprême effort pour rompre le cercle de fer où se trouvait enfermée la meilleure armée de la France. Dénoncé, arrêté, Rossel fut emprisonné au fort de Plappeville avec le capitaine de Boyenval. Après la capitulation, il

10.

s'échappe de son cachot, franchit les lignes allemandes, gagne la Belgique et, le premier, dénonce dans l'*Indépendance belge* le crime de Bazaine; puis, il se rend à Tours. Gambetta le charge d'abord d'une mission d'organisation dans le Nord, et, à son retour, le nomme colonel et directeur du génie au camp de Nevers.

Ce n'était donc pas un révolutionnaire qui venait à nous, mais un soldat d'élite et un patriote éprouvé.

Il est incontestable que, dans l'état où se trouvait, à la fin d'avril, l'administration de la guerre, si le nouveau Délégué eût commis, au cours de son mandat, des erreurs ou des fautes, il serait impossible de juger — au cas où on eût voulu l'en rendre responsable — si ces erreurs ou ces fautes n'étaient pas plutôt la conséquence inéluctable de celles commises par son prédécesseur.

Mais, au point de vue purement militaire, l'administration de Rossel semble échapper, même après minutieuse recherche, à tout grave reproche : dès son début, il comprit que le salut ne pouvait plus être cherché que dans l'unification réelle du commandement, dans l'établissement d'une discipline absolue, enfin dans la formation d'une ligne de défense à l'intérieur de Paris.

On peut affirmer que, le plan conçu, il déploya toute son énergie pour en assurer l'exécution : s'il échoua, il faut s'en prendre uniquement à la Commune qu'il n'eut point les moyens de convaincre ni de renverser.

★
★ ★

Rossel s'était servi du Comité central pour précipiter la chute de Cluseret; mais il avait la ferme intention de se débarrasser très rapidement et du contrôle de ce Comité et de ses usurpations qui, un instant encouragées, devenaient la cause dominante, persistante de la désorganisation. A cet effet, il crut pouvoir compter sur la Commune, au lieu de se résoudre à la suppression d'un pouvoir parlementaire qui s'affirmait chaque jour comme une entrave à l'action militaire, devenue à cette heure l'action révolutionnaire.

Dès que la Commission exécutive lui eut notifié ses nouvelles fonctions, Rossel en remercia la Commune par la lettre suivante :

« Citoyens,

« J'ai l'honneur de vous accuser réception de l'ordre par lequel vous me chargez, à titre provisoire, des fonctions de délégué à la guerre.

« J'accepte les difficiles fonctions; mais j'ai besoin de votre concours le plus entier, le plus absolu, pour ne pas sombrer sous le poids des circonstances.

« Salut et fraternité.

« *Le colonel du génie,*

« Rossel. »

Il faut dire que les circonstances et ses propres projets lui dictaient alors, vis-à-vis de tous ces pouvoirs rivaux, la plus grande prudence.

Au point de vue de la lutte contre Versailles, ce qu'il

devait rechercher, et ce qu'il recherchait en effet, c'était son entière liberté d'action. Plein d'espoir, Rossel s'occupa donc, dès son avènement, des moyens à employer pour résister à l'attaque maintenant certaine des Versaillais.

Aussi bien, le 30 avril, il jeta les bases de la formation d'un camp retranché dans l'intérieur de Paris et donna les ordres suivants :

« *Ordres.*

« Le citoyen Gaillard père est chargé de la construction des barricades formant une seconde enceinte en arrière des fortifications. Il désignera ou fera désigner par les municipalités, dans chacun des arrondissements de l'intérieur, les ingénieurs ou délégués chargés de travailler sous ses ordres à ces constructions. Il prendra les ordres du Délégué à la guerre pour arrêter les emplacements de ces barricades et leur armement.

« Outre la seconde enceinte indiquée ci-dessus, les barricades comprendront trois enceintes fermées ou citadelles, situées au Trocadéro, aux Buttes-Montmartre et au Panthéon. Le tracé de ces citadelles sera arrêté sur le terrain par le Délégué à la guerre, aussitôt que les ingénieurs chargés de ces constructions auront été désignés. »

Il est incontestable que si ce projet avait reçu son entière exécution, la lutte qui s'engagea le 22 mai dans Paris aurait été beaucoup moins meurtrière pour les fédérés, qu'elle eût empêché les mouvements tournants de l'armée de Mac-Mahon et que, dès lors, la lutte s'éternisant, les événements exploités par Thiers eussent peut-être été modifiés lu tout au tout.

*
* *

Et cependant ce projet trop hâtivement élaboré présentait quelques points faibles : l'erreur capitale consistait dans l'oubli du contrefort de la Butte-aux-Cailles, — seul point où les Versaillais essuyèrent par la suite un véritable et sanglant échec. En second lieu, une seule ligne de défense intérieure était insuffisante : il aurait fallu — et Rossel y songea — organiser une série de lignes parallèles se reliant les unes aux autres par des contreforts et des lignes transversales. On objectera que le temps aurait manqué pour organiser pareille défense. Je crois encore aujourd'hui le contraire : quand on a vu avec quelle rapidité s'élevèrent les barricades dans les journées des 22, 23 et 24 mai, on ne peut objecter la question de temps, car nous étions alors en avril. Le plus difficile à trouver, ce n'était point les bras, mais bien les hommes pour les diriger, et c'est ce que Rossel ne comprit point lorsqu'il confia la direction générale de cette action au citoyen Gaillard.

Le « père Gaillard », comme nous l'appelions, était un honnête cordonnier et un brave homme, que sa faconde faubourienne avait mis en vue dans les réunions publiques de la fin de l'Empire ; mais ses qualités « militaires » étaient plutôt douteuses. On s'étonnerait donc d'un pareil choix fait par un spécialiste en matière de fortification s'il n'était pas permis de supposer, sans aucune médisance, que Rossel, hanté par la pensée d'une dictature révolutionnaire et militaire, avait confié ce poste impor-

tant à Gaillard, à cause de la popularité dont jouissait
alors le cordonnier orateur.

Quoi qu'il en soit, la mesure en elle-même était
fort sage ; c'était celle à laquelle Blanqui se serait arrêté
dès le début s'il avait été là ; seulement, Blanqui, enrayé
par la Commune, ne lui eût pas demandé une cellule
à Mazas ; au contraire il l'y eût envoyée siéger.

Le jour même de son avènement, pour hâter le réta-
blissement de l'unité de commandement, le jeune Délégué
à la guerre prenait la mesure suivante :

« Le général Wroblewski étendra son commandement
sur toute la rive gauche de la Seine, aux troupes et aux
forts situés d'Issy à Ivry. Les commandants des forts, les
commandants des troupes et autres officiers et employés
de la Commune le reconnaîtront en cette qualité et obéiront à ses ordres. »

« *Le Délégué à la guerre,*

« ROSSEL. »

Le commandement confié à Wroblewski était des plus
importants : il avait en effet à *rétablir* une unité de relations dans les forts du réseau, à régulariser le service
des remparts et, particulièrement, à veiller à l'établissement de la partie la plus difficile du camp retranché
projeté. Au reste, indépendamment des raisons particu-
lières qui amenèrent Rossel à confier au soldat polonais
cet important poste de combat, il faut dire qu'au point
de vue militaire ce choix était alors le meilleur : pendant
la semaine sanglante, ce fut Wroblewski qui défendit la

Butte-aux-Cailles, et il n'est pas douteux que si la défense
avait été ordonnée sur tous les points de Paris comme sur
celui-là, l'armée de Mac-Mahon aurait moins eu à se glorifier dans la suite de sa facile victoire des mouvemènts
tournants !

Une autre mesure importante prise par Rossel, dès son
avènement, prouve qu'il était bien résolu à mener rapide-
dement sa tactique d'action militaire :

« Attendu, disait-il le 20 avril, qu'il y a intérêt en ce
moment à centraliser le service de l'artillerie ;

« Toutes les batteries, montées ou non, qui ne sont
pas au feu, ou dont le service n'est pas utile à la défense
des remparts, devront être rendues demain, avant midi,
à l'École militaire.

« Toutes celles qui n'obéiront pas perdront le droit
de solde » (1).

Une telle mesure s'imposait tellement et depuis les
premiers jours, qu'on ne conçoit même pas qu'elle ait
pu échapper à l'ex-délégué Cluseret, si grand qu'ait été
le désordre qui signala du premier au dernier jour sa
funeste administration.

---

(1) Cet ordre fut généralement exécuté. et, voyez un peu la
fatalité des événements: il arriva, Rossel ayant lâché pied et la
Commune n'ayant plus rien fait au point de vue militaire, que
l'armée do Mac-Mahon, à son entrée dans Paris, put se porter
rapidement à l'École militaire et s'emparer de la plus grande
partie de notre artillerie et de nos munitions. Ajoutons que c'était
d'ailleurs une faute de Rossel, d'avoir choisi pour parc cet endroit
menacé.

On se rappelle en effet qu'une des causes de la défaite
du 3 avril avait été le manque à peu près complet d'artillerie; on se souvient aussi que, pendant qu'à Paris
tant de pièces de tous calibres étaient dispersées inutilement, la barricade du pont de Neuilly avait été enlevée
par les Versaillais parce qu'on n'avait point là assez de
canons pour la défendre. On se souvient aussi que
Eudes, malgré d'héroïques efforts à Meudon, avait dû
battre en retraite, faute d'artillerie pour se maintenir
dans les positions conquises.

Et pourtant notre arti' rie, de l'avis même de nos
adversaires, était à ce poi t supérieure à la leur, qu'elle
n'aurait jamais dû nous faire défaut; mais durant de
longs jours, mitrailleuses, obusiers et pièces de tous
calibres restèrent sans emploi à Montmartre, à Belleville, à l'Hôtel-de-Ville, au Panthéon et autres lieux; et
cependant des hommes, en très grand nombre, demeu-
raient là inactifs, touchant une solde de combattants pour
un service illusoire!

La mesure prise par Rossel était donc des plus sages,
mais encore ne suffisait-il pas de centraliser ainsi le
matériel; restait à organiser des batteries régulières et

à faire en sorte que les pièces d'un même calibre fussent
expédiées sur un même point pour empêcher ce qui arrivait constamment : l'envoi sur le terrain de l'action de
munitions inutilisables! C'était au moins ce but que
l'ordre suivant du citoyen Avrial cherchait à atteindre :

« Afin de régulariser le service du corps d'artillerie
et d'en compléter l'organisation, le Directeur général
du matériel invite les chefs de parc, les gardes de pou-
drières dans l'intérieur de Paris et des forts, les directeurs de fabriques de cartouches, gargousses et projectiles de toute nature, à se présenter au bureau du directeur général, 86, rue Saint-Dominique, le dimanche
7 mai, à 9 heures du matin.

« Les directeurs, gardes-magasins et chefs de parc
devront présenter un rapport détaillé de leur fabrication,
ainsi que l'inventaire des munitions et projectiles exis-
tant au présent jour.

« Faute par eux de se conformer à ce présent ordre,
ils seront relevés de leurs fonctions.

« Paris, 4 mai 1871.

« *Le Directeur de l'artillerie,*

« AVRIAL. »

On voit bien qu'à cette heure Rossel agissait active-
ment et qu'il arrivait à se faire obéir. En même temps,
contrairement à son prédécesseur, il recherchait les responsabilités et s'efforçait d'obtenir de la Commune le
droit d'initiative absolue dans la conduite des opérations
militaires; mais l'Assemblée communaliste, tout en
donnant au jeune Délégué un pouvoir discrétionnaire,
ne voulut pas s'attaquer de front au Comité central.

Rossel dut alors s'adresser au Comité de Salut public;
il lui arracha péniblement l'arrêté suivant :

« Art. 1er. — La délégation de la guerre comprend
deux divisions :

« Direction militaire,

« Administration.

« Art. 2. — Le colonel Rossel est chargé de l'initiative et de la direction des opérations militaires.

« Art. 3. — Le Comité central de la garde nationale
est chargé des différents services de l'administration de
la guerre, sous le contrôle direct de la Commission militaire communale.

« 15 floréal, an 79.

« *Le Comité de Salut public,*

« Ant. Arnaud, Ch. Gérardin, Félix Pyat,
Léo Meillet, G. Ranvier. »

** * **

Arrêté néfaste en définitive, puisqu'il laissait l'administration du département de la guerre à trois pouvoirs :
celui du Délégué, celui du Comité central, celui de la
Commission communale soi-disant compétente.

Rossel dut s'en contenter; il y vit d'ailleurs un moyen
de se créer, du moins sur un point, une autorité absolue
et de placer le Comité gêneur sous le contrôle de la
Commune; si un conflit devait surgir, il éclaterait entre
le Comité central et l'Assemblée; ce serait peut-être
pour Rossel le moyen rêvé de se débarrasser des deux.

Le conflit se produisit en effet, mais il se termina par
un arrangement contre Rossel. Contraint de se soumettre,
le jeune Délégué ne chercha plus qu'à empêcher le
Comité central de ressaisir contre lui l'autorité qu'il
avait exercée contre Cluseret, et il fit rendre par la Commission militaire de la Commune l'arrêté suivant :

« Le Comité central ne peut nommer à aucun emploi ;
il propose les candidats à la Commission de la guerre,
qui décide.

« Des comptes quotidiens de la gestion de chaque service seront rendus à la Commission de la guerre. »
(8 mai).

Rossel croyait éviter ainsi toute initiative du Comité
central ; il n'en fut rien ; ce qu'il importait alors de dé-
créter, c'était l'expulsion du Comité central de toutes les
administrations gouvernementales : du moment où on
n'osait le dissoudre, il ne fallait le laisser subsister que
comme « conseil de famille » de la garde nationale, ainsi
qu'il se dénommait lui-même dans une précédente proclamation.

Que Rossel, hanté par l'idée d'une dictature, se soit
peu inquiété d'un pouvoir qu'il espérait supprimer avec
les autres, on le conçoit ; mais que la Commission militaire de la Commune où siégeaient deux hommes politiques, Tridon et Varlin, partisans affirmés du maintien
de l'autorité communale, ne se soit pas autrement
inquiétée des empiètements du Comité central, c'est
déconcertant.

*
* *

Quoi qu'il en soit, il faut dire à l'honneur du Délégué à la guerre, qu'en dépit de toutes les traverses, il ne perdait point de vue son objectif essentiel : l'action militaire tendant alors à prolonger le plus longtemps possible la lutte hors Paris pour permettre l'organisation de la défense *intra muros*. A cette effet, il avait distribué comme suit le commandement de nos forces :

« Le général Dombrowski se tiendra de sa personne à Neuilly et dirigera directement les opérations sur la rive droite.

« Le général La Cécilia dirigera les opérations entre la Seine et la rive gauche de la Bièvre. Il prendra le titre de général commandant le centre.

« Le général Wroblewski conservera le commandement de l'aile gauche.

« Le général Bergeret commandera la 1re brigade active de réserve; le général Eudes commandera la 2e brigade active de réserve.

« Chacun des généraux ci-dessus désignés conservera un quartier général à l'intérieur de la ville, ainsi qu'il suit :

« 1º Le général Dombrowski, à la place Vendôme;

« 2º Le général La Cécilia, à l'École militaire;

« 3º Le général Wroblewski, à l'Élysée;

« 4º Le général Bergeret, au Corps législatif;

« 5º Le général Eudes, à la Légion d'honneur.

« Un ordre ultérieur déterminera les troupes que le ministère de la guerre mettra à leur disposition.

« Le délégué à la guerre,

« ROSSEL. »

*
* *

Cet ordre était le premier qui définissait de manière positive les fonctions des divers chefs militaires. Cluseret, soit que, n'ayant aucun plan arrêté, il n'ait pas su au juste quelles fonctions attribuer à chacun, soit qu'il fût bien aise de laisser chaque chef opérer à sa guise afin de pouvoir par la suite esquiver toute responsabilité, s'était toujours gardé de définir exactement les pouvoirs de ses lieutenants. Il s'était borné à lancer dans le public de ces attributions indécises qui ne l'engageaient à rien, et qu'il savait subordonnées à l'interprétation personnelle de chacun des généraux.

Cette fois, au contraire, chaque chef avait une action bien définie, et il est à remarquer que l'adaptation des fonctions aux qualités personnelles de chacun révélait chez le jeune Délégué à la guerre une perspicacité peu commune : s'il donnait à des hommes comme Dombrowski, La Cécilia et Wroblewski, tous gens de guerre, la mission militaire *extra muros*, il réservait Bergeret et Eudes surtout pour la conduite de la guerre des rues, maintenant imminente. Voilà qui était d'un chef habile et d'un esprit politique qui, malheureusement, ne donna point par la suite tout ce qu'il promettait alors.

Ajoutons que, dès le lendemain de la signification de cet ordre, Rossel s'occupa de la réorganisation des troupes ; mais les événements n'ayant pas tourné au gré de ses espérances et ayant amené au contraire son brusque départ, il ne put effectuer ni les concentrations de troupes, ni les mouvements qui, selon lui, devaient améliorer notre situation militaire déjà tant compromise.

Delescluze, qui vint après lui, eut le tort très grave
de ne point suivre les plans ébauchés et de ne point en
hâter l'exécution : par suite des soupçons inconsidérés
qui pesaient alors sur Rossel, il crut, avec presque tous
ses collègues d'ailleurs, qu'il fallait faire table rase de
toutes les mesures prises par le démissionnaire. Folie!
car un peu de perspicacité lui eût montré que si Rossel
avait rêvé de se débarrasser du pouvoir parlementaire
de l'Assemblée communaliste, la réalisation de son
entreprise ne pouvait être que la conséquence d'une
action vigoureuse contre les Versaillais.

Afin de permettre au lecteur de se faire une idée
complète des efforts faits par Rossel pour utiliser enfin
méthodiquement les forces énormes dont nous dispo-
sions alors, il nous faut signaler en dernier lieu
quelques actes du Délégué qui provoquèrent la critique
malicieuse des uns et l'indignation des autres.

Lors du siège de Paris par les Prussiens, nos propres
officiers de mobiles avaient pris l'habitude déplorable
de détruire tout sentiment de discipline dans nos
troupes d'avant-postes ; ils en étaient arrivés à autoriser
leurs hommes à engager parfois des conversations avec
les sentinelles des avant-postes ennemis ; il n'avait fallu
rien moins qu'un ordre supérieur pour mettre fin à cet
état de choses. Le même inconvénient semblait vouloir
se produire aux avant-postes de la Commune, où nulle

discipline, nulle prudence n'étaient observées. D'autre
part, l'*exercice de la crosse en l'air* était devenu pour
les officiers versaillais, non plus un signal de concorde,
mais une véritable ruse de guerre à laquelle les fédérés
avaient le tort de se laisser prendre constamment. C'est
surtout de cette façon que le corps de Vinoy s'était, le
4 avril, emparé de la redoute de Châtillon, et, ce jour-
là, les fédérés avaient payé leur confiance trop grande
de la mort de leur général et de leur propre capture.

Rossel qui, dans ses fonctions antérieures de chef de
légion, avait pu constater la trop grande confiance de
ses hommes et leur indiscipline, chercha à remédier au
double mal par l'ordre suivant qui vaut d'être conservé :

« *Ordre.*

« Il est formellement interdit à tout commandant
militaire, officier ou autre fonctionnaire au service de
la Commune, d'avoir aucune communication avec
l'ennemi.

« Le Délégué à la guerre rappelle à ce sujet les
prescriptions du règlement sur le service en campagne ;
il les fera exécuter dans toute leur rigueur :

« Les trompettes et les parlementaires de l'ennemi
« ne dépassent jamais les premières sentinelles ; ils
« sont tournés du côté opposé au poste ou à l'armée. On
« leur bande les yeux, s'il en est besoin. Un sous-officier
« reste avec eux pour exiger que ces dispositions soient
« observées. Le commandant de la grand'garde donne
« reçu des dépêches et les expédie sur-le-champ au
« général. Il congédie sur-le-champ le parlementaire.
« L'envoi de parlementaires sert parfois à couvrir une

« ruse de guerre. On ne doit donc pas interrompre le
« feu pour le recevoir, quand même l'ennemi aurait
« interrompu le sien. »

Le 9 mai, le dernier ordre donné par Rossel était
inspiré par la même préoccupation :

« Ordre.

« Il est défendu d'interrompre le feu pendant un combat, quand même l'ennemi lèverait la crosse en l'air ou
arborerait le drapeau parlementaire.

« Il est défendu, sous peine de mort, de continuer le
feu après que l'ordre de le cesser a été donné, ou de
continuer à se porter en avant lorsqu'il a été prescrit de
s'arrêter. Les fuyards et ceux qui resteront en arrière
seront sabrés par la cavalerie; s'ils sont nombreux, ils
seront canonnés.

« Les chefs militaires ont, pendant le combat, tout
pouvoir pour faire marcher et faire obéir les officiers
ou soldats placés sous leurs ordres.

« Paris, 9 mai 1871.

« *Le Délégué à la guerre,*
« ROSSEL. »

Les uns trouvèrent que Rossel jouait avec le croque-
mitaine de la discipline, tout en sachant bien qu'il ne
parviendrait jamais à l'établir; d'autres s'indignèrent,
en prétendant que le feu devait cesser à l'approche d'un

parlementaire et que si *la crosse en l'air* était pour
certains une ruse de guerre déloyale, elle pouvait être, à
un moment donné, l'expression d'un sentiment vrai de
concorde !

Pur verbiage : quiconque, à l'heure où l'on était,
voyait *les choses sous leur véritable et triste jour* ne
pouvait que constater ce fait : de part et d'autre on
allait au combat sans pensée de conciliation; l'erreur
n'était guère plus permise qu'aux adeptes trop confiants ou trop habiles de la « Ligue d'union républicaine » qui n'assistaient point aux péripéties journa-
lières de la lutte. Depuis qu'on se battait hors Paris,
les troupes versaillaises avaient souvent levé la crosse
en l'air pour surprendre les fédérés; pas une seule fois
les auteurs de cette manifestation perfide n'étaient venus
à nous.

Quant à la discipline, je crois encore que Rossel voulait et espérait très sincèrement la créer (1). Je puis
d'autant plus le croire que nous avions organisé au Comité de Sûreté générale un service d'espionnage qui
fonctionnait assez bien; dans tous les rapports qui me
passaient sous les yeux, et dont j'envoyais des extraits à
la guerre, le fait du mauvais service des avant-postes
était relaté :

« On ne peut s'expliquer, disait un de nos agents,
qu'il n'arrive point de plus graves accidents, que par le
mauvais état des grand'gardes ennemies. C'est au mauvais état de la discipline dans nos postes avancés qu'il
faut attribuer toutes les surprises malheureuses qui ont
eu lieu jusqu'ici, et dont celle du Moulin-Saquet fut la
plus grave et la plus meurtrière. »

(1) Voir p. 210.

Tels sont les faits qui caractérisent l'administration
militaire de Rossel pendant son trop court passage à la
délégation à la guerre. Je reste persuadé que si ce jeune
chef avait défendu Paris dès le début, le second siège
se fût tout au moins éternisé.

Cette conclusion tirée, il nous faut exposer les agissements politiques de Rossel. Les faits qui vont suivre ont
leur importance; ils appartiennent en quelque sorte aux
archives secrètes de l'Insurrection; peu de personnes
les connaissent; je pense que le lecteur ne me repro-
chera pas de les lui révéler.

Nombre de citoyens, et des plus révolutionnaires,
avaient senti, dès les journées des 3, 4, 5 et 6 avril,
qu'une assemblée délibérante exerçant le pouvoir exécutif et substituant les lenteurs de la discussion parlementaire à la rapidité nécessaire de l'action, était le
système le plus funeste qu'on pût adopter.

La proposition fut même faite à la Commune de se
démettre en tant qu'Assemblée exécutive et de res-
treindre momentanément ses pouvoirs au seul exercice
des fonctions municipales, dans chaque arrondissement,
après avoir nommé un comité dictatorial, au-dessus de

tout contrôle. La Commune alors refusa d'abdiquer, et,
veulerie suprême, quand, à la dernière heure, on lui
demanda de succomber, au centre même de l'action elle
abandonna le radeau et se dispersa !

*
* *

Le projet, pour avoir été rejeté par les parlementaires
communalistes, n'en resta pas moins dans quelques
esprits, disposés à le mettre à exécution pour un coup
d'État et résignés à tenter de sauver la Révolution du
parlementarisme qui allait, en l'enrayant de plus en
plus, la conduire à la chute finale.

Le 25 ou le 26 avril, trois personnes, au nombre desquelles se trouvait un nommé Bayer, ex-colonel au service
de la Pologne agonisante, se présentèrent au Comité de
Sûreté générale et demandèrent une entrevue particulière à Aminthe Dupont.

Après quelques minutes de conversation sur des géné-
ralités vagues et banales, les personnages mirent cartes
sur table et demandèrent ouvertement à Dupont si, dans
le cas d'une *dissolution* quelconque de la Commune, il
consentirait volontiers à faire partie d'un triumvirat
ainsi composé :

Rossel au département de la guerre ;

Charles Gérardin aux relations extérieures, pour le
soulèvement de la province ;

Aminthe Dupont au département de l'Intérieur réuni
aux subsistances.

Le général Dombrowski devait avoir le commandement en chef de la garde nationale.

Dupont répondit que le moment lui semblait bien
mal choisi et la situation trop critique pour qu'il con-
sentît à assumer si lourde part de responsabilité.

« Je ne veux voir en vous, conclut-il, que des citoyens
entraînés par l'excès de leurs bonnes intentions ; j'ignore
si vous agissez en votre nom ou si vous m'êtes envoyés ;
mais je dois vous prévenir que si j'entends encore parler d'un semblable projet, je vous ferai arrêter immédiatement, vous... et les autres. »

En réalité, Dupont, qui n'avait jamais célé ses opinions autoritaires en temps de lutte, jugeait la situation
trop compromise pour s'associer à un coup d'État dont
les auteurs ne lui semblaient pas suffisamment autorisés.
Le soir même il fit part de l'incident à Rigault, à Trinquet et à moi.

— « Il y a peut-être quelque chose à tirer de ces gens-
là, dit Rigault, surtout si nous parvenons à faire évader
Blanqui. Ce sera à voir. En attendant, nous allons les
faire surveiller... », ce qui fut fait.

Il y avait donc complot. Voici comment il fut ourdi :
Au nombre des élus du XVIIᵉ arrondissement se trou-

vait Charles Gérardin, jeune homme de vingt-sept ans,
nature intelligente et loyale, mais esprit faussé par les
écarts d'une imagination d'artiste. Comme tant d'autres,
il s'était jeté dans la tourmente, guidé par ce sentiment
généreux qui s'empare aisément de tout jeune homme
dont une triste expérience n'a pas encore terni les illusions, à la vue de souffrances imméritées et dont il
trouve la cause dans l'existence et dans les exactions
d'une classe privilégiée. Tout de premier mouvement,
homme de sentiment, non d'analyse, impulsif en diable,
plein de cœur... et d'étourderie, doué de cet esprit
charmant, si commun dans la seconde moitié du
XVIIIe siècle, et qui consiste à dire une sottise gentiment
dissimulée sous la grâce de la phrase ; sophiste aimable,
habile à couvrir une gaucherie d'un principe, danseur
infatigable, chanteur agréable, tel était Gérardin.

O Révolution du 18 mars ! Gérardin, dans un club,
semblait le papillon brillant emporté sur les ailes de la
tempête, au milieu des nuages sombres que sillonne
la foudre ! Rossel fit de cet aimable étourdi un ami sincèrement enthousiaste et ne tarda pas à prendre sur lui
l'influence que des facultés sérieuses exercent toujours
sur les écervelés. Ce fut par Gérardin que Rossel obtint
tout d'abord le poste de chef d'Etat-major au ministère
de la guerre.

Que se passa-t-il ensuite ? Prirent-ils l'assurance
qu'ils étaient les interprètes d'un sentiment assez
répandu dans la partie militante de la garde nationale
fédérée ? Je l'ignore. Toujours est-il qu'à partir de
l'entrée de Rossel au ministère, de fréquentes entrevues
clandestines eurent lieu entre celui-ci, le jeune membre
de la Commune, les généraux Dombrowski et Wroblewski. Dans un de ces conciliabules, la chute de Cluseret fut résolue pour faire place à Rossel et, dès lors,

le moment venu, une démission bruyante de Dombrowski devait être le prétexte du renversement violent de la Commune élue.

Le soir de l'élection du Comité de Salut public, composé de Félix Pyat, A. Arnaud, Léo Meillet, Ranvier et Ch. Gérardin, le Délégué à la guerre dînait à l'Hôtel de Ville et faisait aux membres du nouveau Comité l'exposé des mesures militaires qu'il comptait prendre. Une discussion assez animée s'éleva entre lui et Félix Pyat, et des paroles aigres-douces furent échangées. Pour quiconque a connu Pyat, on doit penser qu'il n'oublia rien et fit par la suite tout le possible pour montrer à Rossel qu'il avait bonne mémoire. A. Dupont arriva à la fin du repas et vit là Rossel pour la première fois. Ce fut Girardin qui le lui présenta. Au moment du départ, le Délégué à la guerre offrit à Dupont une place dans sa voiture, et tous deux se rendirent à la Préfecture de police où Rigault, prévenu par Gérardin, les attendait en compagnie de Régnard, de Eudes et de Da Costa.

Rossel, plutôt nerveux, exposa rapidement son projet. Rigault approuva le principe d'un coup d'État contre la Commune ; mais il subordonna son concours à l'arrivée de Blanqui, dont il espérait l'évasion.

— « Rien à faire sans *le vieux*, dit-il en substance. Vous, citoyens Rossel, Dombrowski, Wroblewski et

Eudes, vous ferez tous d'excellents auxiliaires de Blanqui ; seuls, vous ne pouvez rien contre la Commune. Si nous ne parvenons pas à délivrer Blanqui, nous verrons à tenter quelque chose avec Delescluze, mais ce sera beaucoup plus problématique. En attendant, il faut discrètement préparer l'opinion et annuler le plus possible l'action militaire du Comité central, dont nous aurions plus de mal à nous débarrasser que de la Commune. »

' On se sépara fort avant dans la nuit, après avoir décidé de rechercher l'appui de certains groupes et le concours du *Père Duchêne.*

Rossel se rendait bien compte que Rigault avait raison et qu'il fallait confier la dictature à un homme connu par un long et glorieux passé d'action. Il ne négligea rien cependant pour se créer la réputation d'un soldat énergique. C'est dans cette intention qu'il fit répandre bruyamment la réponse suivante au commandant de génie Leperche, qui venait de sommer la garnison du fort d'Issy de mettre bas les armes :

« Mon cher camarade,

« La première fois que vous vous permettrez de nous « envoyer une sommation telle que vofre lettre auto- « graphe d'hier, je ferai fusiller votre parlementaire, « conformément aux usages de la guerre.

« Votre dévoué camarade,

« ROSSEL ».

Aussitôt la nouvelle de l'évacuation du fort arrivée, une délibération dernière eut lieu, à la suite de laquelle Dombrowski envoya sa démission. Rossel rédigea la fameuse affiche annonçant que le drapeau tricolore flottait sur le fort d'Issy, et une revue générale fut ordonnée pour le lendemain 10 mai sur la place de la Concorde.

Les conjurés comptaient sur l'émotion de la garde nationale apprenant la prise du fort et la démission de Dombrowski, que son courage chevaleresque avait rendu populaire : tous ces événements habilement mis à la charge de la Commune, un coup de main sur l'Hôtel de Ville devenait possible.

Rigault, consulté de nouveau, persista dans son dire qu'il fallait attendre le retour encore possible de Blanqui ; que, sinon, on marchait à une lutte fratricide entre bataillons fédérés. Pourtant il ajouta, en dernier lieu, que si la revue donnait les résultats que Rossel en espérait, il y aurait sans doute quelque chose à tenter, car il n'y avait en effet plus rien à attendre des bavards de la Commune.

Le 10 mai, vers midi, Rossel arriva place de la Concorde où n'étaient réunis encore que quelques bataillons. S'approchant du chef de légion Combatz, il échangea avec lui quelques paroles oiseuses, lui demandant de combien d'hommes se composait sa légion, si tous étaient pourvus de cartouches, etc. Combatz, au cou-

rant de ce qui se passait, certifia que tout était prêt et
ses hommes dans les meilleurs intentions.

A une heure, quelques milliers d'hommes seulement
se trouvèrent réunis. Rossel, qui avait compté sur une
réunion beaucoup plus nombreuse, était fort irrésolu;
puis, brusquement, il déclare à ses amis qu'il n'a pas
assez d'hommes pour tenter l'aventure, qu'il va se rendre
seul à l'Hôtel de Ville pour juger de l'état d'esprit de
l'Assemblée. Il partit, laissant l'ordre de garder les
troupes assemblées. Sottise, car s'il avait attendu
une heure encore, il aurait constaté qu'il avait quinze
mille hommes sous les armes.

*
* *

La présence de Rossel au sein de la Commune sou-
leva une véritable tempête d'assemblée : accusé avec
violence, défendu avec passion — surtout par son complice et ami Gérardin, qui déclara vouloir partager son
sort, quel qu'il fût, — son arrestation *provisoire* fut
décrétée, et le membre de la Commune Avrial fut commis à sa garde, dans la petite pièce qui servait de salle
de délibération au Comité de Salut public. Gérardin
pénétra un instant après dans la même pièce et, comme
Avrial manifestait l'intention de savoir ce qui se passait
à la séance, il s'offrit pour garder le prisonnier. Avrial,
également attaché à Rossel, ne se fit sans doute aucune illusion sur la conséquence de son départ. Toujours est-il qu'un quart d'heure après on vint annoncer
à la Commune l'évasion du prisonnier et de son gardien.
Ainsi finit cette conspiration en miniature. Gérardin et
Rossel demeurèrent cachés jusqu'à la fin de la Com-

mune : on pense bien que Rigault ne fit rien pour les rechercher, et la pauvre révolution reprit son cours fatal vers la catastrophe maintenant inévitable.

Il fallait raconter tout au long cet incident politique, autant pour bien faire connaître Rossel que pour détourner de sa mémoire les soupçons infamants de connivences avec Versailles, que les uns répandirent par légèreté, les autres par méchanceté et rancune. La conspiration de Rossel avait pour but unique de renverser la Commune au profit de la lutte armée contre les soldats de Thiers ; et, au risque de passer moi-même pour un traître aux yeux des niais, je crois encore que le salut de l'insurrection populaire était au-dessus des suffrages et je ne reproche au projet que d'avoir pris naissance à une heure où, réalisé, il ne pouvait guère avoir pour résultat que d'amener un conflit sanglant entre les bataillons tenant pour la Commune et ceux tenant pour la dictature.

Non, la pensée d'un pacte infâme avec Versailles n'entra jamais dans l'esprit de Rossel ni de ses lieutenants. Que des hommes plus passionnés que réfléchis aient cru réellement à la trahison, passe encore ; mais peut-on imaginer que Félix Pyat ait cru un seul instant à semblable ignominie ? Non. Cependant, se souvenant des insinuations moqueuses de Rossel, le rédac-

teur en chef du *Vengeur* ne craignit pas d'insérer la
note suivante dans son journal :

« Après avoir signalé la nécessité de secourir Issy,
après avoir reçu ordre de le défendre à tout prix; après
avoir répliqué qu'Issy ne serait pas évacué; tout d'un
coup, sans avertir le Comité de Salut public ni la Commune, le colonel Rossel fait placarder cette affiche :

« Le drapeau tricolore flotte sur le fort d'Issy, aban-
« donné par la garnison. »

« Un cri de triomphe pour un aveu de défaite !
« Aurait-on annoncé autrement la prise de Versailles ?

« On aurait dit : le drapeau rouge au lieu du drapeau
tricolore, voilà tout.

« Ces deux mots *flotte* et *abandonné* suent la trahison. »

Insistons-y. Dans son for intérieur, Pyat savait fort
bien que Rossel, s'il conspirait, ne conspirait que pour
lutter plus efficacement contre Versailles. Il est d'ailleurs un fait autrement probant que mon dire, c'est
l'acharnement montré plus tard par les chefs militaires
versaillais pour faire exécuter leur ancien collègue.

Aussi bien le moment est-il venu de dire ici ce qu'avec
beaucoup d'autres, je pensais de Félix Pyat, au lendemain
de notre défaite. C'est dans ma cellule de condamné à
mort que j'ai tracé le portrait qu'on va lire. Je n'ai pas
cru devoir le modifier.

Félix Pyat aura gardé ce privilège, avec tous les
hommes dont le public s'est beaucoup occupé, d'avoir

soulevé des sympathies enthousiastes et d'implacables haines. La belle affaire !

Je crois qu'il aura été au-dessous des unes et des autres.

Difficile à classer comme politicien, Pyat demeure en somme un homme de lettres, un pamphlétaire fougueux, dont la plume bilieuse autant qu'habile, au service d'une vanité littéraire exagérée et d'une immense bonne opinion de lui-même, aura fait souvent un adversaire redoutable de cette classe bourgeoise d'où il était issu.

Il faut bien le dire ici, pendant la Commune, la verve mordante du *Vengeur* s'exerçait particulièrement au profit des ressentiments personnels de son rédacteur en chef, bien plus qu'au profit du salut révolutionnaire. Et il serait délicat de décider si les violentes imprécations du journaliste résultaient d'un dissentiment politique bien défini ou étaient dictées par un sentiment de jalousie mesquine contre deux hommes de foi et de talent, Vermorel et Tridon, qui cinglaient journellement de dures vérités le *Père réel* du Comité de Salut public.

Jourde lui-même, que son peu de notoriété politique et son incontestée probité financière auraient dû soustraire aux attaques de l'envie et aux traits de la calomnie, ne fut pas à l'abri des insinuations méchantes de Félix Pyat, tant ce dernier ne permettait, ne tolérait aucune espèce de mérite, et comme s'il eût redouté que le probe éclat des autres n'éclairât son propre néant révolutionnaire.

Au reste, les mauvaises langues d'alors prétendaient que, parodiant cette parole célèbre : « Plutôt le premier dans cette bourgade que le second dans Rome », Pyat eût tranquillement gardé sa place à l'Assemblée nationale si Gambetta s'était décidé en faveur de la Commune.

J'ajouterai que, sous la Commune, quelqu'un nous reprocha d'avoir donné au citoyen Flotte quelque argent pour faciliter soit l'évasion, soit l'échange de Blanqui, et que ce quelqu'un-là fut Félix Pyat.

Sa mélodramatique colère ne tint pas alors une minute contre la sereine approbation de Ferré et de Rigault.

En réalité, la Révolution ne doit guère de reconnaissance à ces révoltés fantaisistes dont la génération de 1830 à 1848 a eu le secret, — race hybride, plus littéraire que philosophique, plus théâtrale que convaincue, plus amie du beau que du vrai, moins révolutionnaire qu'échevelée, et dont l'imagination, mélange confus de l'atticisme athénien, de l'austérité spartiate et aussi des subtilités byzantines, pourrait servir de trait d'union entre la faconde brillante mais vide des Girondins et le rigorisme affecté des Jacobins.

Toute la non-valeur politique de ces hommes s'étale au grand jour dans l'histoire de 1848 à 1850 : des proclamations creuses et des décrets mort-nés. Elle apparaît plus éclatante encore dans l'inerte incapacité de leurs successeurs et élèves de la Défense nationale, préférant sans cesse à une activité qui eût révélé leur insignifiance profonde, la honteuse apathie qui les mit à la discrétion de Trochu, cette redingote universitaire jetée sur une culotte de peau !

Tel est cependant le sort de la France parlementaire : aller de Thiers en Gambetta, échapper à la rapacité sournoise de l'ancien clerc de procureur pour donner dans la robe de l'avocat verbeux, jusqu'à ce que, peut-être, le pesant, l'accablant Teuton ait dit le dernier mot.....

...Félix Pyat n'introduisit donc dans la Commune aucun élément politique bien caractérisé : il y fut surtout

comme un méchant homme et comme un artiste mécontent. Il y représenta, comme Louis Blanc et Schœlcher
à Versailles, la horde des bannis qui, du coup d'État de
décembre à l'amnistie de 1869, se drapèrent dans le
sombre manteau de l'exil et empruntèrent, en l'assujet-
tissant à leur taille et à leur rôle, la défroque du roi
Lear.

Cabotins superbes, mais cabotins en somme, ils
n'eurent jamais la voix sublime de Hugo ni l'intransi-
geance toujours frondeuse, toujours juvénile, toujours
« gavrochienne » de Henri Rochefort.

Tels la plupart des stylistes, orateurs ou écrivains,
faute d'un caractère personnel, Félix Pyat se réfugiait
volontiers à l'ombre des grands souvenirs laissés par les
hommes de 1793, souvenirs à peine historiques pour
les classes aisées, légendaires et exaltés pour la grande
masse des éternelles dupes populaires. Et, il faut bien
l'avouer, un œil clairvoyant pourra seul, sous la couleur
des images et le brillant des métaphores, découvrir
l'artiste très réel devenu révolutionnaire par haine ins-
tinctive des vulgarités bourgeoises, l'auteur dramatique
froissé par l'insuccès relatif, le politicien enfin posant
sans cesse en héros incompris.

Là gît pourtant la vérité sur Félix Pyat : c'est sous ce
triple aspect qu'il faut le voir pour le bien juger.

On aura ainsi le secret de son attitude pendant le
siège de Paris par les Prussiens, de son éloignement
pour certains hommes desquels une communauté de
vicissitudes, de talent et de profession, devait le rapprocher... et enfin de ses agressions intempestives contre
les meilleurs et les plus dignes de ses collègues à la
Commune de Paris.

Pour tout dire, Félix Pyat a pu trouver des pané-
gyristes, il n'a jamais eu un ami sincère.

C'est grand dommage pour sa mémoire.

On prétend en outre, — et ce que j'ai vu pendant l'insurrection le confirme dans mon esprit, — que si le devoir d'un chef révolutionnaire consiste tout d'abord à s'exposer plus que ses soldats, Félix Pyat n'eût pu briguer, dans nos rangs, les galons de simple caporal.

Au demeurant, nous lui préférons, et de beaucoup, le général Duval et le porte-drapeau Genton.

*
* *

Au surplus, je crois que des amis trop dévoués ont inconsidérément entouré Rossel d'une auréole qui ne pouvait qu'éclairer son néant politique. De ce qu'il possédait des qualités techniques, on en fit un grand capitaine; de je ne sais quel point de départ on a cherché à en faire aussi un grand martyr! Toute cette gloriole doit s'effacer devant l'histoire impartiale : Rossel était un excellent patriote, un bon officier du génie, mais c'était un homme politique sans conséquence; et, s'il fut en effet victime des haines bourgeoises de ses anciens compagnons d'armes, tout ceux qui ont été égorgés dans Paris — où il n'était plus — ont bien autrement que lui mérité la palme du martyre. Enfin, il est un acte suprême qui ternit tout ce qu'il pouvait y avoir de glorieux dans la conduite de ce jeune, venu à la Révolution avec l'espoir de reprendre la lutte contre l'Allemagne, c'est la rédaction de *papiers posthumes* dignes des plus vils écrivassiers de la réaction.

*
* *

On remarquera que je n'ai point parlé de la fameuse lettre de démission de Rossel, acte d'accusation
interminable contre la Commune. Si cette missive
contenait de dures vérités, la démission était surtout
remarquable par la manière *trop habile* de mettre sur
le compte d'un projet de marche à l'ennemi ce qui
n'était que le premier effet d'un complot. En outre,
lorsqu'on demande avec tant de crânerie une « cellule
à Mazas », on s'y rend; on n'a plus le droit de s'évader.
Ce simple fait prouve assez que Rossel était sujet à ces
hésitations et contradictions incompatibles avec le tempérament révolutionnaire : il eût certainement fait un
piètre dictateur.

Si la dictature s'imposait alors comme seule planche
de salut, il fallait, il eût fallu pouvoir la confier à Blanqui. Lui présent, était-il possible, la Commune renver-
sée, de mettre fin au désarroi, d'établir une discipline
militaire, d'organiser en dehors de la garde nationale
une armée de cinquante mille volontaires? Nous croyions
alors cette transformation possible, nous la désirions.
Aujourd'hui je doute fort qu'elle eût abouti.

Enfermés dans un cercle fatal, les révolutionnaires
d'alors se trouvaient être les premières victimes des doctrines qu'ils avaient prêchées. Dans l'impuissance d'in-
struire d'abord, la révolution était destinée à succomber sous l'action négative de ses propres principes
appliqués prématurément par des aveugles. Pour terras-
ser l'Empire, nous avions proclamé l'abolition des hiérar-
chies et appelé l'ère de l'égalité; maintenant, les fédérés,
prenant l'enseignement à la lettre, envoyaient pro-

mener les chefs qu'ils s'étaient pourtant donnés. On nous
demandait de faire expier à Mégy l'abandon du fort
d'Issy, afin de donner un exemple salutaire; on n'eût
pu le faire sans soulever le XVIIe arrondissement où
Mégy était fort populaire. Avouons-le, dans ces circonstances, la guerre était notre terrible adversaire : la
discipline qu'elle exige était inconciliable avec l'esprit
d'anarchie alors dominant. A l'heure où nous étions,
l'énergie de Blanqui, sa grande puissance rayonnante, le
respect qu'il inspirait, toutes ces forces morales se
fussent très probablement épuisées en efforts impuis-
sants. Au début, c'eût été sans doute différent; mais, en
mai 1871, il n'y avait guère plus qu'à se laisser porter
sur le radeau des désespérés, comme fit le pauvre
Delescluze.

CHAPITRE III

FIN DE LA LUTTE EXTRA MUROS

Pour en finir avec l'administration militaire de Rossel,
il ne nous resterait plus qu'à raconter la lutte *extra
muros* depuis la fin d'avril jusqu'au 8 mai, jour de la
prise du fort d'Issy et veille de la démission du Délégué à la guerre; mais, afin que le lecteur se fasse une
idée plus précise de notre résistance à la puissante armée
de Mac-Mahon, nous poursuivrons le récit de cette
résistance, jusqu'au jour de l'entrée des troupes versaillaises dans la capitale.

On a vu comment Rossel avait réparti le commandement : Dombrowski à droite, Wroblewski à gauche, La

Cécilia au centre. Tranquille sur la situation des deux ailes de sa petite armée de défense, où nos troupes résistaient sans désavantage sérieux à deux corps d'armée ennemis, le Délégué à la guerre porta tous ses efforts sur la défense des forts d'Issy, de Vanves et de leurs annexes, où notre situation était devenue trop rapidement périlleuse.

Dès le 25 avril, les batteries versaillaises des attaques de droite (Breteuil, Brimborion, Châtillon, Moulin-de-Pierre) couvrent de leurs obus le fort d'Issy, tandis qu'une batterie établie tout récemment sur les hauteurs de Bagneux, commence le bombardement du fort de Vanves. Nos deux forts, puissamment armés et soutenus par l'artillerie des remparts, résistèrent vigoureusement; à plusieurs reprises, ils suspendirent le feu de l'ennemi.

Malheureusement, fait grave, les Versaillais avaient pu s'emparer, non sans vif combat, de la carrière voisine du cimetière d'Issy et, à la suite, creuser une longue tranchée le long de la route de Clamart aux Moulineaux, ce qui allait leur permettre de dominer ce dernier village, notre poste le plus avancé, et d'où nous pouvions encore enrayer tous les travaux d'approche du corps de Cissey vers le fort.

Le 26 au soir, le village des Moulineaux tombe au pouvoir de l'ennemi, qui s'y fortifie pendant les journées des 27 et 28 avril, en même temps qu'il établit une seconde parallèle entre les Moulineaux et le chemin dit de la Voie-Verte, à 300 mètres des glacis du fort d'Issy, et que d'autres troupes versaillaises poursuivent le cheminement vers la gare de Clamart.

Néanmoins, le 29 avril nous tenions encore à l'ouest
du fort, sur le plateau, au cimetière, sur les pentes et
dans le parc, en avant du village, d'où nos hommes,
abrités dans les maisons en ruines, dirigeaient sur les
assaillants une fusillade incessante. Ce jour-là, l'ennemi,
en même temps qu'il canonnait très violemment ces
positions, lançait sur elles plusieurs régiments : les
fédérés reculèrent du cimetière dans la tranchée et de la
tranchée dans le parc, où s'engagea une lutte acharnée à
l'arme blanche : un grand nombre des nôtres trouvèrent la
mort dans cet endroit; les survivants s'enfuirent dans la
direction d'Issy et de Vanves.

Après cet échec, l'investissement du fort n'était pas
encore complet, mais sa chute apparaissait certaine. Un
moment abandonné par Mégy, il fut réoccupé le 30 avril,
et, le 1ᵉʳ mai, sommation de se rendre fut faite à la
garnison : nous avons dit quelle fut l'énergique réponse
de Rossel au commandant Leperche, son camarade de
promotion.

Cependant Rossel se rendait bien compte que la perte
du fort d'Issy était imminente et qu'il ne serait plus
possible de s'y maintenir, si la gare de Clamart et le
château d'Issy tombaient au pouvoir de l'ennemi. Il fit
donc un suprême effort pour conserver ces positions com-
promises et, le 2 mai, après un violent combat, où les
pertes furent sensibles des deux côtés, la division ver-

saillaise du général Faron dut battre en retraite sans avoir
pu s'emparer de la gare. Il faut croire que le corps de
Cissey avait été sérieusement éprouvé, puisque Mac-Mahon
donna l'ordre de l'appuyer du corps Clinchant pour reprendre l'offensive. Dans la nuit du 5 mai, tandis que
les batteries de Bellevue, de Meudon, de Fleury, des
Moulineaux, du Moulin-de-Pierre, de Châtillon et de
Bagneux (70 pièces) bombardaient les forts d'Issy et de
Vanves, dont elles incendiaient les bâtiments, les troupes
de Cissey et de Clinchant attaquaient à nouveau la gare
de Clamart. Cette fois, nos troupes, écrasées par le nombre
et n'étant plus protégées par nos forts réduits au silence,
se retirèrent en désordre dans le village d'Issy, défendu
par le colonel Wetzel.

Au cours de ces derniers combats, Rossel avait pu
constater le manque de solidité des bataillons fédérés,
conduits alternativement au combat par des chefs généralement courageux, mais ignorant leur nouveau et triste
métier. Aussi avait-il groupé en un régiment solide
divers bataillons de corps francs (volontaires de Montrouge, Vengeurs de la Commune, chasseurs fédérés,
francs-tireurs de Paris, turcos de la Commune) qu'il
avait mis sous le commandement direct de Maxime
Lisbonne, colonel d'état-major de La Cécilia. Avec ces
troupes spéciales, Lisbonne se tiendrait aux postes les
plus périlleux et serait appuyé, en deuxième ligne, par
quelques bataillons choisis; en réserve, par les bataillons
de la relève, sage mesure prise trop tardivement!

Ce fut pourtant à ce petit corps d'élite que nous dûmes
de pouvoir disputer le terrain pied à pied, au cours des

trois journées qui précédèrent la prise irréparable du
fort d'Issy par les Versaillais. Pendant cette courte
période, un incident tragique se produisit; je l'enregistre
ici, parce qu'il complète par un fait pris dans l'action ce
que nous avons dit du caractère de Rossel.

J'emprunte d'ailleurs ce récit aux *Mémoires inédits*
de Maxime Lisbonne, dont le costume empanaché a pu
faire sourire, mais dont l'attitude constamment vaillante
devant l'ennemi a conquis l'admiration de tous. L'amu-
sant bohème montmartrois, que tout Paris a connu
depuis, n'a pas toujours été un colonel de café-concert :
il fut, d'abord en face des Prussiens, plus tard en face
des Versaillais, un chef entraînant et brave jusqu'à la
témérité, tel qu'il nous en eût fallu quelques-uns pendant le premier siège, afin d'éviter le second, qui en fut
la fatale conséquence. Hors Paris et dans Paris, Maxime
Lisbonne fut un admirable soldat. Après la défaite, il
fut digne devant ses prétendus juges militaires. Au bagne,
où nous avons été conduits ensemble, il fut, dans quelques
circonstances, héroïque comme sur le champ de bataille.
Cela suffit pour que tous ses compagnons d'armes survivants lui gardent des sentiments d'admiration. Depuis,
il a roulé, pour vivre, sa bosse de cabot fantaisiste. Que
nous importe, et qui donc, au surplus, pourrait le lui
reprocher? Ceux, peut-être, qui, dans les jours de pros-
périté éphémère de l'artiste, venaient manger à sa table
ou puiser dans sa bourse! Pour moi qui, depuis le retour,
ne l'ai revu que de loin en loin, Lisbonne est resté le
vaillant combattant de la Révolution sociale, et je dois à
la vérité de rappeler, au fur et à mesure que je les rencontre dans cette souvenance du passé, les faits qui
l'honorent.

***

« Du fort d'Issy, dit-il, venait de s'enfuir une partie des gardes nationaux chargés de le défendre. Ils ne purent rentrer dans Paris par la porte d'Issy et se rendirent à la porte de Vanves. Ramenés à Malakof par le commandant de cette porte, ils furent conduits, au nombre d'environ cent cinquante, devant le général La Cécilia, qui, télégraphiquement, prévint le Délégué à la guerre. Celui-ci vint immédiatement à Malakof accompagné de deux officiers d'état-major.

« Il m'envoya chercher. J'arrivai au moment où La Cécilia implorait la clémence de Rossel, résolu à faire fusiller sur place tous les fuyards.

.. — « Non, disait-il, il faut faire un salutaire exemple. Colonel, me dit-il, rassemblez vos bataillons et faites former les pelotons nécessaires pour exécuter ces fuyards.

. « Je n'avais qu'à obéir. Cependant je crus devoir me joindre au général pour plaider la cause de ces malheureux.

· « Alors Rossel les fit venir.

. — « Mon intention, dit-il, était de vous faire tous fusiller. Sur les instances de votre général. et de ses officiers, je vous fais grâce ; mais vous allez être dégradés, vous serez dépouillés de vos insignes, vos uniformes seront lacérés ; munis d'une pancarte portant cette inscription : *Lâches, qui ont abandonné le fort d'Issy*, vous rentrerez dans Paris, escortés par un bataillon des corps francs. »

« Ce fut mon turco qui fut chargé de cette dégradation. Rossel y assistait froidement.

« Le commandant et les officiers furent dégradés les

premiers. A l'aide d'une paire de ciseaux, les capotes
étaient déchirées de façon à laisser voir la doublure ; les
galons et les ornements des képis étaient arrachés

« Alors, ces malheureux supplièrent le délégué de les
renvoyer au combat.

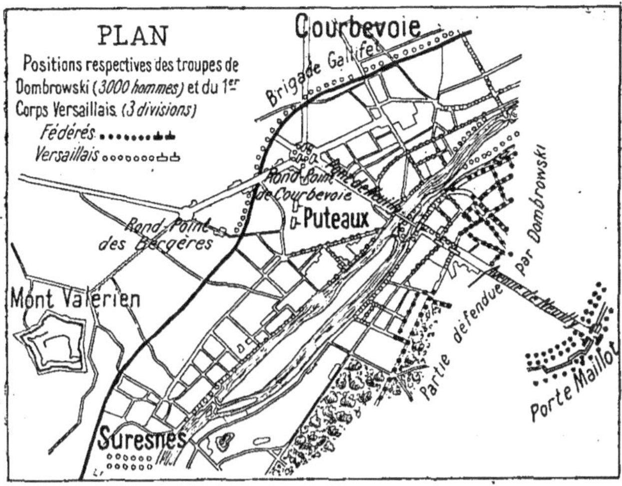

« Rossel céda. Ils reprirent sous les obus pleuvant la
direction du fort. La plupart trouvèrent la mort en
route.

« Rossel inspecta ensuite les gardes nationaux et les
corps francs. Après cette revue, pour ainsi dire devant
l'ennemi, le général La Cécilia fut jeté à bas de son
cheval et fortement contusionné au genou. On dut le
transporter à l'École militaire et je pris, en son absence,
le commandement en chef de l'action. »

Le 8 mai les Versaillais nous délogèrent de l'église
d'Issy. C'est là que fut tué le brave Wetzel. Dans la
matinée du 7, l'investissement du fort était complet. Il
fallut l'évacuer et il fut immédiatement occupé.

C'était le commencement de la fin de cette lutte hors
Paris : maître du fort d'Issy, l'ennemi poursuivit avec
vigueur l'attaque du fort de Vanves, subordonnée à la
prise du village. Ce fut Lisbonne, avec ses corps francs
et deux bataillons fédérés, qui eut à supporter sur ce
point le choc de la brigade versaillaise du général.
Rocher.

Lisbonne et le gros de sa troupe avaient pris position
dans le couvent des Oiseaux, en partie détruit par les
obus prussiens pendant le premier siège, et qui n'était
plus qu'un monceau de décombres. Le mur faisant face
à la grande rue d'Issy était seul debout; des embrasures
y avaient été pratiquées ; 4 pièces de sept et 2 mitrailleuses y étaient en batterie. Une barricade défendant la
rue montant à l'église était occupée par un détachement;
une autre barricade, celle du Séminaire, défendant la
route du côté des Moulineaux, était gardée par les turcos
de la Commune. Enfin, plus en arrière, aux Petits-
Ménages, des gardes fédérés appuyaient les corps francs.

Le fort d'Issy, l'église, les premières rues du village
étaient au pouvoir des Versaillais, qui se trouvaient, au
moment de l'attaque, à 200 mètres de nos positions.

Un combat commença pour durer la journée entière.

Nos pertes furent énormes : les corps francs furent
décimés, force fut bien d'abandonner la partie.

Le 13, les Versaillais occupant l'hospice des Petits-
Ménages et le lycée Louis-le-Grand (lycée Michelet),
Vanves était perdu : le fort fut occupé par l'ennemi dans
la nuit du même jour. Nous dûmes nous réfugier sous
les remparts et les Versaillais, maintenant protégés par
les deux forts, purent opérer leur cheminement entre
les portes de Vanves, d'Issy et de Sèvres.

A notre droite, Dombrowski avait pu se maintenir dans
Neuilly, tenant toujours en respect le corps de Ladmirault;
mais à dater du 13 mai, la situation devint critique. Les
troupes versaillaises du général Douay avaient prolongé
leurs tranchées jusque derrière les buttes Montmartre,
et le corps de Clinchant, après avoir franchi la Seine,
s'était établi à Longchamp et avait ouvert une parallèle
en arrière des lacs du Bois de Boulogne, jusqu'à la hauteur de la Muette. Le 14, des places d'armes étaient
construites à 200 mètres de la contrescarpe des bas-
tions, des batteries étaient établies aux extrémités des
lacs et des embuscades dans leurs îles. Dombrowski,
quelques efforts qu'il fît, ne put déloger l'ennemi de ces
positions.

Sur notre gauche, nos positions défendues par les
troupes de Wroblewski, protégées par le fort de Bicêtre
et diverses redoutes, ne purent être enlevées par les
Versaillais. De ce côté, nous n'eûmes à déplorer qu'un

échec sérieux au Moulin de Cachan, dont les Versaillais s'emparèrent par la surprise de la crosse en l'air.
Ils en profitèrent pour massacrer sur place 150 hommes
et emmener une cinquantaine de prisonniers.

Jusqu'au 17 mai, l'ennemi poursuivit avec vigueur ses
travaux d'approche. Pendant les journées des 18 et 19,
ces travaux furent encore arrêtés par notre artillerie de
rempart; mais le 20 mai, à 1 heure, les batteries de
brèche ouvraient leur feu sur l'enceinte, tandis que
toutes les batteries en arrière l'écrasaient de leurs projectiles. A Auteuil nos troupes durent abandonner le
rempart pour prendre position sur notre première ligne
de défense intérieure, dont le principal élément sur ce
point était le viaduc, solidement fortifié, du Point-du-
Jour. La lutte *extra muros* prenait fin, la guerre des
rues allait commencer.

Nous avons relaté aussi complètement que possible
les faits caractéristiques de cette bataille de six semaines
dans la banlieue de Paris, et, si le lecteur veut se
reporter aux documents divers, il reconnaîtra combien
il était difficile de discerner la vérité des mensonges
constants de part et d'autre. En définitive, nous étions
vaincus hors Paris : nous devions l'être infailliblement ;
et l'on reste aujourd'hui encore quelque peu honteux
des stupides bulletins de victoire que la Commune
faisait, en mai 1871, afficher dans la grande Cité !

SIXIÈME PARTIE

LA COMMUNE GOUVERNE

CHAPITRE I

POLICE ET JUSTICE SOUS LA COMMUNE

Sommaire. — Une folie de Rigault. — Vaines tentatives d'organisation de la police. — Formation d'une police politique. — Arrestation de l'espion Veysset. — Accusation fausse portée contre Dombrowski. — Exécution de Veysset. — Tentative d'assassinat contre Dombrowski. — Péripéties d'une instruction. — L'affaire des brassards tricolores. — Le cas du proviseur Chevriau. — L'affaire du Couvent de Picpus. — La démolition de la maison de Thiers. — Physionomie de Protot, délégué à la justice.

Dès le début de son administration, Rigault commit une faute irréparable : trouvant dans l'organisation policière de l'Empire un moule malpropre, mais qui avait l'avantage d'être tout fait, il y coula la sienne, imitant d'ailleurs en cela le gouvernement de la prétendue Défense nationale.

Hâtons-nous d'ajouter qu'après la défaite, les roitelets de la République oligarchique fondée par Thiers suivirent le même exemple, si bien qu'après trente-quatre années de république parlementaire, notre police est organisée tout comme l'était celle de Louis-Philippe,

perfectionnée par Napoléon III dans la voie de l'espionnage et de la perpétuelle atteinte au principe de la
liberté individuelle; la véritable police républicaine,
exclusivement communale, est encore à fonder, et il y
a belle lurette que les ex-défenseurs de l'autonomie
communale ont renvoyé cette réforme aux calendes
grecques.

Sous la Commune, gouvernement révolutionnaire et
militaire — au moins pendant la période de lutte armée,
— la police ne pouvait avoir qu'un double but : 1° assurer l'ordre dans la ville; 2° rechercher et arrêter tous
les adversaires militants de l'insurrection.

Rigault était trop intelligent pour ne pas comprendre
la nécessité de ce programme *simpliste;* son tort, sa
folie fut de croire que, pour l'appliquer, il était plus aisé
d'organiser cette administration spéciale sur les bases
mêmes de la police napoléonienne : « Pendant une
dictature de vingt ans, l'Empire, pensait-il, s'était fort
bien trouvé de son organisation policière ; la Commune,
autre dictature, n'avait qu'à suivre son exemple ». Que
de paradoxes politiques du même genre n'avons-nous
pas vus s'affirmer depuis sur ces apparences de logique
comparative, tendant à faire croire que jacobinisme et
césarisme sont seule et même chose !

Il fallut donc que, du jour au lendemain, le Délégué
à l'ex-Préfecture improvisât quatre-vingts commissariats
de quartier, une administration centrale et un service du
cabinet. Aussi bien fut-il dans l'impossibilité de constituer,

faute d'employés compétents et de temps pour en chercher, la police à la fois municipale et politique qu'il eût
fallu ; rien d'ailleurs ne démontre l'ineptie du projet
comme la nécessité où fut Rigault de confier le poste de
chef de cabinet du Délégué, puis celui de chef du cabinet du Comité de Sûreté générale, à un enfant de vingt
ans, — celui qui enregistre aujourd'hui ces faits na-
vrants !

Il y eut cependant un semblant de réorganisation ;
tous les commissariats de quartiers furent rétablis, tous
les bureaux de l'Administration centrale furent réoccupés,
mais comment ? Dans les derniers jours, après triste
expérience, Rigault et ses successeurs à la police, Cournet, puis Ferré, en étaient épouvantés. Il arriva, les
faits se précipitant, que tout le système sombra dans la
plus complète anarchie.

Aminthe Dupont, membre de la Commune et du Comité de Sûreté générale, avait pris le poste de chef de
la police municipale. Que pouvait-il obtenir de commissaires, la plupart bien intentionnés, mais presque tous
fort ignorants des choses de leur nouveau métier, et
d'ailleurs très indisciplinés ? Edmond Levraud était chef
de la 1re division ; c'était un brave et bon garçon,
déjà vieux blanquiste, mais beaucoup plus apte à conduire son bataillon au feu qu'à jouer un rôle adminis-
tratif qui le débordait constamment ; aussi abandonnait-il
journellement son poste de policier pour monter à cheval, courir aux avant-postes, en amateur, et prendre

part à l'action ; Neuilly, alors très menacé, était le lieu
de ses promenades favorites. Son frère, Léonce Levraud,
aujourd'hui député du XI⁰ arrondissement de Paris, et
blanquiste également, avait pris le service médical de la
Préfecture ; Alfred Breuillé avait été fait chef d'un personnel qu'il ignorait profondément ; Jeunesse et Giffault, autres blanquistes, avaient été chargés de la
garde et du dépouillement des archives de la police
impériale ; ces derniers, ayant une mission fort intéressante, mais limitée et échappant à la nécessité de s'em-
barrasser d'un personnel nombreux, purent mener leur
tâche tout à fait à bien, ainsi qu'on le verra plus loin.

Au cabinet du Délégué, je m'étais entouré de
quelques amis du Quartier latin : j'avais pour commissaire spécialement attaché au cabinet le jeune et
déjà vieux blanquiste Bridault, auquel on ne pouvait
certes pas reprocher l'inaction : sans cesse sur le qui-
vive, il avait le commandement d'une brigade de gens à
lui, très sûrs, très dévoués ; mais c'était le diable pour
obtenir de lui le moindre procès-verbal ; habitude invé-
térée du conspirateur soucieux de ne jamais laisser
trace de ses actions.

Un instant Rigault lui adjoignit le caricaturiste Pilotelle, un fantaisiste celui-là, et encore plus ennemi de la
forme que Bridault ; ce qui l'exposa par la suite aux
coups répétés de la calomnie.

Enfin, le secrétariat général de la Préfecture avait été
confié par Rigault au docteur Albert Régnard, sorte de
théoricien blanquiste, très érudit, peu fait pour l'action,
et qui par conséquent n'était point du tout à sa place à
ce poste de combat.

Ce semblant de réorganisation s'était accompli du
26 mars aux premiers jours d'avril !

* * *

Dès le début, j'avais essayé de montrer à Rigault le néant de son entreprise; Régnard, Dupont, Vermorel, puis Trinquet joignirent à plusieurs reprises leurs efforts aux miens; il ne voulut jamais rien entendre. Chose bien curieuse : il y avait une sorte de fatalisme dans cet entêtement du jeune Délégué à la police : il subordonnait tout à l'arrivée de Blanqui : ravoir Blanqui était sa constante hantise. Sans Blanqui, rien à faire. Avec lui, tout. Alors, il se laissait aller à la dérive, frappant à tort et à travers, non par forfanterie, comme on l'a dit, mais par crainte de passer pour manquer d'énergie.

* * *

Dans l'impossibilité où nous nous trouvions d'agir contre la volonté d'un chef qui voulait être obéi, nous nous efforcions d'enrayer le mal de l'anarchie envahissante. Je le dis ici, non point par orgueil, mais uniquement pour montrer la gravité de la tâche que j'avais témérairement assumée : du 4 au 30 avril j'ai passé partie de mes nuits dans mon cabinet, occupé à déchiffrer des procès-verbaux inintelligibles, à réparer des erreurs de toutes sortes; d'autres se donnaient même peine; et, cependant, quand vint la fin d'avril, nous étions les uns et les autres tout à fait débordés. Dégoûté, j'acceptai avec joie le poste plus précis et moins complexe de substitut, chargé spécialement de requérir contre les anciens mouchards; mais, afin de suivre les affaires en cours, je conservai cependant ma fonction de secrétaire du cabinet du Comité de Sûreté générale, sous Cournet et sous Ferré.

J'ai tenu à présenter tout d'abord sous l'aspect le plus désavantageux l'administration policière de la Commune, afin qu'on ne pût me reprocher un optimisme passionnel en faveur d'un service où les blanquistes dominaient. Toutefois, je dois dire aussi qu'en dépit du désordre né d'un fol entêtement de Rigault, il ne s'en créa pas moins là, par la force des choses, une police politique réelle dirigée par le Comité de Sûreté générale et essentiellement blanquiste : au milieu d'avril nous possédions une brigade de 200 agents bien disciplinés, deux bataillons en permanence et quatre ou cinq commissaires sérieux. C'est avec ces seules ressources policières que nous avons constamment opéré, abandonnant forcément à elle-même l'organisation factice créée par Rigault. C'est à l'aide de cette police que nous avons pu arrêter les anciens agents secrets demeurés à Paris, saisir la Caisse des Dépôts et Consignations, obliger les Compagnies de chemins de fer à payer leurs redevances à la Ville de Paris, surveiller les espions de Versailles, en arrêter plusieurs, fermer les tripots, découvrir la conspiration très réelle des « Brassards tricolores », garder la Commune et faire une foule d'opérations secondaires qui, en somme, assurèrent l'ordre dans la rue pendant toute la durée de l'insurrection.

Nous sûmes les tentatives faites par les Versaillais auprès de Cluseret; nous connûmes tous les projets de Rossel; enfin, nous étions à même, une dictature possible se présentant, d'écrouer la Commune à Mazas et de l'y garder jusqu'à ce que, la Révolution ayant repris son véritable caractère par l'organisation de la lutte armée, on eût pu renvoyer dans leurs mairies ceux des élus qui n'étaient point de tempérament à se mettre à la tête des bataillons fédérés. L'événement a prouvé que c'était malheureusement le plus grand nombre.

*
* *

A titre de curiosité documentaire, je crois utile de donner ici quelques exemples de l'action policière organisée.

Arrestation et exécution de l'espion Veysset.

Ce Veysset n'avait pas de passé policier; c'était un espion improvisé, genre Baral de Montaut. Piloté par l'amiral Saisset, il s'offrit à Barthélemy-Saint-Hilaire, qui goûtait fort ces combinaisons de police. Il fut agréé. Le choix n'était pas mauvais d'ailleurs : Veysset était un gars hardi; ce fut même cette hardiesse, poussée jusqu'à la témérité, qui le fit prendre et le perdit. Il faut dire en outre qu'il se confina dans son rôle d'espion et ne joua pas, tel Baral de Montaut, le rôle autrement odieux d'agent provocateur.

*
* *

Nous avions des agents à Saint-Denis et à Versailles ; très facilement ils observèrent les allées et venues de

Veysset, qui fut mis en surveillance. On se garda bien
de l'arrêter immédiatement, dans l'espoir qu'un filage
bien fait conduirait à des découvertes intéressantes.
C'est en effet ce qui arriva. On sut que Mme Veysset
espionnait avec son mari et que tous deux étaient en
rapport avec un sieur Hutzinger, lieutenant d'état-
major de Dombrowski. Ce lieutenant commit un jour
l'imprudence de se rendre à Versailles, où il fut reçu
par Barthélemy. Dès ce jour, le sort des deux espions
fut décidé.

Dans quel but cet espionnage? Pour nous, le point
important était de savoir si Dombrowski était au courant
des agissements de son lieutenant, auquel cas il devenait
son complice. Ce mystère ne put être jamais complètement éclairci; mais, autant qu'on peut se faire une opinion sur des indices, nous avons tous gardé la conviction que Dombrowski n'avait été sondé par Hutzinger
d'abord, par Veysset ensuite, qu'en vue seulement d'un
coup d'État contre la Commune. Les espions informèrent
Thiers de l'état d'âme de Dombrowski et proposèrent
sans doute de rechercher si le général, assez disposé à
tenter un coup d'État contre les gens de l'Hôtel de Ville,
ne serait pas capable de trahir en abandonnant notre
défense de la rive droite.

Des offres furent-elles faites directement à Dombrowski dans ce sens ? Je ne le crois pas, bien que cependant
dant deux faits importants restent en apparence à la

charge de l'aventurier polonais : 1° une dénonciation de
la veuve Veysset; 2° un fait matériel : l'abandon des deux
portes d'Auteuil et de Saint-Cloud, le 21 mai.

La veuve Veysset dénonce la trahison de Dombrowski
dans une brochure qu'elle signa, mais qui est évidemment
l'œuvre d'un ancien agent de police mécontent. Il n'y a
pas à s'y tromper pour quiconque s'est accoutumé au
style des agents secrets par l'étude des dossiers politiques : c'est bien la manière *sui generis*, c'est bien le
langage, ce sont bien les expressions de la littérature policière. Nous sommes donc là en présence d'un document
dont il faudrait entièrement se défier s'il était bien fait;
heureusement il n'en est rien, une lecture un peu ré-
fléchie en montre vite le néant.

Après la mort de son mari, Mme Veysset avait espéré
la forte somme; mais Thiers se trouva dégagé par la dis-
parition d'un agent qui avait eu la sottise de se laisser
prendre et fusiller. Après longue résistance, il consentit
à payer une somme de 15,000 francs, en remboursement
d'avances faites par Veysset dans l'exercice de son espionnage. La veuve en demandait 32,000 sur note visi-
blement grossie. De là son mécontentement et la brochure
qu'elle signa. Dans ce document, produit évidemment
pour essayer d'obtenir « un rappel de solde », on présente
les projets de Veysset sur Dombrowski comme ayant

13.

été réalisés en partie, mais cela au moyen d'affirmations qui ne s'appuient sur rien et dont quelques-unes ne résistent pas au moindre examen.

Ce qui résulte de la brochure Veysset, c'est que ni Thiers, ni Barthélemy-Saint-Hilaire n'avaient donné de mission précise à Veysset, qu'ils ne lui remirent pas d'argent, qu'ils ne l'encouragèrent ni à en dépenser ni à en promettre. Dans ces conditions, l'histoire de la forte somme et du sauf-conduit promis à Dombrowski pour prix de sa trahison n'est plus qu'un conte. Ce qui le prouve, au surplus, contre les assertions de la veuve Veysset, ce sont les lettres mêmes de Barthélemy jointes à la brochure. Il est vrai que l'auteur invoque une troisième lettre dudit Barthélemy, dans laquelle il prescrivait à Veysset de traiter avec Dombrowski *coûte que coûte;* or non seulement cette lettre n'est pas au dossier, mais les termes qu'on y met seraient en contradiction formelle avec les deux lettres connues.

Reste le second point : l'abandon des remparts le 22 mai. Mme Veysset en fait, à l'appui de ses revendications, la conséquence de la trahison de Dombrowski ; cette accusation ne résiste pas à l'examen sérieux des faits.

D'abord, comment admettre que Dombrowski, s'il eût été capable de se vendre, eût accompli pareil acte de trahison *avant d'avoir* touché l'argent et reçu le sauf-conduit? Ensuite : il n'y a pas eu *abandon ordonné* des remparts. La vérité, c'est que l'enceinte, sur les points choisis par les Versaillais pour donner l'assaut, était incessamment balayée par les obus, et que la position était devenue intenable. Depuis deux jours déjà, les fédérés avaient reculé jusqu'à la seconde ligne de défense, disposée très peu en arrière des fortifications. C'est en cela seulement qu'a consisté ce qu'on a appelé l'abandon des remparts le dimanche 21 mai. La seule faute commise fut, dans la confiance où l'on était que les Versaillais n'étaient point encore prêts à tenter l'assaut, de n'avoir point maintenu sur le rempart bombardé les sentinelles nécessaires. Ce qui prouve jusqu'à l'évidence qu'il n'y eut point abandon, mais seulement recul, c'est que, à 5 heures du soir, c'est-à-dire deux heures après l'entrée des troupes dans Paris, les premiers régiments de la division Vergé rencontrèrent, au viaduc d'Auteuil, une très vive résistance, tant et si bien que, au dire même de Vinoy, il fallut faire donner les deux divisions réunies de Vergé et de Bruat pour enlever ce point important de la première ligne de défense intérieure.

*
* *

Dombrowski étant hors de cause, revenons à Veysset. Craignant que cet espion, se sachant surveillé, ne quittât plus Saint-Denis, on décida de l'arrêter à la première occasion. Mme Veysset fut arrêtée d'abord à son domicile de la rue Caumartin où une souricière fut établie, inutilement d'ailleurs. Mais un filage de Hutzinger conduisit nos agents aux avant-postes de Saint-Ouen, où Veysset vint se faire prendre avec le lieutenant d'état-

major, Veysset fut écroué au Dépôt et son complice à la
prison militaire de la rue du Cherche-Midi, d'où il
s'évada.

Il n'en fut pas de même de Veysset qui fut exécuté le
24 mai au matin, dans les circonstances suivantes qui
m'ont été rappelées par Georges Pilotelle, témoin
oculaire :

« Voici, mon cher ami, le récit sans phrases, de cet
épisode :

« Vers 10 heures du matin, Théophile Ferré vint
trouver Pilotelle, commissaire spécial, Clermont et
Wurth, juges d'instruction, pour aller ensemble au Dépôt
de la Préfecture de police.

« Ferré remit à Pilotelle une petite note ainsi libellée :
« *Ordre de fusiller, après les avoir interrogés, les pri-*
« *sonniers dont les noms suivent :* Veysset, agent
« versaillais », et sept autres noms d'agents bonapartistes et versaillais.

« Pilotelle, Clermont et Wurth étaient assis près
d'une grande table lorsqu'on amena Veysset, qui s'écria :

« — Ah! on veut m'assassiner!

« — Asseyez-vous, lui dit Pilotelle, et répétez-nous
votre déposition d'hier soir.

« Veysset avoua tout de nouveau, qu'il était l'agent de
Versailles et qu'il avait essayé, mais en vain, de cor-
rompre des officiers de la Commune. — La veille on lui
avait trouvé sur lui 20,000 francs.

« On l'emmena escorté d'un peloton de 8 à 10 Vengeurs de Flourens. Ferré suivait, agitant sa petite canne
et disant :

« — Allons! ça ne va pas assez vite, dépêchons-
nous.

« Arrivés près du Pont-Neuf où les balles versaillaises

sifflaient et tombaient, on banda les yeux à Veysset qui
s'écria :

« — Je vous pardonne ma mort.

« Il tomba foudroyé, sa cervelle collée contre le para-
pet, à deux pas de la statue de Henri IV.

« Deux gardes prirent le corps et le jetèrent à l'eau. .

« — Vive la Commune ! crièrent les fédérés.

« Ainsi finit cet espion dont on a essayé plus tard de
faire un martyr.

« Entièrement à ta disposition pour d'autres faits.

« Bien à toi.

« GEORGES PILOTELLE. »

★ ★ ★

Tentative d'assassinat contre Dombrowski.

S'il est établi pour nous et pour tout lecteur impartial
que la brochure très suspecte signée « de Forsans-
Veysset » ne prouve rien contre Dombrowski, il n'en
subsiste pas moins que ce général de la Commune était
celui dont l'action incessante autant qu'habile inquiétait
le plus Thiers et son armée. Qu'on ait songé à le cor-
rompre, cela est fort probable ; qu'on y ait renoncé,
l'homme ne paraissant pas achetable, cela paraît à peu
près certain ; qu'on ait cherché à le faire assassiner,
voilà qui résultera clairement de ce qui va suivre.

Un jour de mai, deux individus portant blouse bleue et
casquette, comme la plupart des paysans des environs
de Paris, se présentèrent à l'État-Major de la place et
demandèrent à être conduits auprès du général Dombrowski, pour communication importante. L'un d'eux,

blond-roux, grand et fort gaillard d'une cinquantaine
d'années, avait une physionomie dure et assez expres-
sive; l'autre, assez fluet, de physionomie insignifiante,
avait vingt-cinq ans à peine. Ce dernier paraissant ivre,
on voulut les éconduire ; ils insistèrent, prétendant avoir
des renseignements militaires à fournir. Dombrowski,
informé, donna l'ordre de les introduire. Au moment où
ils entrèrent, le général, le dos tourné à la porte d'entrée, était debout devant une grande table et examinait
une carte des environs de Paris, cependant qu'un jeune
officier d'état-major prenait des notes sous sa dictée. La
porte d'entrée était gardée par un marin armé. Pendant
que nos deux hommes s'approchaient du général qui se
retournait, le marin vit que le plus âgé des visiteurs
faisait effort pour sortir de la manche de sa chemise la
lame d'un couteau-poignard dont il serrait la poignée.
« Général! » cria la sentinelle en même temps qu'elle se
précipitait sur l'homme baïonnette en avant et lui tra-
versait la cuisse. Le second visiteur, dégrisé, paraissait
atterré; l'autre haussait les épaules, montrait le poing
au marin. Dombrowski paraissait seulement étonné de
la hardiesse maladroite du visiteur. On le fouilla : il
était porteur d'un congé militaire postérieur au 18 mars,
d'un certificat de bonne conduite dans la gendarmerie,
d'une lettre adressée à une servante de Rouen et d'une
somme de 600 francs en billets de banque. Sur son
compagnon on trouva un certificat de libération de garde
mobile bretonne, des pièces d'engagement dans un régiment d'artillerie à une date très récente, et une lettre
de recommandation pour un commerçant du quartier des
Halles.

Après un premier interrogatoire, le blessé fut conduit
à l'ambulance du Palais de l'Industrie, le second à la
préfecture de police. Amené dans mon bureau, il déclara

avoir appartenu à un bataillon de mobiles d'Ille-et-Vi-
laine, avoir été licencié, puis, sur sa demande, enrôlé
dans un régiment d'artillerie à Versailles; qu'ensuite,
après une punition imméritée, il avait déserté, résolu à
prendre du service dans l'armée de la Commune; qu'en
conséquence, après avoir acheté une blouse et un pantalon, il avait quitté le camp dans la nuit et avait gagné
Saint-Denis, sans être inquiété. Là, dans un cabaret, il
avait rencontré son compagnon, qu'il ne connaissait pas
autrement. Ils avaient résolu de venir ensemble à Paris,
et c'était le gendarme qui lui avait alors offert de le
conduire auprès du général auquel il avait à fournir des
renseignements et qui, sur sa demande, ne manquerait
pas de l'incorporer dans l'artillerie de la Commune. Le
détenu ajouta que, depuis deux jours, ils habitaient chez
un ami du gendarme où sa malle était restée; que, le
matin, ils avaient déjeuné dans une brasserie où son
compagnon l'avait grisé. Interrogé sur la tentative du
gendarme, il se défendit d'en avoir été complice et déclara
que maintenant il s'expliquait certaines paroles de son
compagnon, entre autres celles-ci : « Dombrowski! Dombrowski! un fier lapin qui donne du mal aux soldats... »
— « C'est égal, il faut que j'aille le voir avant de retour-
ner chez nous. »

Mon impression fut que ce garçon disait la vérité; je
dus pourtant le faire écrouer, malgré ses larmes, et le
lendemain, je me rendis à la Place où je reçus les dépositions du marin, du jeune officier d'état-major et enfin
de Dombrowski, qui, bientôt las de l'interrogatoire, finit
par me dire avec son accent désagréable et sur un ton
d'impatience :

— *Cito-ien coumissaire, ze* n'ai pas le temps de rester
izi, zi vous voulez *davantaze,* venez, *ze* vous prie à
Neuilly, où *ze* suis à votre entière disposition.

Et le singulier petit homme partit sans respect pour la magistrature représentée par le blanc-bec que j'étais.

Il importait cependant pour nous de tirer cette affaire au clair, parce que, dans ma pensée, elle n'était pas étrangère à la conspiration Hutzinger-Veysset. Je me rendis à l'ambulance du Palais de l'Industrie pour interroger le gendarme blessé. Il déclara avoir appartenu à la gendarmerie et être libéré depuis les premiers jours d'avril. Quant à son acte, il le mit opiniâtrément sur le compte de l'ivresse. Je lui lus la déposition de son compagnon. Il répondit en substance : « Ce camarade ne savait comment se faire enrôler; je lui proposai alors de voir le général Dombrowski, sous un prétexte quelconque. » Pressé de questions, il mentit et me déclara qu'il avait eu l'intention de se proposer comme espion à Dombrowski, qui, d'ailleurs, devait être avisé de sa visite par un ami commun qu'il refusa de nommer.

Le lendemain je me rendis à Neuilly. J'étais accompagné de Edmond Levraud qui connaissait bien les parages. Nous trouvâmes le général en train de déjeuner à la hâte dans le sous-sol d'une petite villa en partie détruite par les obus, dans une rue voisine de l'église. A ma vue, Dombrowski sourit, se leva, nous dit qu'il était à notre disposition, mais qu'il avait une petite inspection à faire et qu'il nous priait de l'accompagner. La déposi-

tion se ferait en route. Il n'y avait qu'à céder. Nous par-
tîmes, Dombrowski se tenant entre Levraud et moi. De
barricade en barricade, il nous mena jusqu'à un point où
se trouvaient, aussi abrités que possible, trois tout jeunes
officiers polonais dont l'un avait le bras en écharpe et
que le général embrassa. On se battait à une centaine de
mètres. Les balles, arrivant obliquement de haut en bas,
d'une maison voisine, passaient en sifflant au-dessus de
nos têtes, protégés que nous étions par un pan de mur.
J'avoue que, sans armes sur ce champ de bataille, nullement entraîné, et un carnet à la main, j'avais un léger
trac. L'amour-propre me fit une contenance possible.
Après avoir donné quelques ordres, Dombrowski, répon-
dant à mes questions, déclara n'avoir jamais été avisé
de la visite de ce gendarme, qui lui paraissait un
fanatique imbécile. A un moment, je lui parlais de
Hutzinger.

« — Ah! celui-là, dit-il, *il m'ennuie avec sa Commune.* Je ne le vois plus jamais ici et je crois que vous
feriez bien de le surveiller.

« — C'est déjà fait, répondis-je. Conservez-le, mais
gardez-vous de lui confier des ordres importants. »

A une autre question, Dombrowski me déclara que
Hutzinger ne lui avait jamais parlé que d'une action
contre l'assemblée de l'Hôtel de Ville, mais qu'il ne le
croyait pas agent versaillais.

Je remis mon carnet dans ma poche.

Puis nous revînmes assez vite au point de départ. On
but un verre de rhum dont j'avais grand besoin, et le

général, nous mettant dans le chemin du départ, nous montra sur la gauche une maison assez vaste, disant :

« C'est de l'autre côté de cette maison qu'ils nous prennent en *esarpe* depuis ce matin, *ze* vais *tacer* de les *délozer*. — Bien le *bonzour, cito-iens* », ajouta-t-il en nous serrant fortement la main.

Nous avons alors repris le chemin de Paris.

J'ai tenu à raconter cet incident pour montrer par un fait la simplicité et le sang-froid de ce singulier homme. Il était exactement le même à la place Vendôme et sur le champ de bataille. Non, celui-là n'était pas de trempe à trahir. C'était, au retour, l'avis de Levraud, et c'est encore le mien.

* *

L'affaire des brassards tricolores.

C'était une véritable conspiration, organisée par le colonel Valigrane et par Charles Lullier. Ce dernier s'en est d'ailleurs fait une arme de défense devant le 3ᵉ conseil de guerre, au procès des membres de la Commune. Elle nous fut dénoncée par un garde du 129ᵉ bataillon fédéré. Des révélations qu'il nous fit, des lettres de convocation qu'il nous remit, il résultait que le complot avait été ourdi à Versailles et organisé à l'aide de l'argent remis par Barthélemy-Saint-Hilaire. Là-bas, on considérait l'entrée des Versaillais dans Paris comme prochaine et l'on voulait, ce jour venu, réunir des fédérés dissidents à la caserne du Château-d'Eau et prendre ainsi les derniers défenseurs de la Commune entre deux feux.

Les révélations faites entraînèrent des perquisitions immédiates chez différentes personnes et la découverte

de caisses remplies de brassards tricolores. Dans la
dénonciation, Lullier n'était pas désigné, et je dois dire
que personne parmi nous ne le soupçonna. Imprévoyance
de notre part, car nous savions que Valigrane, chef maintenant connu du complot, était grand ami de Lullier.

Quoi qu'il en soit, l'arrestation de Valigrane fut décidée.
Comme il s'agissait d'un colonel, Cournet fit appuyer le
mandat d'amener, qu'il signa, d'un ordre du Comité de
Salut public. Un commissaire de police se rendit à la
caserne du Château-d'Eau, n'y rencontra pas le colonel,
mais le trouva attablé dans une brasserie voisine. Comme
le commissaire faisait signe à ses agents, Valigrane sortit
un revolver de sa ceinture et fit feu sur eux. Un agent
fut blessé. Le commissaire riposta et blessa à son tour
le colonel. La foule s'était amassée. Ne sachant rien de
l'affaire, elle prit parti pour l'officier blessé qu'on mena
à l'hôpital, et notre commissaire, assez malmené, fut
conduit au poste, et de là à la Préfecture. C'est de cette
façon que nous fûmes informés de l'incident. Deux agents
furent expédiés au chevet de Valigrane, assez grième-
ment atteint, et, dans la nuit, de nombreuses arrestations furent opérées. Chez plusieurs, on découvrit à
nouveau des caisses de brassards tricolores. Hélas! on
ne les trouva pas toutes : on verra dans le récit de la
Semaine sanglante, le rôle odieux joué par les lâches scélérats dont nous n'avions pu que contrarier l'enrô-
lement.

Arrestation de M. Chevriau, proviseur du petit lycée de Vanves.

Cet universitaire fut arrêté par Émile Eudes, sous l'inculpation d'intelligence avec l'ennemi. Au vrai, l'accusation n'était basée que sur l'attitude malveillante du fonctionnaire, qui contrariait autant qu'il le pouvait l'organisation de la défense sur notre ligne des forts du Sud ; mais, à la Préfecture, elle se corsa du rôle joué par M. Chevriau dans la nuit du 31 octobre, alors qu'il était officier d'état-major de la garde nationale. Il était de ceux qui avaient excité les mobiles bretons contre les insurgés, maintenus grâce à lui en état d'arrestation, en dépit des engagements formels pris par divers membres du gouvernement de la Défense nationale.

Cette conduite de M. Chevriau, le 31 octobre 1870, laissait suffisamment supposer qu'il était encore contre nous et avec Versailles, en avril 1871. Rigault donna l'ordre de l'incarcérer. Le lendemain, je procédai à un premier interrogatoire du prisonnier. Il se justifia tant bien que mal du fait d'intelligence avec l'ennemi, et s'étendit très longuement sur son rôle au 31 octobre ; mais sa déclaration se trouvant en contradiction flagrante avec les faits, que les journaux de l'époque avaient d'ailleurs enregistrés, le proviseur Chevriau fut maintenu en état d'arrestation, Rigault se réservant de requérir contre lui la qualification d'otage devant le tribunal révolutionnaire. Cela explique pourquoi cet universitaire, dont nous avons signalé les bizarres dépositions devant les conseils de guerre versaillais, fut transféré à Mazas et, de là, à la prison de la Roquette, où il vit la mort de très près.

Affaire du couvent de Picpus.

A la suite du décret communaliste reconstituant biens
nationaux tous ceux du clergé et des communautés religieuses, nos commissaires de police avaient reçu l'ordre
de perquisitionner dans tous les couvents de leurs quartiers, de saisir toutes les caisses, d'apposer les scellés
sur tous les papiers, de dresser des inventaires détaillés
de toutes les propriétés mobilières ou immobilières de
ces divers établissements.

A cette époque on avait peut-être alors la main lourde
dans cette reprise de la main-morte, mais c'était la bonne
main. Il faut que ces manifestations soient révolutionnaires ou qu'elles ne soient pas. Dès qu'elles s'autorisent
de l'interprétation des robins jurisconsultes, elles deviennent ridicules.

Là, c'est le domaine du tout ou rien.

Et alors, ce ne sont plus seulement les biens des communautés qui sont menacés; ce sont tous les autres, pour
le moins aussi illégitimes, ô bons bourgeois républicains,
qui ne semblez pas vous en douter!

Quand la juiverie financière, cruelle détentrice de la
richesse capitaliste, s'en apercevra, elle fera machine en
arrière et résistera. C'est alors qu'on verra le chambar-
dement prédit par le prophète Reinach : j'ai idée qu'il
dépassera les espérances du prophète millionnaire, un
peu plus riche que Jésus-Christ. Les biens des communautés ne valent rien en équité morale, c'est entendu.
Et les autres? Encore moins. Alors? Eh bien oui, toute
la Révolution sociale de demain est dans ce point d'in-
terrogation. Nous y reviendrons dans nos conclusions.

Le fait est que la Commune se trouvait alors en face d'un des cas particuliers du problème et elle le résolvait en toute sincérité : nous étions peut-être à cette heure des naïfs, nous n'étions pas des hypocrites : la Commune n'a pas du moins été un gouvernement de défroqués.

Jusqu'aux premiers jours de mai, le couvent de Picpus, qui était à la fois une communauté religieuse et une maison d'éducation, avait échappé à la mesure générale, quand un ordre de la municipalité du XII⁰ arrondissement vint imposer au commissaire de police du quartier de faire au couvent les perquisitions prescrites. En conséquence, le magistrat municipal se rendit à la communauté et, comme l'inventaire exigé allait lui demander plusieurs jours, il réquisitionna un détachement de fédérés sédentaires pour garder les issues de l'établissement.

L'étonnement du commissaire fut grand, quand, dans un pavillon délabré, triste et mal tenu, situé à l'extrémité du jardin poétisé par Hugo dans ses *Misérables*, il trouva trois religieuses, que la sœur chargée de l'économat lui déclara atteintes d'aliénation mentale.

Alors le commissaire voulut interroger les séquestrées, en quoi il ne fit que son devoir. Une seulement, sœur Bernardine, consentit à répondre et prouva bientôt en effet par l'exaltation de son langage qu'elle n'avait plus sa raison. Toutefois, dans sa folie, elle manifestait une grande crainte des autres religieuses, déclarant que depuis dix années elle était maintenue de force dans la communauté, contre laquelle elle ne cessait de blasphémer. Les deux autres étaient prises d'un tremblement nerveux chaque fois qu'on leur adressait la parole. L'une d'elles ayant été laissée libre dans le jardin, se prit à courir et s'alla cacher toute tremblante dans un réduit du couvent.

*
* *

Le commissaire n'osant rien prendre sur lui avisa Cournet de ce qu'il avait constaté. Celui-ci prévint tout aussitôt son collègue à la justice et le procureur de la Commune. Il fut convenu qu'on se rendrait au couvent pour complément d'enquête. Le lendemain, en effet, Protot, le juge d'instruction Moiré, Rigault, Cournet et moi, nous nous rendîmes sur les lieux, afin d'éclaircir une affaire dont la presse s'emparait déjà pour en faire une légende.

On procéda tout d'abord à une minutieuse perquisition dans tout l'établissement. Des gardes nationaux ayant découvert des ossements enfouis sous une vieille masure, des médecins furent requis par Rigault en vue d'expertise. Indépendamment de ces débris, on en trouva d'autres enfermés dans des caisses installées dans la chapelle, telles des reliques.

L'enquête établit que les ossements réunis dans les caisses étaient fort anciens, et que ceux trouvés épars sous la cabane du jardin provenaient sans doute de l'ancien cimetière attenant au couvent.

*
* *

Le procureur de la Commune fit ensuite comparaître toutes les religieuses ainsi que le concierge, Pères picpuciens et « frères en religion ».

La supérieure, interrogée la première, déclara qu'elle était à ce poste depuis dix-huit ans et fit des réponses rationnelles en ce qui concernait les ossements. Relativement aux trois malheureuses séquestrées, elle affirma qu'elles étaient retenues sur la demande formelle des familles et que leur état de démence était antérieur à leur entrée au couvent. Elle fut un peu interloquée lorsqu'on lui fit observer que, s'il en était ainsi, ces folles ne porteraient pas le costume de la communauté.

Toutes les autres religieuses interrogées confirmèrent les dires de la supérieure. La sœur de l'économat, à qui Rigault demandait comment elle avait pu garder dans cet établissement, contrairement à la loi, trois personnes atteintes de folie, répondit tranquillement :

— « Mais, monsieur le juge, pareille chose se passe journellement dans les communautés religieuses ; et nous sommes en cela très utiles à bien des familles honorables : si vous aviez une sœur en cet état, vous comprendriez qu'on la confiât à nos soins discrets, car ces pauvres créatures sont un embarras et un chagrin continuels pour les leurs. »

Rigault voyant que cette religieuse était plus disposée que les autres à répondre, lui demanda de dire quelles raisons avaient entraîné les familles de ces malheureuses à les mettre ici plutôt que dans une maison légale de santé.

La religieuse ne put ou ne voulut rien dire sur deux

des séquestrées ; mais, interrogée relativement à la plus jeune, elle déclara qu'elle était devenue folle vers sa quinzième année, que ses parents avaient d'abord essayé de la garder, mais que la présence de cette enfant dans la famille était devenue un empêchement grave au mariage de sa sœur aînée.

Quant aux instruments d'orthopédie trouvés dans un grenier situé au-dessus de la chapelle et dont l'imagination des journalistes avait fait des instruments de torture, il fut aisément établi qu'ils étaient destinés au traitement de jeunes élèves rachitiques ou atteintes de déviations.

*
* *

Mais voici que, sur la fin des interrogatoires, un incident imprévu se produisit. Protot, ayant rappelé la supérieure, lui demanda le nom et l'adresse du docteur attaché à l'établissement. Elle refusa nettement de donner ce renseignement. Le fait parut assez étrange pour qu'on insistât auprès des autres religieuses : une seule, sans doute la sœur de l'économat, put nous renseigner.

Le médecin, dont je n'ai pas retenu le nom, habitait alors rue Hautefeuille. Un mandat d'amener fut lancé contre lui ; mais il avait quitté Paris depuis vingt-quatre heures, dès la campagne de presse commencée.

En conséquence, le procureur de la Commune et le Délégué à la justice décidèrent l'arrestation de tous les habitants du couvent, sous la prévention de séquestration arbitraire. Des voitures cellulaires conduisirent les religieuses à Saint-Lazare et les Picpuciens à Mazas. Ce fut Rigault qui décida le transfert par voitures cel-

lulaires ; souffrance inutile et blâmable, imposée à des
femmes, mais que tous nous trouvions alors très naturelle.

Telle fut l'affaire dite du Couvent de Picpus, tant déna-
turée par les journaux de l'époque et plus particulièrement par le *Vengeur*.

Dernier document : cette affaire était inscrite au
parquet de la Commune pour les derniers jours de mai,
Rigault ayant décidé que les Pères de Picpus devaient
être considérés comme des otages, jusqu'à décision du
jury.

La démolition de la maison de Thiers.

« M. Thiers, — avait écrit Rochefort, dans son journal
le *Mot d'ordre*, où, avec son indépendance absolue, il
signalait les atrocités versaillaises en même temps qu'il
critiquait sévèrement toute violence inutile de la Commune, — possède, place Saint-Georges, un merveilleux
hôtel plein d'œuvres d'art de toute sorte. M. Picard a,
sur ce pavé de Paris qu'il a déserté, trois maisons d'un
formidable rapport, et M. Jules Favre occupe, rue d'Amsterdam, une habitation somptueuse qui lui appartient.
Que diraient donc ces propriétaires hommes d'État si,
à leurs effondrements, le peuple de Paris répondait par
des coups de pioche, et si, à chaque maison de Courbevoie couchée par un obus, on abattait un pan de mur du
palais de la place Saint-Georges ou de l'hôtel de la rue
d'Amsterdam ?

« Dût-on nous appeler Tamerlan, nous avouons que
ces représailles ne nous répugneraient pas outre mesure si elles ne présentaient un inconvénient capital. En
apprenant que la justice populaire démolit l'hôtel de
M. Thiers, qui a coûté deux millions, l'Assemblée siégeant à Versailles lui en voterait probablement un autre

qui en coûterait trois; et, comme ce sont les contri-
buables qui paieraient la facture, nous nous voyons
forcé de déconseiller ce mode d'opération. »

Le Comité de Salut public, qui n'y voyait pas plus loin
que le bout de son nez, ne retint de ces observations si
judicieuses que l'indication des représailles, que Rochefort déconseillait avec sa clairvoyance habituelle, et il
rendit quelques jours après l'arrêté suivant, dont Thiers
allait tirer profit politique et profit matériel tout à la
fois :

« Le Comité de Salut public,

« Vu l'affiche du sieur Thiers, se disant chef du
pouvoir exécutif de la République française;

« Considérant que cette affiche, imprimée à Versailles, a été apposée sur les murs de Paris par les
ordres dudit sieur Thiers;

« Que, dans ce document, il déclare que son armée
ne bombarde pas Paris, tandis que chaque jour des
femmes et des enfants sont victimes des projectiles fra-
tricides de Versailles;

« Qu'il y est fait un appel à la trahison pour pénétrer
dans la place, sentant l'impossibilité absolue de vaincre
par les armes l'héroïque population de Paris (1).

ARRÊTE :

« Art. 1er. Les biens meubles des propriétés de
Thiers seront saisis par les soins de l'Administration
des Domaines.

« Art. 2. La maison de Thiers, située place Georges,
sera rasée.

(1) Toujours la même sotte vantardise !

« Art. 3. Les citoyens Fontaine, délégué aux Domaines, et J. Andrieu, délégué aux services publics, sont chargés, chacun en ce qui le concerne, de l'exécution immédiate du présent arrêté.

« Les membres du Comité de Salut public :

« ANT. ARNAUD, EUDES, F. GAMBON, G. RANVIER.

« Paris, 21 floréal, an 79. »

L'arrêté rendu, il fallait bien l'exécuter, sous peine de paraître une fois de plus ridicule. On avait cru que la chose irait toute seule. Il fallut déchanter. Le quartier était plutôt hostile à la Commune et, lorsque les délégués Fontaine et Andrieu se rendirent place Saint-Georges, ils aperçurent des groupes d'opposants qui les mirent dans une vive inquiétude. Ils nous détachèrent le commissaire de police du quartier : après explications, il fut décidé que j'accompagnerai sur les lieux le Délégué à la justice, Protot, et que nous ferions exécuter l'arrêté séance tenante.

A tort, nous n'avions pas pris la précaution de nous faire suivre d'un détachement des bataillons de la Préfecture; aussi bien, arrivés place Saint-Georges, nous nous heurtâmes à une foule composée de quelques manifestants et de nombreux badauds. Des

cris, des apostrophes malveillantes se firent entendre :
il fallait agir sans plus tarder. Protot ayant remarqué
dans la rue Notre-Dame-de-Lorette une équipe de
paveurs, me donna l'ordre de l'aller réquisitionner. Ces
ouvriers me suivirent; mais, en présence de la foule, ils
hésitaient à commencer le travail de démolition; il fallait donner l'exemple, en imposer aux uns et aux autres
par notre aplomb. J'envoyai un agent à la Préfecture
pour requérir une compagnie des Vengeurs de Flourens;
puis, prenant une pioche des mains d'un terrassier, je
grimpai sur le toit, par les greniers. Une fois au haut de
l'édifice, appuyé sur une cheminée, fort embarrassé de
ma personne, et salué d'ailleurs par des sifflets et des
cris, de ma pioche maniée gauchement, je détachai
quelques plâtras, tandis que Protot, au rez-de-chaussée,
brisait à coups de canne les vitres de la véranda qui
tombaient avec fracas.

Les paveurs ayant ainsi vu à l'œuvre les autorités responsables consentirent à continuer l'opération. Peu
après, les Vengeurs de Flourens étant arrivés déga-
gèrent la place et la petite manifestation prit fin. Je fis
cependant arrêter une dizaine de braillards qui furent
conduits au poste de la rue Drouot, dans l'espoir qu'on
trouverait peut-être dans le tas un prisonnier intéressant, un agent versaillais par exemple. Il n'en fut rien
et je fis relâcher tout ce monde qui, conduit à la Préfecture, n'aurait fait qu'augmenter l'encombrement stupide du Dépôt.

Le récit de cet incident m'amène à donner la physionomie du jeune Délégué à la justice, Eugène Protot.

14.

Le corps de six pieds, à la fois gauche et souple, mais
vigoureusement charpenté d'un hardi paysan de la Haute-
Bourgogne; au-dessus de larges épaules carrées, une
tête ronde, à la face énergique, extrêmement franche,
dont les détails s'affirment par un front haut et droit
dominant des yeux vifs de chat aux aguets, un nez recti-
ligne, aux larges narines, une bouche largement fendue,
presque constamment moqueuse et bonne : voilà Protot
d'hier et d'aujourd'hui, car il porte ses soixante-cinq
ans avec une vigueur extraordinaire.

Recouvrez ce corps de la redingote râpée de l'étudiant
pauvre, vous aurez le Protot militant de 1866. Rem-
placez la redingote par la robe d'avocat et mettez sur
cette tête si sympathique la toque du défenseur, vous
aurez le brillant avocat de Mégy en 1870. Jetez bas la
robe, jetez bas la toque, remplacez-les par la capote et
le képi de commandant, vous aurez le vaillant chef de
bataillon fédéré ; gardez-lui ce costume pendant la Commune, vous aurez le Ministre de la justice révolutionnaire, celui qui étonna le bâtonnier Rousse au point
qu'ayant vu Protot avec l'œil d'un myope apeuré, il
écrivit par la suite :

« Devant le grand bureau de Boulle, j'aperçus un long
jeune homme de vingt-quatre à vingt-cinq ans, mince,
osseux, sans physionomie, sans barbe, sauf une ombre
de moustache incolore, en bottes molles, veston râpé,
sur la tête un képi de garde national orné de trois galons.
J'étais devant le garde des sceaux de la Commune. »

Hé oui, pauvre homme, ce n'était pardieu pas la
tenue du ministre versaillais, mais tout de même, sous

ces vêtements râpés de soldat, il y avait un tout autre
caractère que sous la correcte redingote de Dufaure !

Celui-là est un des hommes de notre temps sur lequel
mon impression du début n'a pas changé, sans doute
parce que l'homme même est resté immuable. Au Quartier latin, il nous étonnait par sa simplicité de vie en
même temps qu'il nous charmait par sa malice débonnaire et sa faconde spirituelle. Sous la Commune, son
attitude prit avec les circonstances un caractère d'énergie plus accentuée. Depuis, la rude expérience, l'iniquité qui brisa sa carrière malgré l'amnistie, les
duretés de la vie n'ont rien pu contre ce caractère. A
l'heure présente, spectateur indifférent de l'arène où se
griffent les affamés de l'assiette au beurre, il vit tant
bien que mal, plutôt mal que bien, mais libre, n'ayant
rien perdu de sa foi ardente dans le génie émancipa-
teur de la France, ni de sa seule confiance en la Révolution sociale.

D'une probité sans égale, d'une sincérité inébranlable,
d'une *rigidité de principe indestructible*, on peut affirmer hardiment qu'il est d'un autre âge. J'irais volontiers
jusqu'à dire que, à la Commune même, il n'était pas
dans son *milieu* ; je le vois mieux conduisant les paysans
de France, tantôt contre les Anglais pour l'affranchissement du sol national, tantôt contre les seigneurs pour
l'affranchissement des communes, plutôt que portant,
comme en 1871, le glaive de la justice d'un peuple
insurgé pour des causes si diverses

Il est pourtant de ceux qui, à l'Assemblée communaliste, firent bonne figure, tant s'impose quand même la

force qui réside dans la dignité et la fermeté du caractère. Son rôle, comme Délégué à la justice, est resté
fort méconnu du public. Pourquoi? Parce que, plein de
ses illusions révolutionnaires, il partagea avec quelques-
uns de ses collègues celle qui consistait à croire que la
Commune pouvait *fonder* quelque chose au point de vue
républicain et socialiste, alors qu'elle n'avait d'autre
mandat immédiat que celui de vaincre tout d'abord
l'ennemi versaillais.

Aussi bien son administration est-elle restée à l'état
embryonnaire. Il n'en est pas moins fort intéressant de
rechercher dans les divers arrêtés de Protot tous les
éléments des réformes judiciaires tendant à créer enfin
le règne de la justice démocratique et sociale, réformes
auxquelles ne songe même pas cette troisième République dont s'accommodent si bien nos socialistes nouveau jeu!

CHAPITRE II

NOS RECHERCHES DANS LES ARCHIVES DE LA POLICE
POLITIQUE IMPÉRIALE

Sommaire. — Les premières recherches après le 4 Septembre. — Notre méthode d'investigation. — Comment fut découvert l'agent Las. — Comment fut arrêté l'agent Ruault sous la Commune. — Arrestation de Largillères. — Occupation de l'ancien bureau des archives. — Comment ces archives étaient constituées. — 120,000 citoyens surveillés. — Premières découvertes. — Le cas du membre de la Commune, Pindy. — *Quelques suggestifs exemples.*

Une des graves préoccupations de Rigault, pendant la Commune, fut de rechercher par une étude méthodique des dossiers politiques les agents secrets qui les avaient constitués ; — c'est-à-dire les lâches coquins qui ne se mêlaient à notre action militante que pour renseigner la police impériale sur nos agissements. Dans ce but, Rigault avait chargé un ami sûr, Anthony Jeunesse, d'organiser un service de recherche dans les archives de l'ex-police et sur les travaux duquel nous reviendrons bientôt.

Il faut rappeler ici que si, après le 4 Septembre,
Raoul Rigault s'était fait nommer à l'ancien poste du
policier Lagrange, c'était dans l'unique intention de découvrir et de démasquer les scélérats qui nous avaient
trahis. A cette époque, je l'avais beaucoup aidé dans
cette tâche, et je puis dire qu'au lendemain du 31 Octobre,
lorsque nous eûmes donné notre démission au nouveau
préfet Cresson, nous partions suffisamment armés pour
pouvoir commencer dans la *Patrie en danger*, de
Blanqui, la publication du pilori des mouchards.

Ces hâtives et premières recherches avaient été particulièrement difficiles et minutieuses : Lagrange avait
dressé des milliers de dossiers, et il n'était pas un homme
d'opposition à l'Empire qui n'eût alors le sien. Pour
vous faire une idée de la difficulté de ces recherches,
retenez le mien, — celui d'un tout jeune étudiant — datait de 1867 et comprenait en 1870 une
cinquantaine de rapports, le premier datant de ma première manifestation dans la rue et aussi de ma première
condamnation. Jugez par là de ce que devaient être
ceux des Blanqui, des Rochefort, des Gambetta, des
Ranc, des Clémenceau, des Delescluze, des Flourens,
des Félix Pyat, des Tridon, des Protot, etc.

Ces dossiers étaient constitués avec deux sortes de
rapports :

1° Ceux des agents assermentés de la brigade Lagrange,

sortes d'agents de la sûreté politique. Tous ces rapports
étaient signés, de manière à pouvoir être invoqués au
besoin devant les tribunaux impérialistes.

2° Ceux des agents dit *secrets*, les véritables traîtres
dont j'ai parlé : adressés à Lagrange sous un pseudonyme
convenu, ils étaient recopiés par des scribes et conservés
dans un dossier dit *dossier A. S.*, que le « chef » dé-
truisit lui-même dans l'après-midi du 4 Septembre 1870.

Des copies de ces rapports étaient ensuite glissées
dans les dossiers des hommes politiques qu'ils concernaient.

Par exemple : l'agent secret Ruault adressait-il un
rapport signé *Antoine*, concernant Tridon et Ranc ?
deux copies en étaient faites et incorporées, l'une au
dossier Tridon, l'autre au dossier Ranc.

Entre parenthèses, je me souviens de cette belle
affirmation de mon défenseur, M⁰ Gatineau, devant le
3⁰ conseil de guerre versaillais :

« La police politique a été la pourriture des monar-
chies, la République n'en veut pas ! »

Combien naïf, mon pauvre défenseur ! S'il vivait encore et qu'il eût entrée à la « Boîte » de M. Lépine, il y
découvrirait les mêmes saletés, soyez-en bien certain :
le règne des agents provocateurs n'est pas près de
finir.

Quoi qu'il en soit, on reconnaîtra qu'il n'était pas
commode de découvrir ces préposés : nous les avions

cependant à peu près tous découverts avant le 31·Octobre,
et si la Commune eût duré quelques semaines de plus,
nos amis du service des archives eussent dressé, preuves
à l'appui, le pilori complet de tous nos anciens mouchards.

Dès septembre 1870, nous avions suivi, pour arriver
aux premiers résultats, une excellente méthode dont je
crois utile de léguer le secret aux envahisseurs à venir
de la Préfecture de police.

Nous employions la méthode scientifique de l'élimination, méthode à peu près sûre, mais parfois aussi
d'une application assez ardue. Un exemple en fera
comprendre du moins l'ingéniosité :

L'agent secret *Louis*, je suppose, fréquentant plus
intimement quatre révolutionnaires A, B, C, D, nombre
de rapports placés dans les dossiers de ces militants
commençaient de cette façon :

« A, B, C, D, E, se trouvaient hier à tel endroit,
telles choses y ont été dites ou faites. »

1re conclusion : il y a un agent parmi les cinq A, B,
C, D, E.

Un autre rapport du même pseudonyme *Louis* signale
une réunion de B, C, D, E ; donc A doit être éliminé ;
il n'est pas le mouchard :

2e conclusion : l'agent secret est l'un des quatre B, C,
D, E.

Un troisième rapport du même pseudonyme *Louis*
signale une réunion C, D, E. Donc B est éliminé comme
A, et n'est point *Louis*, qui se trouve être un des trois
C, D, E.

Un quatrième rapport commence ainsi : « D. m'a dit. »

Dernière conclusion : l'agent est certainement E.

Au vrai, les éléments de l'élimination ne prêtaient toujours pas à une déduction aussi mathématique et nos recherches devaient être souvent beaucoup plus compliquées ; mais l'exemple précité est pour bien faire comprendre toute la sûreté de notre méthode d'investigation.

Parfois aussi, nous étions servis par le hasard : il arrivait qu'un scribe, ayant cinq copies à faire du même rapport, trichait, n'en faisait que quatre, et mettait l'autographe dans le cinquième dossier : l'écriture même du traître une fois connue, les recherches étaient souvent bien simplifiées.

Dans les premiers jours d'octobre 1870, comme on enlevait devant moi un meuble de l'ancien bureau de Lagrange, un tiroir s'échappa et, du caisson de la table tomba un rapport autographe signé L.

Nous nous doutions déjà que ce L. était notre « vieil ami » Las, qui dénonçait plus spécialement Naquet, Accolas, Robinet, Bricon et le pauvre malingre Verlière qu'on soupçonnait à tort d'appartenir à la police : nous fûmes à même de le constater. Ce Las était venu quelques jours auparavant nous demander un emploi. Mal lui en prit.

Rigault le fait venir et lui dit :

« Mon vieux Las, je crois que j'ai ton affaire ; mais tu sais l'usage : il faut adresser une demande écrite au préfet. Mets-toi là, à mon bureau : je vais te la dicter. »

Sans défiance, Las écrivit, sous la dictée, une demande grotesque où il affectait surtout d'énumérer ses luttes contre l'Empire, aux côtés des meilleurs républicains de l'époque.

La pièce signée, Rigault reprit :

« Voyons, pendant que tu es là, tu vas peut-être pouvoir me renseigner. Tu sais que je recherche nos mouchards. Eh bien, je crois que j'en tiens un : ce serait cette petite canaille de Verlière, qui devait vous moucharder plus spécialement, Bricon, Protot et toi.

— Cela ne me surprend pas, repartit Las cyniquement ; tu sais que nous le soupçonnions ? »

Rigault lut alors plusieurs rapports L., que Las écouta sans se troubler.

« Malheureusement, dit Rigault, ce ne sont là que des copies. Voici pourtant un autographe oublié par Lagrange. Regarde... je crois bien que c'est l'écriture de Verlière ;... à moins, à moins que ce ne soit la tienne, vieux scélérat !... »

Las, stupéfié, ne se défendit pas et nous raconta que, poursuivi dans une affaire de vol, comme recéleur (il était passementier), il n'avait échappé à la cour d'assises qu'en acceptant de faire des rapports à Lagrange sur les hommes politiques qu'il fréquentait.

A cette époque, il fut arrêté, puis relâché quelques jours après par M. Antonin Dubost, alors secrétaire

général de la Préfecture de police, et qui, ainsi, sauva
la vie à ce mouchard.

Pendant la Commune, nous recherchâmes ce vieux
traître : il avait prudemment quitté Paris. Si nous
l'avions pris, il eût été certainement fusillé, comme
Largillères et Joseph Ruault, dont je vais raconter l'arrestation.

En employant le procédé que j'ai sommairement indiqué, Raoul Rigault avait acquis la certitude que les rapports signés *Louis* étaient du blanquiste Largillères et
que ceux signés *Antoine* étaient du blanquiste Ruault.
Mais ce fut le service des Archives de la Commune qui
découvrit les preuves matérielles de l'espionnage de ces
scélérats. En examinant certains cartons oubliés dans
les bureaux de l'ex-policier Lagrange, notre ami Jeunesse trouva trois ou quatre lettres des deux agents
secrets, demandes d'argent, promesses de renseignements, etc.

Qu'étaient devenus les personnages? On savait seulement qu'ils avaient passé le premier siège à Paris, Largillères dans un bataillon de sédentaires, à Belleville,
Ruault dans un bataillon de Montmartre. Deux mandats
d'amener furent lancés. Ils n'aboutirent pas. On avait
cependant acquis la certitude que Ruault n'avait pas dû
quitter Montmartre où il avait été rencontré depuis la
proclamation de la Commune; on savait aussi que Largillères avait été vu à Belleville. Da Costa trouvait
étrange qu'on ne pût parvenir à trouver ces gredins. Un
jour qu'il s'en plaignait devant un des archivistes,
jeune blanquiste, celui-ci s'engagea à découvrir l'ex-
policier et à le lui amener dans les quarante-huit
heures : un bon déjeuner avait été fixé comme prix de
cette importante capture.

Dès le lendemain, muni d'un mandat en règle, G... se

rendit sur la butte, visita les divers états-majors et retrouva enfin les traces de Ruault. A son domicile, impossible d'obtenir un renseignement; enfin G... finit par découvrir la compagnie où servait le vieux mouchard, qui, dénué de ressources, n'avait pu quitter Paris : au début même de la Commune, il s'était engagé dans une compagnie de marche, où il continuait à passer pour un bon révolutionnaire, très énergique. Cette compagnie était de service à Clichy, aux avant-postes. Accompagné par deux agents, G... requit un fiacre, et rejoignit la compagnie de Ruault près de la ligne du chemin de fer, dans des bâtiments abandonnés, faisant partie de l'imprimerie Paul Dupont. On remisa le fiacre et G..., suivi de ses deux agents, s'engagea dans les rues désertes. Les obus versaillais y tombaient drus, et ce fut après bien des difficultés que G... découvrit Ruault qui venait précisément de rentrer au poste.

« — Vous êtes bien le citoyen Ruault, lui dit G...

— Oui, que me voulez-vous?

— Il ne m'est pas possible de vous le dire ici, dans ce poste. Je vous prie de m'accompagner à la place, où l'on vous renseignera.

— Mais, qui êtes-vous?

— Je vous le dirai devant le commandant. Il s'agit d'une affaire vous intéressant particulièrement. Je vous fournirai toutes les explications à Saint-Ouen. »

Ruault hésita, puis se décida à accompagner G..., que les agents suivaient à peu de distance.

Les obus pleuvaient; à certains détours, il fallut courir pour les éviter. On mit ainsi un pénible quart d'heure à faire le trajet.

« Saurai-je enfin ce que vous me voulez? » demanda Ruault, qui commençait à être inquiet.

G... l'informe alors qu'il devait se rendre à Paris où
Ferré désirait avoir une conversation avec lui.

Ruault comprit sans doute, ne protesta point, monta
dans le fiacre avec G..., tandis que les deux agents étaient
avec le cocher. On regagna Paris, en silence. A un
moment, peut-être, Ruault eut la pensée de s'échapper :
sa figure se contracta et G..., pour lui faire comprendre
que toute fuite était impossible, sortit négligemment le
revolver dont il était armé.

« Mais enfin, dites-moi donc ce que me veut Ferré, »
demanda le prisonnier, au moment où l'on arrivait
près de la Préfecture.

G... lui parla des bruits qui avaient couru sur lui.

« Je le sais, dit Ruault ; ce sont d'infâmes calomnies ;
je suis un vieux et ferme républicain ; je n'ai rien à
craindre. »

Sa voix cependant tremblait.

On arriva à la nuit. Ruault fut immédiatement conduit au cabinet du préfet où se trouvaient Ferré et
Régnard.

Ce fut ce pauvre Régnard, que Ruault connaissait
parfaitement et qui lui avait rendu jadis de grands
services, qui procéda à son interrogatoire. Régnard
avait en main un rapport fait contre lui par ce malheureux. On le lui montra en même temps que les pièces
concluantes. Il n'y avait pas à nier : Ruault avoua, les
larmes aux yeux, l'horrible métier qu'il avait fait. Il
fut immédiatement écroué au Dépôt.

Il s'agissait maintenant de retrouver Largillères. Ce
fut encore G... que je chargeai de son arrestation. Il se

rendit à Belleville où, après d'actives recherches, il retrouva les traces de l'ancien agent secret de Lagrange. Largillères appartenait toujours à un bataillon de sédentaires : sa compagnie était de garde au ministère des finances.

Cela se passait dans les premiers jours de mai. G... se rendit le soir même au ministère : les fédérés, la nuit venue, avaient rejoint le poste, dans la grande cour.

Accompagné du capitaine, mis au courant, G... suivi d'un agent pénétra dans le poste et demanda Largillères qu'il connaissait particulièrement.

« Largillères! Largillères! » crièrent les hommes. Lentement, celui-ci, qui fumait tranquillement sa pipe sur un lit de camp, se leva et se présenta.

— Que me veux-tu? dit-il, en reconnaissant G...

— J'ai à te parler.

— Est-ce vraiment une heure pour déranger les gens! Qu'est-ce qu'il y a?

— Deux mots seulement. Il faut que tu viennes avec moi à la Préfecture.

— Pour quoi faire!

— Je te le dirai tout à l'heure.

— Mais non! J'irai demain. Je suis de service. Il est trop tard. »

G... insista; mais devant un refus obstiné, il exhiba son mandat.

« — Alors, tu m'arrêtes? dit-il en maugréant.

— Mais non! mais non! Je te conduis auprès de Ferré. »

Résigné, il monta dans un fiacre.

« — Je sais de quoi il s'agit, dit-il, ce sont des calomnies de Rigault. C'est une infamie de me soupçonner.

— C'est justement ce que désire éclaircir Ferré. »

Largillères était très ému. Il tenta encore une explication. A dix heures, on arrivait à la Préfecture. Interrogé par Ferré, il dut, comme Ruault, reconnaître la
gravité des charges qui pesaient contre lui, et fut écroué
au Dépôt.

*
* *

Quelques jours après, je procédai à un interrogatoire
complet de ces deux mouchards contre lesquels j'étais
appelé à requérir comme substitut; mais l'entrée des
Versaillais dans Paris empêcha qu'ils ne fussent traduits
devant le tribunal révolutionnaire.

Transférés tous deux à Mazas, puis à la Roquette, ils
ont été fusillés rue Haxo.

*
* *

Dès les premiers jours de l'Insurrection, Rigault
s'était préoccupé de reprendre sa tâche interrompue le
31 octobre : l'étude des *Archives du Cabinet,* situées
au 2ᵉ étage de l'ancienne Préfecture, immédiatement
au-dessus des bureaux du Cabinet du préfet. Tout cet
étage était alors occupé par les gardes nationaux de
Duval; il était urgent de prendre des mesures pour
assurer la garde des documents précieux accumulés
depuis plus de quarante années dans ces archives de
police.

Rigault chargea immédiatement un de ses jeunes
amis, dont il était sûr, de prendre les clefs des bureaux
abandonnés et de veiller à ce qu'aucun papier ne fût
distrait sans son ordre. Il était convenu que, le calme

rétabli, un service d'investigation serait régulièrement organisé.

Dans le tohu-bohu de l'occupation militaire du monument par Duval, le désordre s'était produit. L'ancienne administration — qui avait subsisté pendant la Défense nationale — n'avait pas négligé de faire pénétrer dans les bâtiments nombre de ses agents ayant pour mission, sinon de détruire, du moins de brouiller les papiers, de lacérer certains documents, de rendre impossible enfin toute recherche méthodique dans les dossiers politiques. Les Archives devaient être saccagées;. la mesure prise si sagement par Rigault empêcha cette dévastation.

On arrivait à ces *Archives du Cabinet*, commencées sous le préfet Gisquet, vers 1832, par le grand escalier dont l'entrée donnait rue de Jérusalem. Les bureaux étaient ainsi divisés : une grande salle de 15 mètres de longueur sur 6 de largeur, communiquant, par un petit escalier, avec deux autres salles plus petites; conjointement, une petite imprimerie avec presse à bras, pour impression de documents confidentiels.

Grâce aux précautions prises, la Commune trouva ces bureaux intacts, les fiches en ordre et les dossiers à leur place, dans les cartons.

Les archives étaient constituées par des dossiers établis dans des chemises de papier fort; ces dossiers

étaient enfermés dans des cartons, par ordre numérique, de 1 à 117,000.

Chacun de ces numéros correspondait à un nom
d'homme politique : écrivain, représentant, orateur de
réunions publiques, révolutionnaires, etc. Comme
c'était surtout sous l'Empire que ce service d'espion-

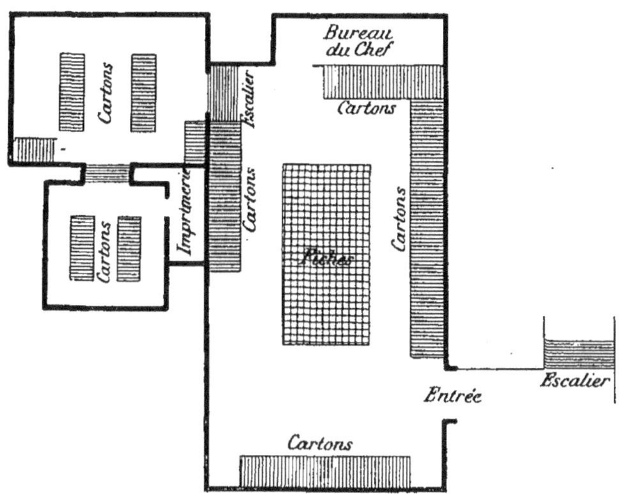

PLAN DE L'ANCIEN SERVICE DES ARCHIVES POLITIQUES.

nage s'était développé, on peut en conclure qu'en 1870,
au moment de la guerre, plus de 100,000 citoyens de
Paris étaient sous la surveillance de la haute police
politique. Qu'on joigne à cela les dossiers analogues du
ministère de l'intérieur, visant plus spécialement la
province et l'on pourra se faire une idée de ce qu'aurait
pu être, à la suite d'un succès militaire de Badinguet,
l'application rêvée de la loi de sûreté générale!

15.

✶
✶ ✶

C'était ce formidable engin qui venait de tomber entre les mains de la Commune, heureusement.

Les premiers jours furent employés à se rendre compte du jeu des fiches et des dossiers correspondants. Ces fiches étaient serrées dans des boîtes ouvertes et classées dans l'ordre alphabétique; elles portaient les noms des surveillés, leurs prénoms, leur âge, leur profession, leurs adresses successives. Un numéro apparent renvoyait aux dossiers classés dans les cartons.

✶
✶ ✶

Ainsi que nous l'avons dit, ces dossiers étaient formés en grande partie par les rapports des agents secrets. Lagrange, chef de la police politique impériale, connaissait seul ses odieux auxiliaires : le préfet Piétri les ignorait et devait accepter sans contrôle les renseignements de son subordonné. Aussi bien, Lagrange émargeait pour des centaines de pourvoyeurs, et n'en employait guère qu'une centaine; à ce jeu, il fit belle fortune. Heureux le policier qui remplit aujourd'hui ces estimables fonctions!

Et si vous saviez combien insignifiants la plupart des rapports de ces policiers : Lagrange payant peu, n'en avait guère que pour son argent : j'en donnerai plus loin quelques exemples caractéristiques.

Néanmoins la sale paperasserie policière s'accumulait, étreignant de plus en plus tous les partis d'opposition et même certains bonapartistes sur lesquels Napoléon III et l'impératrice Eugénie voulaient être renseignés.

Ainsi, le mari d'une dame célèbre à la cour impériale eut sa « chemise » chez Piétri : en voilà un qui aurait cependant dû savoir gré aux communards d'avoir brûlé la Préfecture ! Tant d'ingratitude mérite bien un châtiment. Le voici :

Cet homme ayant mangé la dot de sa femme avec des drôlesses, l'impératrice avait dû venir en aide au ménage et réparer la brèche faite au bastion familial par ce soldat impétueux. Mais celui-ci continuant à manger la grenouille, l'impératrice se fâcha et mit Lagrange dans la confidence des peines de son amie. Le vieux policier découvrit aisément que le rongeur du mari était une souris du corps de ballet. Il vit cette aimable personne, lui saisit des lettres très ardentes, pour ne pas dire plus, du galant, lui donna la forte somme et l'obligea à contracter un engagement pour la Russie. Les lettres à la danseuse étaient toutes au dossier. Quelques-unes d'entre elles étaient particulièrement suggestives. On s'en amusa et on en bavarda. Les journalistes, toujours à l'affût de scandale, vinrent demander à Rigault l'autorisation d'en prendre copie. Il refusa net, et il fit bien.

Le héros de cette aventure fut un des reîtres odieux, qui massacrèrent les prisonniers désarmés, les femmes et les enfants; mais ses querelles de ménage, si malpropres qu'elles aient pu être, ne regardent pas le public. Ce n'est pas la casquette à trois ponts du personnage qui intéresse l'histoire, c'est son képi de prétorien ! Fermons donc cette malpropre parenthèse,

que je n'aurais pas ouverte s'il n'avait été intéressant
de montrer ce coin bizarre des archives de la police
impériale.

Mais, le plus généralement, les rapports des agents
secrets concernaient les faits politiques : conversations
surprises, décisions prises ou projets. La plupart du
temps les A. S. appartenant comme militants aux groupes
qu'ils étaient chargés de surveiller, agissaient comme
agents provocateurs et, d'accord avec Lagrange, organi-
saient des complots; c'est ainsi que le fameux complot
de Blois, en 1870, fut forgé de toutes pièces par la police
impériale.

Le mouvement ouvrier des dernières heures de l'Empire fut particulièrement surveillé : un des principaux
mouchards de l'Association internationale des Travailleurs fut un certain major Wolff, membre du Comité
organisateur et, qui pis est, secrétaire particulier de
Mazzini.

Le plébiscite de 1869 donna lieu à l'établissement de
dossiers spéciaux. On retrouva, classés par arrondissements et par quartiers, des rapports très complets de tous
les commissaires de police sur l'état d'esprit des Parisiens; ces papiers remplissaient une demi-douzaine de
cartons.

Les réunions publiques, les réunions privées de la
franc-maçonnerie, les enterrements civils, les dîners
d'hommes politiques, motivaient de fréquents rapports
d'agents de la brigade politique et d'agents secrets. Jusqu'à l'amnistie de 1869, les exilés du coup d'État de décembre furent l'objet d'une surveillance spéciale : des

rapports de proscrits enrôlés parvenaient à Lagrange de
Londres, de Jersey, de Guernesey, de Bruxelles : toute
cette vile écriture s'accumulait dans les Archives.

Les groupes blanquistes étaient également l'objet
d'une surveillance particulière ; mais, par la probité de
ses membres autant que par l'habileté de leur organisation, ils échappèrent à peu près constamment aux recherches de la police,

En définitive, ce jeu de fiches constamment à jour,
surtout pour les adresses, était à la portée de la main :
sur un signe du Préfet, une liste de suspects pouvait être
immédiatement dressée en vue d'une application toujours imminente à cette époque de la terrible loi de
sûreté générale (1).

Il nous faut dire un mot maintenant de l'organisation
et du fonctionnement du service chargé de rechercher
dans ces archives de la police impériale, les noms des
scélérats qui nous espionnaient.

Ce service fut organisé définitivement au commencement d'avril 1871 : il se composa d'un chef, Anthony
Jeunesse (2), d'un sous-chef, Émile Giffault, de deux

(1) La loi scélérate faite sous la troisième République contre
les anarchistes présente d'ailleurs les mêmes dangers. Demandez
plutôt à M. Lépine.
(2) Rigault avait tenu à mettre à la tête de ce service délicat un
homme de probité incontestable : il choisit ce jeune blanquiste qui,
ce qui ne gâtait rien, était affligé d'un revenu annuel de quelque
quarante mille francs.

commis dont l'acteur Touzé, et d'un garçon de bureau.
Aujourd'hui, notre bonne République fonctionnariste
emploierait, pour pareille besogne, un fonctionnaire par
dossier et mettrait à la tête de ces gratte-papiers un directeur richement appointé.

La Commune avait décrété qu'une enquête serait faite
sur chacun de ses membres et sur chacun des membres
du Comité central. D'autre part, les administrations diverses de la Commune avaient été avisées de nous
fournir les noms de leurs principaux employés, et le
nouveau service eut tout d'abord pour mission de rechercher si, dans ces nomenclatures, ne se trouverait pas
l'indication de brebis galeuses. Nous n'avions pas con-
stitué les dossiers; mais les ayant à discrétion, c'était
bien le moins qu'ils nous servissent à quelque chose.

Ce fut en procédant à cette enquête qu'on découvrit
que les sieurs Pourille et Blanchet, membres de la
Commune, avaient sollicité leur admission dans l'ordre
de la Légion A. S. créée par Lagrange. Le sieur Dupont,
autre membre de la Commune pour le quartier des Bati-
gnolles, se fit prendre lui-même : il vint à la Préfecture
pour consulter son dossier ; Giffault, qui ne le perdait
pas de vue, le vit glisser une des pièces dans sa poche ;
il l'obligea à la restituer : c'était la copie d'un rapport

qu'il avait adressé contre divers personnages politiques ;
une autre pièce du dossier contenait ses offres de service : il fut arrêté séance tenante.

Dans le premier volume de cet ouvrage j'ai dit qu'à la
Préfecture de police nous avions acquis la quasi-certi-
tude que Pindy, membre de la Commune et commandant militaire de l'Hôtel de Ville, avait antérieurement
servi la police impériale. Pour Raoul Rigault et pour
moi, cette conviction datait de nos premières recherches,
avant le 31 octobre 1870. A cette époque, nous avions
constaté qu'un membre influent de l'Internationale, ouvrier menuisier d'ailleurs, était enrôlé par Lagrange.
Les rapports de ce policier étaient recopiés par une
femme et signés d'un nom anglais. Un des derniers
jours d'octobre nous découvrîmes qu'au verso de l'un de
ces rapports se trouvait un croquis de menuiserie avec
l'adresse d'un patron du Ve arrondissement, autant que
je puis m'en souvenir. Une enquête faite par Rigault lui
démontra que Pindy avait travaillé chez ce patron. L'enquête fut interrompue par la journée du 31 octobre qui
entraîna notre démission. Elle fut reprise en avril 1871
par le service des Archives de la Commune. Mais les
rapports autographes, sous forme de lettres, étaient inva-
riablement de cette petite écriture fine et féminine qui
n'était point celle de Pindy ; les rapports étaient bien
d'un homme, membre de l'Internationale, mais n'étaient
pas écrits par Pindy ; et nous n'avions pas découvert,
comme pour quelques autres, soit un reçu non détruit
par Lagrange, soit une fuite du fameux dossier A. S.,
que le chef policier avait brûlé. La seule pièce nouvelle

importante que nous découvrimes alors était un rapport
circonstancié sur une réunion de l'Association et au verso
duquel se trouvait un plan-croquis des locaux du siège
dit de la Corderie. A cette époque, un doute nous avait
envahis. Qui sait? disions-nous, cet homme était peut-
être trahi par sa maîtresse? Mais alors, ce plan de la
Corderie et les comptes rendus très détaillés des réunions secrètes auxquelles la femme signataire des rapports n'assistait véritablement pas, nous avaient tôt
rendu notre conviction. La nature des rapports, les faits
qu'ils relataient, les indices matériels de la profession
de leur auteur, tout accusait bien Pindy, mais il nous
fallait une preuve évidente que nous recherchions encore
dans les derniers jours de mai, sans pouvoir la découvrir.
Nous ne sommes plus aujourd'hui que deux témoins de
ces recherches connues pendant la Commune par Rigault, Cournet, Ferré, A. Jeunesse, E. Giffault et moi.
Pendant notre séjour au bagne et depuis, nous avons
communiqué nos impressions à bien des camarades de
captivité et de lutte; elles sont demeurées invariables.
Si je les publie aujourd'hui, ce n'est pas pour la satisfaction de troubler un homme que j'ai fort peu connu, que
j'ai peut-être vu dix fois dans ma vie, qui ne fut ni mon
ami ni mon ennemi, et sur lequel, enfin, mon attention
ne fut appelée que par la lecture des rapports de police,
mais c'est parce que le stupide incendie de l'Hôtel de
Ville a été allumé par Pindy, sans ordre de Delescluze
et sans aucune utilité : il m'a paru nécessaire d'établir par là que cet acte de vandalisme ne pouvait
être mis à la charge des Révolutionnaires communalistes.

Jusqu'aux derniers jours, le travail d'examen des dossiers continua. Par le procédé d'élimination que j'ai indiqué, on arrivait à retrouver successivement tous les agents secrets. Fin mai, la situation devenant de plus en plus inquiétante, il fut convenu qu'un tri serait fait afin de faire filer les principaux dossiers à l'étranger : j'ai dit que Clermont et Fouet furent choisis comme intermédiaires : le projet ne reçut jamais qu'un commencement d'exécution.

En définitive, les Archives disparurent dans l'incendie de la Préfecture de police ; et leur destruction fut la cause déterminante de cet acte révolutionnaire de Ferré : il ne resta rien des 117,000 dossiers que les mouchards des divers régimes avaient ignominieusement constitués.

Sur le point de terminer cet historique de nos recherches dans les Archives de la police impériale, je relis encore les notes que j'écrivais à Versailles, dans ma cellule de condamné à mort, et j'y retrouve le document suggestif et resté incomplet qu'on va lire en partie : il fut, il est vrai, rédigé de mémoire, mais les faits étaient alors tout près de moi et je les enregistrais avec la tranquillité d'un justicier uniquement préoccupé de mettre les amis qui me survivraient en garde contre les gredins qui nous avaient trahis.

Voici ce document :

« *Major Wolff*, secrétaire particulier de Mazzini, un des organisateurs de l'Association internationale des travailleurs, signait ses rapports *W...* et touchait 1000 francs par mois, puis 500 francs.

« *Grecco*, italien d'abord poursuivi pour attentat contre la vie de l'Empereur, enrôlé à la suite, signait ses rapports *Grecco* et touchait 300 francs par mois. Plus tard, changea de nom et fut envoyé à Florence, avec la mission d'attirer Mazzini dans une maison isolée et de l'y assassiner. Cette fois Lagrange avait accompagné ses agents. L'affaire échoua, grâce à la perspicacité de Mazzini.

« *Ruault* (Joseph), tailleur de pierres, puis charbonnier, condamné dans l'affaire de l'Opéra-Comique ; enrôlé à la suite, il devait jouer dans le complot avorté de 1869 le rôle qu'un autre agent, Guérin, joua avec tant d'audace, dans le complot policier de 1870 (Procès de Blois). Il signait ses rapports *Antoine*, touchait 100 francs, puis 75 francs par mois.

« Vers 1867, Ruault traînait misérablement sa vie. Lagrange, qui l'épiait, rendit visite à sa femme et, à plusieurs reprises, lui remit un secours « de la part de l'Empereur », disait-il. Puis, un jour, il exigea un reçu. Le tour était joué : Armé de ce reçu, il obligea Ruault à le servir.

« *Las*, passementier, déjà agent lorsqu'il fut condamné dans l'affaire de Société secrète Naquet-Robinet-Acollas. Signait ses rapports *L...* et touchait 100 francs par mois.

« *Largillères*, logeur, ancien combattant de Juin, condamné à cette époque aux travaux forcés à perpétuité, entra dans la police en 1855 ; arrêté et condamné dans l'affaire de Société secrète dite de la « Renaissance » (1866). Signait ses rapports *Louis*, touchait 150 francs, puis 100 francs par mois.

« *Roux*, étudiant en droit, employé au service de la

navigation, poursuivi dans l'affaire de la « Renaissance ». Signait ses rapports *Saint-Louis* et touchait 120 francs par mois.

« *Guérin*, l'organisateur policier du complot qui aboutit au procès de Blois, devant une Haute Cour. Signait ses rapports *Henry*, touchait 200 francs, puis 100 francs par mois.

« *Sapia*, homme de lettres italien, figura au procès de Blois, signait ses rapports *Hellados* et touchait 200 francs par mois.

« *Léon Lebéhot*, pharmacien, rue Duranton, surveillait les groupes de libres-penseurs, fit partie de la rédaction de la *Libre-pensée*. Signait ses rapports *Noël* et touchait 100 francs par mois.

« *Greffe*, ouvrier ébéniste, présida la Société des libres-penseurs, grand organisateur des enterrements civils de l'époque. Signait ses rapports *Martin*, touchait 100 francs, puis 75 francs par mois (1).

« *Mierezowski*, étudiant en médecine, surveillait les groupes d'étudiants républicains et la franc-maçonnerie ; signait ses rapports .°., touchait 100 francs par mois.

« *Thown*, imprimeur, 9, rue d'Aboukir, envoyait les épreuves des journaux républicains avant qu'ils fussent parus. A fait des rapports curieux sur les rédacteurs de l'*Avenir national*, entre autres sur M. Peyrat, à propos de difficultés survenues entre le directeur du journal et les ouvriers typographes. Thown surveillait particulièrement le *Réveil*, la *Marseillaise* et signait ses rapports *typographe*. N'avait pas d'appointements fixes ; ami personnel de Lagrange, il ne touchait que des gratifications et obtenait la remise de ses amendes.

---

(1) On verra que ce Greffe fut fusillé rue Haxo, avec Ruault et Largillères.

« *Stamir*, l'ignoble journaliste que tout Paris a connu, célèbre surtout par ses sales écrits sur Henri Rochefort, signait ses rapports *S...* et touchait 100 francs par mois (1).

« *Collot*, ouvrier, avait dupé Lagrange en se faisant passer pour le Collot de la *Marseillaise :* de là des rapports purement imaginaires. Signait ses rapports *Caspard* et touchait 75 francs par mois.

« *Victor Dictys*, rédacteur au *Figaro*. Signait ses rapports *Silles* et touchait 100 francs par mois.

« *Perrenoud*, employé au Ministère de l'Intérieur, rédacteur au *Figaro*, pour les comptes rendus de réunions publiques. C'était un des rares agents intelligents de Lagrange. Il joua Vallès dans les élections de 1869. Villemessant n'ignorait pas les fonctions policières de son collaborateur ; j'en ai eu la preuve. De même pour Dictys.

« Perrenoud signait ses rapports *Léo* ou *Léotard*, suivant qu'il était à Paris ou en voyage.

« Après le 31 octobre, Cresson lui confia l'ancien poste de Lagrange. C'est lui-même qui m'a arrêté après la défaite, ainsi que la plupart des insurgés gravement compromis. Il avait pris d'ailleurs à cette époque des allures bon enfant et affectait de vouloir soustraire ses prisonniers aux injures de la foule versaillaise. »

(1) On sait que le Stamir fut l'ami très intime de M. Drumont.

FIN DU TOME DEUXIÈME

6293. — L.-Impr. réunies, **B**, rue Saint-Benoît, 7. — MOTTEROZ, direct.

TABLE DU TOME III

(Ce 3e volume paraîtra en décembre 1901.)

13814. — Lib.-Imp. réunies, 7, rue Saint-Benoît, Paris.